«Russland von ferne oder aus der Nähe ansehen ist immer noch zweierlei»

Das Zarenreich 1906 bis 1907 in den Briefen des Schweizer Hauslehrers Alfred Gysin

Frithjof Benjamin Schenk (Hg.)
Unter Mitarbeit von Meret Alexa Draeyer,
Lena Mina Friedrich, Jonas Hinck,
Sara Jevtić, Magdalena Polivka, Melina
Schellenberg, Jael Sigrist, Oliver Sterchi
und Luca Thoma

Christoph Merian Verlag

Inhalt

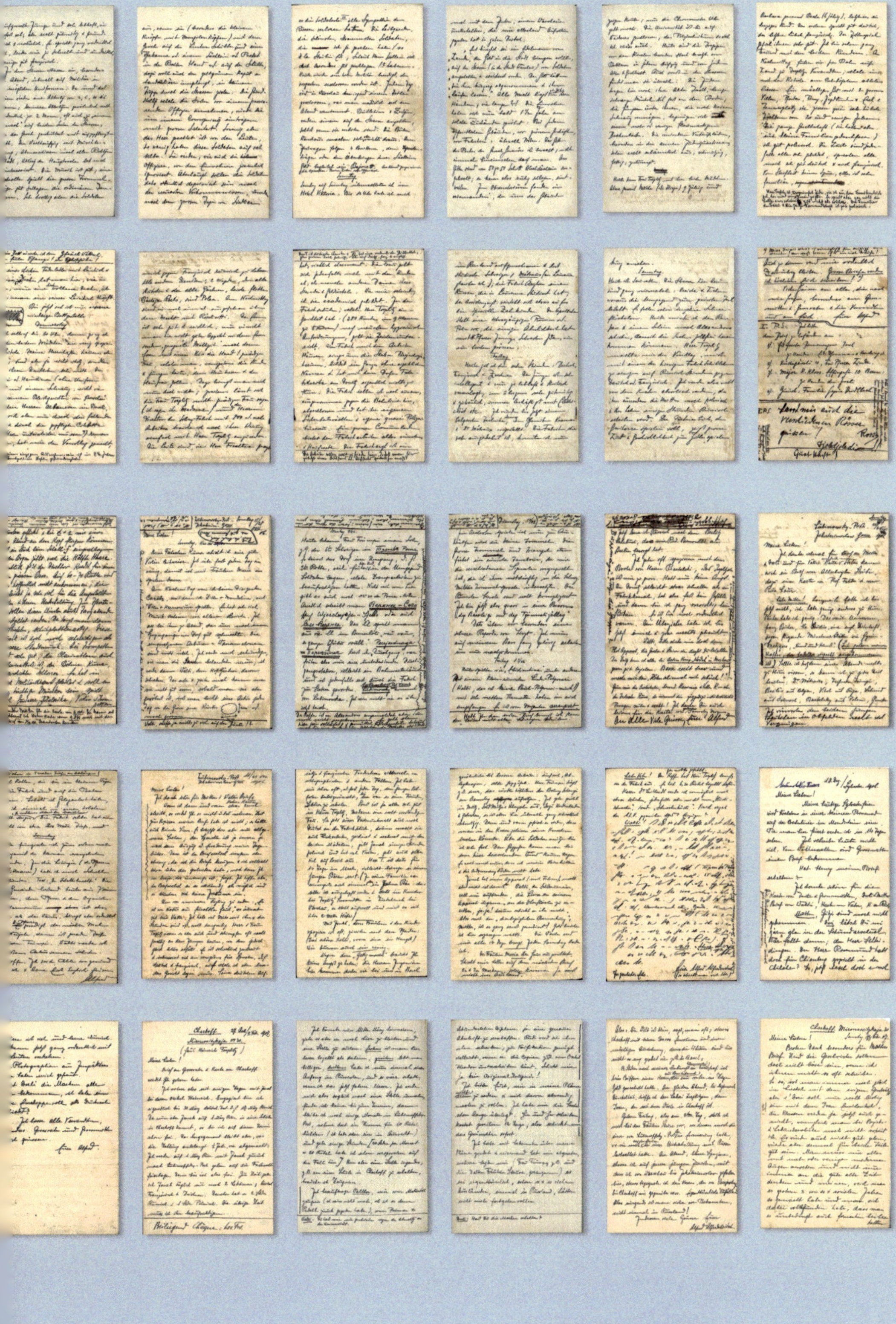

Frithjof Benjamin Schenk

«Also wegen der Revolution braucht Ihr nicht so Angst zu haben ...»[1]
Zur Einführung

Im September 1906 findet im Zug von Warschau nach Jekaterinoslaw (heute das ukrainische Dnipro) in einem Coupé
zweiter Klasse eine illustre Reisegesellschaft zusammen. Ein
russischer Kaufmann mit einem eindrucksvollen Vollbart zer-
teilt mit blossen Händen ein gebratenes Hühnchen, reicht es seinen Mitreisenden und schwärmt dabei von seiner Heimatstadt
Baku am Kaspischen Meer. Während am Abteilfenster Wälder,
Moore und Steppen vorbeiziehen, macht der Geschäftsmann
Bekanntschaft mit einem katholischen Pfarrer aus Polen, einem
jungen Studenten aus Jekaterinoslaw, einem Oberstleutnant
a. D. der Don-Kosaken und einem lebenslustigen jungen Mann,
der des Russischen nicht mächtig ist und ein fremdartiges Sai-
teninstrument mit sich führt. Glücklicherweise sprechen der
Geistliche und der Don-Kosake Französisch und der Student
Deutsch, sodass die fünf Männer bald in ein lebhaftes Gespräch
vertieft sind. Woher er komme, wird der junge Musiker gefragt,
wohin ihn seine Reise führe und ob er seinen Mitreisenden nicht
auf der Zither vorspielen könne. Begleitet vom Tack-tack des
behäbig rollenden Zuges ist das Abteil bald erfüllt vom Klang
fremder Lieder und dem Jodel-Gesang eines jungen Mannes, der
losgezogen war, um in Russland sein Glück zu suchen.

Der Passagier, der seine Mitreisenden im Zugabteil mit
«Schweizerliedchen» unterhielt, war der dreiundzwanzigjährige
Liestaler Alfred Gysin (1883–1964).[2] Der junge Schweizer war
auf dem Weg in den Donbass, eine boomende Industrieregion
im Südwesten des damaligen Zarenreiches, um dort eine Stelle
als Hauslehrer anzutreten. Gysin, der kurz zuvor sein Studium
der Naturwissenschaften an der Universität Basel abgeschlossen
hatte, wollte sich sein eigenes Geld im fernen Russland verdienen. Sein Arbeitgeber Zygmunt Toeplitz (1864–1934), Direktor einer grossen Soda-Fabrik des belgischen Solvay-Konzerns
in der Nähe der Stadt Lissitschansk, engagierte ihn als Erzieher
seines zwölfjährigen Sohnes Jan (1894–), dem Gysin Deutsch,

Französisch und Zeichnen beibringen sollte. Schweizer Lehrer und Erzieherinnen genossen damals in Russland einen exzellenten Ruf.[3] Auch die Kinder des Zaren Nikolaus II. (auf dem Thron 1894–1917) wurden von einem Schweizer, dem Waadtländer Pierre Gilliard (1879–1962), unterrichtet. Wenn auch die hohe Zeit der Schweizer Russlandauswanderung bereits in der Vergangenheit lag, arbeiteten Anfang des 20. Jahrhunderts noch immer über 20 000 Schweizerinnen und Schweizer im Zarenreich, meist in Berufen, die ein Studium oder eine praktische Ausbildung voraussetzten.[4] Mit seinem Vorhaben, als Lehrer in Russland zu arbeiten, war Gysin also in guter Gesellschaft.

Welche Gründe Alfred Gysin 1906 motivierten, eine Stelle im Zarenreich anzutreten, wissen wir nicht. Seinen Eltern schrieb er, dass man als Lehrer in Russland mehr Geld verdiene und das Leben dort billiger sei als in der Schweiz. Gleichzeitig trieben den jungen Mann vermutlich Neugier und Abenteuerlust in die Ferne. Als sich Gysin im September 1906 auf die Reise gen Osten machte, waren in Russland noch die Nachwehen der Revolution von 1905/06 zu spüren.[5] Im Oktober 1905 hatte der Zar seinen Untertanen zwar die Wahl einer demokratisch gewählten Volksvertretung (Duma) versprochen und die Reste der Revolte gewaltsam unterdrücken lassen. Aber im Sommer 1906 war das russische Militär in den Städten des Reiches noch immer omnipräsent, und Anschläge auf zarische Beamte hielten die Sicher-

Alfred Gysin (vorne rechts) mit seinen Eltern und seinen vier Geschwistern. Fotografie aus dem Jahr 1906

heitskräfte nach wie vor in Atem. Da auch die Schweizer Presse ausführlich über die politische Lage im Zarenreich informierte,[6] dürfte Gysin geahnt haben, auf was für ein Abenteuer er sich mit seiner Russlandreise einliess.

Wie lange Gysin in Russland bleiben wollte und ob er sich gar mit dem Gedanken trug, wie andere Schweizer ganz ins Zarenreich auszuwandern, können wir nicht mit Bestimmtheit sagen. Sein Arbeitsvertrag als Hauslehrer bei der Familie Toeplitz war zunächst auf ein halbes Jahr befristet. Tatsächlich musste sich der junge Liestaler bereits im März 1907 nach einer neuen Stelle umsehen, da sein Zögling zu diesem Zeitpunkt an eine russische Privatschule in Charkow geschickt wurde. Eine schnelle Rückkehr in die Schweiz kam für Gysin jedoch nicht infrage. Beherzt machte er sich auf die Suche nach neuer Arbeit in Russland, gab privat Sprachunterricht, verdiente sich ein Zubrot als Pianist in Stummfilm-Kinos und träumte gar von einer Karriere als Gutsverwalter in den fruchtbaren Steppen im Süden des Zarenreiches. Seine Bewerbungen auf Stellenanzeigen in russischen Zeitungen blieben aber ergebnislos. Als ihm schliesslich im Sommer 1907 die Leitung des Fabrikorchesters in der Solvay-Fabrik von Zygmunt Toeplitz angetragen wurde, kam dieses Angebot zu spät: Zu diesem Zeitpunkt hatte er seine Rückreise in die Schweiz schon gebucht. Am 9./22. August 1907 befand er sich bereits an Bord des Dampfers ‹Russia› auf dem Weg von Odessa nach Konstantinopel und fuhr von dort weiter nach Marseille. Am 2. September 1907, fast genau ein Jahr nach seinem Aufbruch in die Ferne, kehrte er in den Kreis seiner Familie nach Liestal zurück.

Briefe in die Heimat

Während seines Aufenthaltes im Donbass schrieb Alfred Gysin regelmässig Briefe an die Eltern und Geschwister in Liestal. Einerseits wollte er seine Familie mit aktuellen Berichten über sein neues Leben auf dem Laufenden halten. Gleichzeitig bemühte er sich, deren Sorgen um sein Wohlergehen im ‹wilden Osten› zu zerstreuen. «Wegen der Revolution braucht Ihr keine Angst zu haben. Hier herum ist alles ganz ruhig»,[7] versicherte er in seinen Schreiben immer wieder. Seine Familie ahnte vermutlich, dass es sich dabei nur um die halbe Wahrheit handelte. Warum, so mögen sich seine Eltern gefragt haben, bemühte sich ihr Sohn denn sonst beim Gouverneur von Jekaterinoslaw um eine Lizenz zum Kauf eines Revolvers, und was hatte es mit den

Frithjof Benjamin Schenk

Bombenexplosionen in den Strassen von Charkow auf sich, die er in seinem Brief vom 28. Februar / 13. März 1907 erwähnte?

Lange Jahre lagerten die Briefe, die Alfred Gysin während seines Russlandaufenthaltes an seine Familie geschickt hatte, in einem Couvert im Privatarchiv der Familie Gysin. Dank der Vermittlung durch seinen Enkel Hanspeter Gysin gelangte das faszinierende Quellenkorpus 2017 an die Professur für Osteuropäische Geschichte der Universität Basel. Schnell entstand der Plan, diese einmaligen Selbstzeugnisse zum Gegenstand einer Lehrveranstaltung für Studierende der Geschichte und der Osteuropastudien zu machen. Im Frühjahrsemester 2018 erhielten sechzehn Studierende die Gelegenheit, unter der Leitung von F. Benjamin Schenk, Angela Boller und Anne Hasselmann eine Abschrift von Gysins Russlandbriefen aus den Jahren 1906/07 zu studieren und sich in den historischen Kontext seines Aufenthaltes im Zarenreich einzuarbeiten. Die Studierenden wurden eingeladen, auf der Grundlage der Quellenlektüre selbstständig Themen für Essays zu bestimmen, die Gysins Russlandbriefe historisch einordnen sollten. Gleichzeitig wurde der Plan gefasst, die handschriftlichen Dokumente wissenschaftlich zu transkribieren und für eine Quellenedition vorzubereiten.[8] Das Ergebnis dieser Arbeit dokumentieren wir in diesem Buch.

Worin liegt der Wert von Alfred Gysins Russlandbriefen? Welche historischen Fragen lassen sich mit ihrer Hilfe beleuchten? Ähnlich wie ‹klassische› Reiseberichte geben Gysins Briefe aus Russland Aufschluss über drei unterschiedliche Themenkomplexe:[9] Zum einen erfahren wir einiges über den Verfasser, über seine Wertvorstellungen, seine Wünsche, Pläne und Träume und über sein Bild von sich und der Welt. Zum anderen geben die Briefe Einblick in die konkrete Reise und die Hintergründe von Gysins Russlandaufenthalt sowie in die Organisation von Reisen und Kommunikation in Europa im frühen 20. Jahrhundert. Und nicht zuletzt lassen sich mithilfe dieser Quellen die historischen Entwicklungen in Russland respektive der Ukraine in den Jahren 1906–1907 beleuchten und beispielsweise nach der Sozialstruktur und dem Leben im Mikrokosmos einer Fabriksiedlung im Donbass in den Jahren nach der ersten Russischen Revolution fragen.

Ein Liestaler auf Reisen

Der dreiundzwanzigjährige Alfred Gysin war ein weltoffener, kontaktfreudiger und lebenslustiger Mensch, ein junger Mann auf der Suche nach seinem Platz in der Welt, heimatverbunden und gleichzeitig voller Neugier auf das Leben in der Fremde. Nach Russland reiste er mit dem «Baselbieterfähnli im Knopfloch».[10] Er freute sich, im Donbass auf Landsleute zu treffen und mit diesen Schweizerdeutsch zu sprechen. Wurde er in Russland auf Kostümbälle eingeladen, verkleidete er sich – vielleicht mit einem Augenzwinkern – als «schweizerischer Müller mit einer Zipfelmütze» oder als «Schweizer Bergführer».[11] Freudig berichtete er seiner Familie, dass Schweizer in Russland beliebter seien als Deutsche. Dies galt insbesondere für in Russland lebende Polen, mit denen er viel Kontakt hatte, da die Frau von Zygmunt Toeplitz, Amelia (Dorota) (geb. Hertz, 1871–1907), Polin war und im Haushalt des Fabrikdirektors einige ihrer Landsleute arbeiteten.

Trotz seiner Heimatverbundenheit stand Gysin den Verhältnissen in der Schweiz durchaus kritisch gegenüber. Fasziniert von der Aufbruchsstimmung im nachrevolutionären Russland klagte er seinen Eltern, dass er den «Wunsch nach besseren Zuständen» in der Schweiz vermisse.[12] Als überzeugter Abstinenzler und Mitglied der Studentenverbindung Libertas rieb sich Alfred Gysin nicht zuletzt am exzessiven Alkoholkonsum in der Eidgenossenschaft. Überraschenderweise führten ihm die Trinkgewohnheiten in Russland vor Augen, «wie elend das schweizerische Volk (Mannevolk) am Versumpfen ist an dem leidigen Biertisch».[13] Mit Freude nahm Gysin zur Kenntnis, dass die Moralvorstellungen in Russland nicht so rigide waren wie in seiner protestantisch geprägten Heimat: «Einerseits ist der Verkehr der beiden Geschlechter viel ungezwungener, und ich darf mit einem Fräulein spazieren gehen, ohne dass die Leute die Hälse strecken und wissen wollen, wann Verlobung sei und Hochzeit», berichtete er begeistert an seine «Lieben».[14] Ohne Scheu schrieb er seinen Eltern, dass er sich noch in der Schweiz ‹Die sexuelle Frage› von Auguste Forel – ein Aufklärungsbuch ‹für Gebildete› – zugelegt habe.[15] Dagegen hielt er sich in seinen Briefen relativ bedeckt, was seine konkreten Begegnungen mit dem anderen Geschlecht in Russland anging. Andeutungen in seinem Tagebuch legen den Schluss nahe, dass der tanzfreudige Liestaler kein Kind von Traurigkeit war.[16] Wie kann es da überraschen, dass Alfred zögerte, dem Drängen seines Vaters zu folgen, bald nach Hause zu kommen und einen bodenständigen

Beruf zu ergreifen? Auf eine entsprechende Aufforderung erwiderte er am 25. Februar / 10. März 1907: «Ich kann nicht recht begreifen, warum Ihr mich schon so bald wieder in der Schweiz haben wollt.»[17]

Alfred Gysin fuhr 1906 nicht nur zum Gelderwerb nach Russland. Mit offenen Augen und Ohren wollte er das ihm unbekannte Land entdecken.[18] Im Donbass angekommen, beschloss er Russisch zu lernen. Bald unterzeichnete er seine Briefe auf landesübliche Art mit Name und Vatersname (‹Alfred Alfredowitsch›), liess sich einen Bart wachsen, kaufte sich «kleinrussische Hemden»[19] und einen Holzlöffel, den er wie die lokalen Arbeiter in den Stiefelschaft gesteckt mit sich führte. Da der junge «Sing-Gysi» – wie ihn seine Freunde nannten – nicht nur die Zither, sondern auch Klavier und Kontrabass spielte sowie singen und jodeln konnte, kam er schnell in Kontakt mit den Menschen seiner Umgebung. Im Werksorchester der Solvay-Fabrik freute man sich über die Verstärkung der Streichergruppe, im Gottesdienst der kleinen protestantischen Gemeinde übernahm er den Part des Organisten. In seinen Briefen finden sich detaillierte Schilderungen der Kultur seiner neuen Heimat, über den Besuch einer Beerdigung, eines orthodoxen Gottesdienstes und einer traditionellen Hochzeit. Russland, das «Land der Gastfreundschaft»,[20] hatte es dem Liestaler (schnell) angetan.

Verbindungen aus der Schweiz nach Russland

Die Geschichte von Alfred Gysins Russlandaufenthalt und die Schilderungen seiner Reise in seinen Briefen zeigen anschaulich, wie unkompliziert das Reisen und das Überqueren von staatlichen Grenzen in Europa vor dem Ersten Weltkrieg noch waren. Auch wenn eine Fahrt mit der Eisenbahn relativ teuer war – die Reise Gysins von Basel nach Jekaterinoslaw über Berlin und Warschau kostete einfach 134,25 Franken, was auf heutige Verhältnisse übertragen ungefähr 1500 Franken entspricht[21] –, war Russland Anfang des 20. Jahrhunderts aus der Schweiz mit der Bahn bequem erreichbar. Für den Grenzübertritt reichte ein kantonaler Reisepass, schweres Gepäck liessen Reisende separat mit der Bahn befördern, und in den Coupés zweiter Klasse fand man schnell interessante Reisegefährten. Auch das Verschicken von Post und der Geldtransfer von Russland in die Schweiz (und umgekehrt) waren unkompliziert und zuverlässig. All dies erleichterte den Austausch zwischen dem Zarenreich und der Eidgenossenschaft: einerseits die Arbeits-

Finnland

Norwegen

Schweden

Ostsee

Nordsee

Riga

Jurje

Großbritannien

Dänemark

Nieder-
Lande

Berlin

Alexandrowo

Warschau

Deutsches Reich

Belgien

Eisenach

Frankfurt

Österreich -

Ungarn

Frankreich

Basel
Liestal
Bern
Genf
Lyon

Glarisegg
St. Peterzell
Zürich
Schweiz
Lausanne

Ungarn

Andorra

Avignon
Marseille

Italien

Bosn. u.
Herzeg.

Serbien

Mazedonien

Spanien

Mittel-

meer

Neapel

Gr

0   100 200 300 400 500 km

Reiserouten von Alfred Gysin 1906/07

Hauptkarte:

Petersburg

at)

Iwanowo

Moskau

Russisches Reich

Volga

Ural

Dnjepr

Kiew

Poltawa

Charkow

Bachmut

Donez

Lissitschansk

Perejesdnaja

Donbas

Jasinowotaja

Jusowka
(Donezk)

Rostow am Don

Jekaterinoslaw

Podolien

en

Volga

Cherson

Odessa

Baku

Schwarzes Meer

umänien

arien

Persien

Konstantinopel

Osmanisches Reich

nland

iräus

Zypern
zu Großbritannien

Inset (oben rechts):

Charkow

Lissitschansk

Perejesdnaja

Donez

Bachmut

Lugansk

Jasinowotaja

Donbas

Jusowka
(Donezk)

Rostow
am Don

Don

Asowsches Meer

0   30 km

Legende:

Reiserouten ...
per Eisenbahn
per Schiff

Hinreise
Rückreise

Inhalt: B. Schenk
Kartographie: S. Dutzmann
Leipzig, 2020

Zur Einführung

13

migration qualifizierter Schweizer Fachkräfte nach Russland; andererseits die Emigration politisch Verfolgter sowie das Reisen wohlhabender russischer Touristen in die Schweiz.[22] Auch die Familie Toeplitz, bei der Alfred Gysin als Hauslehrer tätig war, reiste offenbar häufig in den Westen. Zeitweise trug sie sich sogar mit dem Gedanken, den ältesten Sohn Jan an das Landerziehungsheim Glarisegg im Kanton Thurgau zu schicken. Aus Gysins Tagebuch wissen wir schliesslich, dass Toeplitz' Frau Amelia im Juli 1907 bei einem Unfall in Grindelwald tragisch ums Leben kam.[23]

Mikrokosmos Donbass

Schnell wurde Gysin bewusst, dass der Donbass im Allgemeinen und die Siedlung rund um die Fabrik des Solvay-Konzerns im Besonderen ein ganz spezifischer Mikrokosmos war, der sich deutlich vom russischen Kernland des Zarenreiches unterschied. Durch den Aufstieg zu einer der wichtigsten Industrieregionen des Imperiums zog der Donbass im späten 19. und frühen 20. Jahrhundert Menschen unterschiedlicher Kulturen und Konfessionen aus dem In- und Ausland an.[24] Unternehmer aus dem westlichen Europa investierten in den Aufbau grosser Fabriken und warben Ingenieure und Fachkräfte aus ihren Herkunftsländern an. Da die lokale ukrainische, vorwiegend bäuerliche Bevölkerung zögerte, auf Stellen im Bergbau und der Industrie zu wechseln, zogen in grosser Zahl Arbeiter aus den zentralrussischen Gouvernements in die Region. Als Handwerker und Mittler zwischen der Welt des Dorfes und den wachsenden Städten waren Juden tätig, die aus den anderen Gebieten des ‹jüdischen Ansiedlungsrayons› in den Donbass abwanderten.[25]

Gysin war von der kulturellen Vielfalt seiner neuen Umgebung fasziniert: «Es sind hier überhaupt alle Nationalitäten vertreten: Deutsch- und Kleinrussen, Grossrussen, Polen, Tschechen, ein Belgier (reformiert), Schweizer […], Deutsche und Österreicher.»[26] Berichtenswert fand der junge Schweizer, dass sein Arbeitgeber Zygmunt Toeplitz «ursprünglich Jude» war, Religion für ihn aber keine Rolle spielte, er eine Katholikin geheiratet hatte und somit – in Gysins Augen – nicht mehr wirklich als «Jude» gelten konnte.[27] Interessiert nahm er zur Kenntnis, dass die Bevölkerung auf dem nahe gelegenen Dorf nicht Russisch, sondern «ein Gemisch von Kleinrussisch und Literatur (Moskauer) Russisch» sprach.[28] Da die Zarenregierung kurz zuvor das

Verbot des Gebrauchs der ukrainischen Sprache im öffentlichen Raum aufgehoben hatte, wurde Gysin Zeuge von Theateraufführungen in «kleinrussischer Sprache».[29] Seinen Eltern erklärte der Lehrer kenntnisreich, dass die ukrainische Sprache «zwischen dem Polnischen und Grossrussischen» stehe.[30]

Angesichts dieser kulturellen Vielfalt wurde dem neugierigen Schweizer bald bewusst, dass das von ihm erkundete Charkow und die Fabriksiedlung Tretja Rota «am wenigsten geeignet [sind] als russisches Charakteristikum». Etwas enttäuscht schlussfolgerte er: «Ich werde also keinen Begriff von Russland, sondern nur ganz lokale Eindrücke davon mitheimnehmen.»[31] Die Fabriksiedlung Tretja Rota – auch ‹Ljubimowskij Post› (nach der lokalen Poststation) oder ‹Perejesdnaja› (nach der nächsten Bahnstation) genannt – war jedoch nicht nur mit Blick auf die kulturelle Vielfalt ihrer Bewohnerinnen und Bewohner, sondern auch in anderer Hinsicht eine ganz eigene Welt. Errichtet auf der freien Steppe in der Nähe einer aus dem Boden gestampften Fabrik, boten Siedlungen wie Tretja Rota ihren rund fünftausend Einwohnerinnen und Einwohnern eine komplette Infrastruktur für die wichtigsten Lebensbedürfnisse.[32] Auf dem Gelände befanden sich von Gärten gesäumte Wohnhäuser für die Arbeiterschaft, daneben eine orthodoxe Kirche, eine Schule, ein Einkaufsladen, ein Spital, eine Bibliothek und ein Theatersaal, wo die Belegschaft Konzerte des werkseigenen Orchesters besuchen konnte.[33] Am Rande der Komplexes stand die Villa des Fabrikdirektors mit «sehr hohen und gut ventilierten zentralgeheizten» Zimmern.[34] Über Recht und Ordnung auf dem Areal wachte ein eigener Sicherheitsdienst. Über den Dächern des Dorfes schaukelten Frachtgondeln an langen Drahtseilen, die die Soda-Fabrik mit den Rohstoffen Kreide und Kalk versorgten.

In der Schweiz hatte Alfred Gysin eine solche Anlage noch nicht gesehen. Staunend stellte er fest: «Was hier für die Arbeiter getan wird, steht in keinem Vergleich zu dem bei uns daheim. Ich denke nur an die Seidenfabriken der ‹frommen› Basler!»[35] Tatsächlich waren die Arbeitsbedingungen in der Fabrik des Solvay-Konzerns für die damalige Zeit äusserst fortschrittlich und alles andere als typisch für das übrige Russland. In den 1890er-Jahren hatte Zygmunt Toeplitz die Produktion in der von ihm geleiteten Fabrik auf den Betrieb in drei Schichten von je acht Stunden umgestellt – und dies in einer Zeit, in der Arbeiter nicht nur in Russland von einer Begrenzung des Arbeitstages auf acht Stunden nur träumen konnten.[36] Vermutlich war dies auch der Grund, warum sich die Belegschaft der Solvay-Fabrik an der Revolution von 1905/06 offenbar nicht beteiligte.

Gut hundert Jahre später ...

Alfred Gysins Russlandbriefe sind spannende Selbstzeugnisse, die uns einen Einblick in die Gedankenwelt eines jungen Schweizers und in das Leben in der Region des Donbass im frühen 20. Jahrhundert geben. Auch wenn sich die Antwortschreiben seiner Eltern und Geschwister leider nicht erhalten haben, lässt sich deren Inhalt aus entsprechenden Reaktionen in Gysins nachfolgenden Briefen manchmal erahnen. Häufig drehte sich die Korrespondenz zwischen Vater und Sohn um Geldfragen, mit seinem fünf Jahre jüngeren Bruder Walter, genannt ‹Walti› (1888–1971), führte er (zum Teil in schwer lesbarer Kurzschrift) ein ‹Streitgespräch› über die richtige Berufswahl, bei seiner älteren Schwester Sophie (1882–1964) erkundigte er sich nach ihrem Hochzeitsfest, das er aufgrund seines Russlandaufenthaltes verpasste. Als im April 1907 unerwartet Gysins Grossvater verstarb, teilte er mit den «leidtragenden Verwandten» in Liestal seine Erinnerungen an dessen Lebenstraum.[37] Diese Korrespondenz privaten Charakters haben wir aus der Quellenedition in Buchform herausgenommen.

Hinzugefügt haben wir vierzehn Essays, die helfen sollen, den historischen Kontext von Alfred Gysins Russlandabenteuer in den Jahren 1906/07 besser zu verstehen. Beleuchtet werden hier nicht nur seine Biografie, die Geschichte der Schweizer Russlandauswanderung, sein Engagement in der Abstinenzbewegung in Basel und die Berichterstattung über das Zarenreich in Schweizer Zeitungen im frühen 20. Jahrhundert. Daneben laden wir ein zu Streifzügen durch die Geschichte Russlands nach der Revolution von 1905/06, durch die Fabriksiedlungen sowie die kulturelle Vielfalt im Donbass und werfen einen Blick auf die Anfänge der ukrainischen Nationalbewegung und auf Traditionslinien westlicher Russlandwahrnehmung. Wenn wir damit einen kleinen Beitrag zum besseren Verständnis einer europäischen Geschichtsregion leisten können, die 2014 als Schauplatz des blutigen Krieges in der Ostukraine wieder in die Schlagzeilen kam, würde uns dies sehr freuen.

Frithjof Benjamin Schenk

1
Brief vom 23. Juni / 6. Juli 1907. – Vor der Oktober- revolution folgte die Zeit- rechnung in Russland dem Julianischen Kalender, der dreizehn Tage von dem in Mitteleuropa gültigen Gregorianischen Kalender abweicht. Gysin datierte seine Briefe immer nach beiden Kalendern, erst nach dem Julianischen, dann nach dem Gregorianischen.

2
Zur Biografie Alfred Gysins siehe den Beitrag von Jael Sigrist in diesem Band.

3
Siehe den Beitrag von Sara Jevtić in diesem Band.

4
Zur Geschichte der Russ- landschweizer siehe die Arbeit von Angela Boller und die Beiträge von Lena Mina Friedrich und Anne Hasselmann in diesem Band.

5
Vgl. dazu die Beiträge von Oriana Fasciati, Jonas Hinck und Marcel Zimmermann in diesem Band.

6
Siehe den Beitrag von Claire Schneemann in diesem Band.

7
Brief vom 25. Feb. / 10. März 1907.

8
Die professionelle Tran- skription verdanken wir Meret Draeyer und Melina Schellenberg. Eine erste Abschrift der Briefe haben Hanspeter Gysin und Marlène Soder erstellt.

9
Bauerkämper / Struck, Reisen als kulturelle Praxis, S. 9–30.

10
Brief vom 13./26. Sept. 1906.

11
Briefe vom 17. Feb. / 2. März 1907 bzw. 3./16. März 1907.

12
Brief vom 2./15. Juni 1907.

13
Brief vom 9./22. Apr. 1907. Zu Gysins Engagement in der Abstinenzbewegung und zu seiner Analyse der Trink- gewohnheiten in Russland vgl. Oliver Sterchis Beitrag in diesem Band.

14
Brief vom 2./15. Juni 1907.

15
Brief vom 14./27. Jan. 1907. Es handelt sich um Auguste Forel: Die sexuelle Frage. Eine naturwissenschaftliche, psychologische, hygienische und soziologische Studie für Gebildete. 4./5., verb. Aufl., München 1906.

16
Abschrift des Tagebuchs von Alfred Gysin (ver- mutlich von seinem Sohn Hans-Rudolf Gysin), StABL, Familienarchiv Gysin.

17
Brief vom 25. Feb. / 10. März 1907.

18
Siehe dazu insbesondere den Beitrag von Cristina Münch in diesem Band.

19
Brief vom 17./30. Apr. 1907.

20
Brief vom 29. Apr. / 12. Mai 1907.

21
Brief vom 14./27. Jan. 1907. Nach dem Konsumenten- preisindex (KPI) entspricht dieser Wert ungefähr 1598 Franken im Jahr 2009. Berechnungsgrundlage: The Swiss Historical Money Value Converter, swistoval. ch (Zugriff: 14.08.2019).

22
Goehrke, Auswandern – Einwandern – Rückwandern, S. 15–28.

23
Abschrift des Tagebuchs von Alfred Gysin, S. 24.

24
Siehe den Beitrag von Jorian Pawlowsky in diesem Band.

25
Zwischen Ende des 18. Jahrhunderts und dem Ersten Weltkrieg durften sich Juden nur in den west- lichen Gouvernements des Zarenreiches nieder- lassen. Ausnahmen galten seit der Regentschaft Alexanders II. (1855–1881) nur für jüdische Untertanen mit einem Hochschulabschluss. Das Gouvernement Jekateri- noslaw und somit auch die Region Donbass lagen inner- halb des sog. jüdischen Ansiedlungsrayons.

26
Brief vom 7./20. Okt. 1906.

27
Brief vom 13./26. Sept. 1906.

28
Brief vom 29. Apr. / 12. Mai 1907.

29
Briefe vom 19. Mai / 1. Juni 1907 und 2./15. Juni 1907. Zur Geschichte der ukrainischen Nationalbe- wegung siehe den Beitrag von Magdalena Polivka in diesem Band.

30
Brief vom 2./15. Juni 1907.

31
Brief vom 21. Juli / 3. Aug. 1907.

32
Siehe den Beitrag von Luca Thoma in diesem Band.

33
Brief vom 19. Mai / 1. Juni 1907.

34
Brief vom 13./26. Sept. 1906.

35
Brief vom 19. Mai / 1. Juni 1907.

36
Bertrams / Coupain / Homburg, Solvay. History of a Multinational Family Firm, S. 107. Siehe auch den Beitrag von Maria Stikhina in diesem Band.

37
Brief vom 11./24. Apr. 1907.

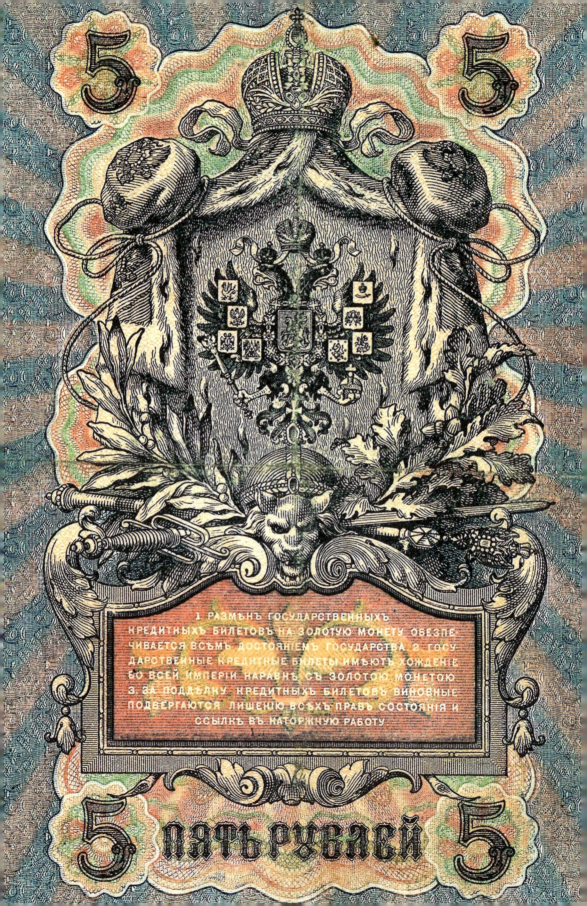

Briefe

I.

Lubienowsky-Post
(Perejesdnaja) Donnerstag 13/26. Sept. 1906.

Meine Lieben!

Wir sind gestern Abend gegen 6 hier gut angekommen & von Herrn Toeplitz abgeholt worden mit der
Kutsche. Er ist ein ruhiger Mann und sieht aus wie
ein Engländer, glatt rasiert & hat viel Ähnlichkeit
mit Herrn Laves i/S. Aubin; nur nicht so korpulent.

Von Basel bis Frankfurt fuhr ich mit einem
deutschen Herrn, der nach Hamburg reiste. Ich konnte
lange nicht schlafen, trotzdem mir die ganze Bank
zur Verfügung stand. Zuletzt schliefen wir beide
ein, ohne Verdacht, dass sich der Andere an
ihm vergreifen werde. Von Frankfurt bis Brensch
war ich allein, dann kam Platzmangel
bis nach Berlin. In Berlin, mit dem
Baselstabschüli im Knopfloch (das erste Geschenk, das ich Hanny Linder verdanke,) traf ich
die beiden Vaganten Rudi Bernoulli & Lix
Moescellin. Bei diesem daheim machten
wir ein wenig Musik und jodelten so stark

Donnerstag, 13./26. Sept. 1906[1]
Ljubimowskij-Post (Perejesdnaja)

Meine Lieben!
Wir sind gestern Abend gegen 6 hier gut angekom-
men und von Herrn Toeplitz abgeholt worden mit der
Kutsche. Er ist ein ruhiger Mann und sieht aus wie ein
Engländer, glatt rasiert.

Reise: Von Basel bis Frankfurt fuhr ich mit einem
deutschen Herrn, der nach Hamburg reiste. Ich konnte
lange nicht schlafen, trotzdem mir die ganze Bank
zur Verfügung stand. Zuletzt schliefen wir beide ein,
ohne Verdacht, dass sich der Andere an ihm vergreifen
werde. Von Frankfurt bis Eisenach war ich alleine,
dann kam Platzmangel bis nach Berlin. In Berlin, mit
dem Baselbieterfähnli im Knopfloch (das erste Geschenk, das ich Hanny Linder verdanke), traf ich die
beiden Vaganten Rudi Bernoulli und Lix Moesellin.[2]
Bei diesen daheim machten wir ein wenig Musik und
jodelten so stark, bis die Magd das
Fenster schloss. Dann besuchten wir
das mächtige Verkaufslokal (Wert-
heim?) … Im Regen sahen wir abends
7 Uhr auf dem Wege nach dem Bahnhof
vom Dache eines Omnibusses ein be-
lebtes Strassenbild.

Bis Warschau fuhr ich mit einem
Franzosen und einem Russen, welch
letzterer mir freundlichst Auskunft über
alles Wissenswerte in gutem Deutsch
gab. In Alexandrowo,[3] wo die rührigen
Träger in ihren weissen Schürzen und
Mützen und blauem Leibgurt einem das
Gepäck abnehmen mit einer Schnellig-
keit, wie man sie bei unserem Personal
auf den Bahnhöfen kaum sieht, ging die
Zollrevision sehr prompt vonstatten. Die
Sachen wurden kaum angesehen; ich
hätte wohl einen Revolver mitschleppen
dürfen. Auch die Bücher passierten
fast ungesehen. Übrigens haben die langen Grandson-Cigarren gute Abnahme

1
Zur doppelten Datierung:
Vor der Oktoberrevo-
lution folgte die Zeitrech-
nung in Russland dem
Julianischen Kalender,
der dreizehn Tage von
dem in Mitteleuropa
gültigen Gregorianischen
Kalender abweicht.
Gysin datierte seine
Briefe immer nach
beiden Kalendern, erst
nach dem Julianischen,
dann nach dem Gre-
gorianischen.

2
Rudolf Bernoulli kannte
Alfred Gysin aus der
Abstinenzbewegung, vgl.
den Beitrag von Oliver
Sterchi in diesem Band.

3
Damalige Grenzstation
zwischen dem Deutschen
und dem Russischen
Reich, an der Bahnlinie
Berlin–Warschau am
Flüsschen Tonschina
(poln. Tąszyna) gelegen.

und grinsende Zähne gefunden, abgesehen von den Kopeken, welche auch nicht verachtet werden. Gegen Warschau, wo ich morgens 8 Uhr ankam, heiterte sich der Himmel prächtig auf. Wie in der Mark Brandenburg etc. sieht man hier Windmühlen von allen Altersstufen mit gewöhnlich vier Flügeln. Nur einmal sah ich zwei Flügel und einmal sechs Flügel. Stehen sie gerade noch auf dem Horizont, so bieten sie den seltsamen Anblick eines sich fortbewegenden Kreuzes, wenn man ein bisschen seine Phantasie zu Hülfe nimmt. Die Felder in Polen (also Äcker und Wiesen) sind alle in schmale Streifen bis herunter zu vier Schritt Breite, eingeteilt durch leichte Furchen; zu welchem Zweck, konnte ich noch nicht erfahren. Der Boden scheint aber besser, viel besser zu sein als unser Lehm auf der Bünte.[4]

Bis Warschau ist das Gelände vollkommen eben. Bäume sieht man nur in der Nähe der Häuser, ganz selten einige Weiden, zu beiden Seiten der Bahnlinie etwa ganz kleine Stücklein Birkenhaine. Der Bahnhofplatz in Warschau setzte mich in Erstaunen: ein ziemlich kleiner Platz, ganz grob gepflästert, viel gröber als die steilen Strassen und Gässchen in Fribourg und Lausanne, dazu elend dreckig. Ganz entsprechend sind die kleinen, leicht gebauten Kutschen, von denen herab ein Kutscher in schmutzigem blauen zerrissenen Kaput mit einem Messingschild als Nummer am Nacken und einem schläfrigen Gesicht auf ein einst schön gewesenes, schlankes Pferd mit einer Unbarmherzigkeit einhaut, dass man die armen Tiere nicht beneiden möchte und ihr Los, den ganzen Tag auf meist ausserordentlich schlechtem Pflaster Hufe und Knochen kaputt zu traben. … In diesen Kutschen fährt nun alles was, zwei Beine und nicht eigenes Fuhrwerk hat; herab vom Hohen Offizier, mit oder ohne Gemahlin, bis hinunter zu den zerlumptesten Polen oder Trödlerjuden der mehr oder weniger dubiosen Viertel der grossen Stadt (sie zählt dato etwa 1 Million Einwohner) Warschawa.

Sofort nahm mich einer der Herren Kutscher in Beschlag und führte mich nach den Angaben eines Dolmetschers zuerst in eine falsche Strasse, bis wir

4 Vermutlich Anspielung auf die ‹Bünte› in der Gemeinde Nusshof (Bezirk Sissach, BL), eine grosse Wiese mit Obstbäumen, am östlichen Dorfrand gelegen.

zuletzt an den richtigen Ort kamen. Da mich der Kutscher natürlich als Fremden erkannte, verlangte er mir frech «dwa Rubla» (zwei Rubel), was ich ihm natürlich zahlte und ihm noch eine lange Grandson oder zwei dazu gab. Ein anderes Mal zahle ich nicht mehr so viel für vier Minuten Fahrt. Lehrgeld!!! Ein Soldat, der im Hofe spazierte mit geschultertem Bajonett, konnte mir natürlich das Haus des Herrn Meyer nicht zeigen. Erst nachher habe ich vernommen, dass diese Soldaten die Polizei verstärken müssen.[5] Nach langem Warten und nach mehrmaligem Telephonieren hin und her wurde mir ein Verwandter der Familie Toeplitz und der Bruder der Frau Toeplitz, Herr Hertz, stud. mech. in Zürich (3. Semester) vorgestellt. Mit Herrn Hertz ging ich per beschriebene Droschke in dessen Vaterhaus; sein Vater ist Dr. med. und scheint eine ordentlich grosse Praxis zu haben. Ich wurde sehr freundlich aufgenommen und gut regaliert.

Verwandte kamen und gingen im Hause ein und aus, solange ich dort war. Frl. Hertz, die in Berlin in Chemie doktoriert hat, versah mich gleich, damit ich mich nicht langweile, mit einem Physikbuch. Mit Herrn Hertz jun. und meinem Zögling Jan [Toeplitz], genannt Janek, fuhr ich in der Stadt herum, meistens per Droschke. Janek ist ein sehr aufgeweckter Junge und sehr lebhaft, wie ich sofort sah; aber recht gutmütig und freundschaftlich und natürlich. Er spricht ganz ordentlich Deutsch, leider nur zu schnell und undeutlich, viel weniger gut Französisch.

In den Strassen stiessen wir, besonders gegen Abend, überall auf Militär in allen möglichen Uniformen. Da und dort erschien wieder eine Abteilung von zwei, sechs, zehn bis zwanzig Mann; kleinere Abteilungen gewöhnlich recht unordentlich zu zwei Mann, oft auch «zu einem mir nach» auf beiden Seiten der Strasse, immer das Gewehr geschultert mit aufgepflanztem Bajonett. Der Wachtaufzug mit Musikbegleitung; Abmarschieren nach allen Richtungen der Stadt; Ablösung der Hauptwache hat mich sehr interessiert. Die Musik ist gut; eine Hauptrolle spielt die grosse Trommel. Weniger gut schlagen die

5
Anspielung auf die erhöhte Militärpräsenz in Warschau nach der ersten Russischen Revolution von 1905/06.

23

ordinären Tambouren. Sehr drollig sehen die Soldaten aus, wenn sie (besonders die kleinen Knöpfe mit Mongolenköpfen) mit dem Gewehr auf der linken Schulter und einer Teekanne oder einem Säcklein oder Paket in der rechten Hand oder auf der Schulter, dazu wohl auch den gelbgrünen Kaput en bandoulière umgehängt, in kleinen Trupps durch die Strassen ziehen. … So wenig eben das Heer geachtet ist von den Leuten, so wenig haben diese Soldaten auf sich selber. Sie werden, wie auch die Offiziere, von den Einwohnern ziemlich ignoriert. Überhaupt sollen die Soldaten dato ordentlich deprimiert sein nach den neuesten Vorkommnissen, besonders nach dem grossen Jagen von Siedlice,[6] wo die Soldateska alle Sympathie der Russen verloren hat. Die Leibgarden, die schönsten, strammsten Soldaten, die ich je gesehen habe, sollen sich dort besonders gut geschlagen (!?) haben. Heute wurde ein hoher Militär beerdigt, der vorgestern erschossen worden ist. Jeden Tag wird in Warschau in irgendeinem Teil geschossen, was man natürlich erst am Abend vernimmt. Bulletins und Zeitungen werden einem auf der Strasse angeboten, selbst wenn sie verboten sind. Die Buben Warschaus machen sich eben nichts draus. Dem Postwagen folgen vier Berittene, den Depeschenträger oder den Überbringer eines Säckleins Geld begleitet ein Bajonett.

Am Abend gingen wir in die Operette: «Pariser Leben» von Offenbach.

– Sonntag[7] –
Samstag auf Sonntag übernachtete ich im Hotel Viktoria. Bis 12 Uhr habe ich mich noch mit dem Portier, einem Warschauer, unterhalten, der mir allerhand Aufschluss gegeben hat in gutem Deutsch: Erst kürzlich sei ein Edelmann vom Lande, der Geld in die Stadt bringen wollte, auf der Strasse (in der Stadt Warschau) von Soldaten

6
Anspielung auf ein Pogrom in der polnischen Stadt Siedlce (ca. 90 km östlich von Warschau) Anfang September 1906, bei dem russische Einheiten unter dem Vorwand des Kampfes gegen revolutionäre Banden das Feuer auf Häuser jüdischer Einwohner eröffneten. Bei der Militäraktion wurden mindestens 26 Juden getötet, über hundert Menschen verletzt, über tausend Personen festgenommen und zahlreiche jüdische Geschäfte zerstört.

7
Bei in dieser Form eingeschobenen und teilweise gesondert datierten Beiträgen handelt es sich um Abschriften aus Alfred Gysins Tagebuch, die er in seine Briefe übernommen hat.

angehalten und revidiert worden. Das Geld hätten sie ihm kurzweg abgenommen und ihn laufen lassen. Alle Macht liegt zurzeit in ihren Händen; wie lange?! Die Einwohner haben sich nun bald eineinhalb Jahre an solche Zustände gewöhnt. Bei jedem öffentlichen Gebäude, vor grösseren Geschäften, vor Fabriken: überall Posten. Das Gitter des Parks des Generalgouverneurs ist bewacht; nicht einmal hineinsehen darf man. Am Gitter sind von fünfzig zu fünfzig Schritt Blechdächlein angebracht; er kann also ruhig schlafen, einstweilen. Im Observatorium fanden wir niemanden, der uns das Gebäude zeigen konnte; nur die Chronometer-Uhr geht noch. Die Universität ist bis auf Weiteres geschlossen, das Polytechnikum soviel ich weiss auch. Heute sind die Treppen vor den Kirchen besonders stark besetzt von Bettlern in jedem Aufzug und von jedem Alter und Geschlecht. Auch sonst in den Strassen findet man sie überall. Die Juden tragen hier noch ihre alte Tracht, lange schwarze Mäntel bis fast an den Boden; die jüngeren unter ihnen, die noch keinen Schnauz vermögen, begnügen sich mit einem mehr oder weniger flaumartigen Backenbart. Die minderen Verkaufsläden, besonders in den armen Judenquartieren, sehen recht erbärmlich aus, schmutzig, fettig, zerlumpt.[8]

Heute kam Frau Toeplitz mit ihren beiden Mädchen: Alina genannt Mücke (oder Fliege), neunjährig, und Barbara genannt Bacha (sechsjährig), letztere ein herziges Kind. Das Erstere spricht gut Deutsch, das Letztere hübsch Französisch. Das Zitherspiel gefiel ihnen sehr gut. Ich bin schon ganz Freund mit den beiden Kindern. Am Nachmittag fuhren wir per Bahn aufs Land zu Toeplitz' Verwandten, welche uns mit der Kutsche am Bahnhöfchen abholen liessen. Ein mächtiges Gut mit zwei grossen Villen, Pferden, Pony, Jagdhunden und Esel und Tennisplatz etc. zieren zwei sehr hübsche Töchter von zwanzig und weniger Jahren. Die ganze Gesellschaft (sie hatten eben eine kleine Familiengedenkfeier) ist gut polnisch. Die Leute sind jedenfalls alle sehr gebildet, sprechen alle meist sehr

8
Gysin verwendet hier unreflektiert Stereotype vom vermeintlich dreckigen und rückständigen Ostjuden, die in der damaligen Zeit auch in der Schweiz weit verbreitet waren. Gysin war aber, allem Anschein nach, kein überzeugter Antisemit, schliesslich hatte sein zukünftiger Arbeitgeber, Zygmunt Toeplitz, jüdische Wurzeln.

gut Deutsch und auch Französisch. Von Steifheit keine Spur, alles ist sehr familiär. Herr Toeplitz ist ursprünglich Jude, wie ich aus dem Familienbuch sah, das mir sein Bruder zeigte. … Die Familie der Frau und die ganze Verwandtschaft ist gut polnisch.

– Montag – Dienstag – Mittwoch –

Um 10 Uhr erst aufgestanden. Dann gingen wir zurück nach Warschau. Ich sah mir noch ein wenig die Stadt an. Um drei Uhr fuhren wir fort, direkt nach Jekaterinoslaw, also nicht über Kiew–Charkow. Der [Eisenbahn-]Wagen fährt direkt von Warschau nach Baku. Wir konnten darin sitzen bleiben bis am Mittwochmorgen über Jekaterinoslaw hinaus. Ich hatte sehr nette Reisebegleitung: Ein älterer Kaufmann mit rechtem Santi-Chlausenbart, wie man sie hier viel sieht, aus Baku, der leider nur Polnisch und Russisch versteht, mich aber doch eingeladen hat, einmal zu ihm zu kommen. Als Dolmetscher diente ein junger Stud. jur. aus Jekaterinoslaw, der gut Deutsch, und ein Don-Kosaken-Sappeur-Ob.Lieutenant a. D. von etwa 33 Jahren, der ordentlich Französisch spricht. Von Zeit zu Zeit kam auch ein polnischer Pfarrer, ein grosser schöner Mann, zu uns ins Coupé. Er erzählte mir, wie er Französisch gelernt habe. Der Herr aus Baku nötigte mich, von seinem kalten Geflügel – aus der Faust natürlich – zu essen, bis ich fast barst. Dafür habe ich dem Herren Zither gespielt und Schweizerliedchen gesungen und gejödelet, so gut es ging.

In einem solchen Coupé zweiter Klasse in solcher Gesellschaft denkt man gar nicht daran, dass man im Zuge sitzt. Zum Hinausschauen nimmt man sich auch keine Zeit; denn wohin man sieht: nichts als weite weite Äcker und Felder, ganz ebenes Land, von Zeit zu Zeit wieder ein Bahnhof auf offenem Feld, mit hübschen Gartenzäunen und Backsteingebäuden. Auch fehlt an keinem Bahnhof ein Karren mit einem Fass Trinkwasser. Dörfer passiert man wunderselten. Erst von Jekaterinoslaw an gestaltet sich der Boden etwas anders. Hier fangen die Steppen an, welche ganz sanfte Hügel aufweisen, ziemlich trocken sind (Sandboden). Da und dort sieht man ganz bescheidene Runsen

[Wasserrinnen] und winzige Tälchen, welche das Wasser ausgefressen hat. Dann und wann sieht man eine
Herde Steppenvieh mit langen Hörnern und ziemlich
mager, auch Pferdeherden, langgeschwänzte, ziemlich
schlanke Tiere. Einzelnen sind die Vorderfüsse sehr eng
zusammengebunden bis auf einen Dezimeter, sodass sie
ganz drollig von einem mageren Bissen Gras zum anderen zu hüpfen genötigt sind. Die Barrieren auf offenem
Felde sind gut unterhalten, die 100-Meter-Pfähle sind
hübsch eingerahmt mit roten und weissen oder schwar-
zen und weissen Steinen, welche von einem Kistchen
zusammengehalten werden. Die Bahnhöfe sind sehr ge-
räumig, wie überhaupt zum Beispiel die Dorfplätze [und]
Strassen. An mehreren Bahnhöfen sah ich Soldaten,
welche sich in einem Viehwagen stehend oder hockend
langweilten. Hier dürfen sie nicht einmal dritte Klasse
fahren, trotzdem man noch eine vierte Klasse besitzt.
Sie kauen an einem Stück Brot, geniessen auch wohl ein
wenig Tee aus einem emailenen Schüsselchen mit Hen-
kel oder fressen (sic) ein Stück Arbus = Wassermelone.

Die Bahnhöfe sind hier dem Publikum sehr zugänglich; von einem Verbot, die Gleise zu überschreiten, bemerkt man hier gar nichts. Kinder schlüpfen unter dem
zur Abfahrt bereitstehenden Zug durch, Zeitungsver-
käufer-Buben springen auf und ab. Hunde finden an den
grösseren Bahnhöfen Speisereste aller Art. (Die Pissoirs
etc. werden ungeniert auch auf allen Stationen benutzt,
dass es einem grüseln möchte.) Das Beste, das ich auf
der Reise gegessen habe, war eine ganz ausgezeichnete
Kohlsuppe (Borschtsch!), welche jedem Chef de cuisine
die grösste Ehre machen würde. Wein, geschweige Bier,
sieht man in den Bahnhofsrestaurants kaum trinken, meistens Tee in Gläsern zu zehn Kopeken.

Auf der letzten Umsteigestation vor Perejesdnaja mussten wir am Mittwoch ganze sechs Stunden warten auf den Zug, da hier der Passagierverkehr ordentlich klein ist. Einem Russen mit dem reinsten Judenkopf (und prachtvollen Zähnen, mit denen er die Haselnüsse aufbiss), wie man sie beim Hagenbeck sah,[9] nahm

9
Anspielung auf ‹Völker-
schauen› in zoologischen
Gärten, die Ende des
19./Anfang des 20.
Jahrhunderts in vielen
Städten im deutschspra-
chigen Raum (so auch
in Hamburg und Basel)
organisiert wurden. An
dieser Formulierung
wird auch deutlich, dass
Gysins Weltbild nicht
frei war von zeitgenös-
sischen antisemitischen
Klischees.

ich eine Handvoll Haselnüsse ab gegen einen gewöhnlichen Flora-Stumpen BC. Lange Grandson hatte ich nur noch wenige; die anderen hatten mir die Herren Kondukteure geraucht, bei denen ich gegen Polnisch und Russisch (das ich zum grössten Teil wieder vergessen habe) Deutsch und Franzuski [Französisch] erteilte. Ja, eine solche lange Grandson ist ein Leckerbissen nach den ewigen Zigaretten, deren Kartonhülsen an den Bahnhöfen nur so herumliegen, wie Haselnussschalen und die Schalen der Sonnenblumenkerne, welche hier viel gegessen werden. Ich werde mir auch erlauben, immer eine Tasche voll solcher Kerne bei mir zu haben; erstens um etwa die Langeweile zu vertreiben, zweitens weil sie sehr gut sind und den Haselnüssen ziemlich nahekommen.

Perejesdnaja oder eigentlich Tschetscherota [Tretja Rota], wie das weitläufige Dorf heisst, kündigt sich von Weitem an durch grosse Kalkfelsen, von denen grosse Hügel blossgelegt sind und die von Weitem ganz wie Schneefelder aussehen. Herr Toeplitz holte uns, wie gesagt, ab mit der Kutsche. Zuerst nahmen wir einen Tee; dann legte ich meine Sachen zurecht in meinem hübschen, sehr hohen und gut ventilierten zentralgeheizten Zimmer der Villa, die hübsch gelegen ist an einem der Kalkhügel. Der Wind wehte schon sehr kalt und ausserordentlich heftig. Nach dem Abendessen ging ich bald zu Bette. Eins hat mir gefallen: das sind die einfachen Betten. Statt eines dicken Federbettes mit Leintuch und wolligen Decken hat man hier, wie in Polen, nur eine dicke wollene Decke, über welche man ein weisses Leintuch knöpft. Bis jetzt sah ich nur eiserne niedrige Bettgestelle.

– Donnerstag –

Ich schlief bis zehn Uhr, dann ging ich mit den beiden Mädchen ein wenig spazieren per Kutsche. Meine Herrschaften hausen eben «reich», sind aber ja nicht stolz, sondern mit ihren Dienstboten sehr nett. Der Lakai oder Hausdiener (ohne Uniform und mit einem Schnauz) namens Iwan hat mir den Vorschlag gemacht, mich gegen Französisch Russisch zu lehren. Alle anderen Dienste: zwei Mägde, der alte Kutscher und der alte Gärtner, beide flotte, bärtige Kerls, sind Polen. Am Nachmittag sind wir noch einmal ausgefahren über den Markt mit Rössliritti.

Das Essen ist sehr gut und reichlich; nur wünscht man hier nicht guten Appetit vor dem Essen, sondern «gesegnete Mahlzeit» nach dem Essen mit einem «Küss die Hand! Gnädige Frau», welche man, wenigstens die Kinder und jungen Leute, dem Hausherrn und der Hausfrau zollt. Dazu bringt man mich nun doch nicht; zweitens lässt sich die Frau Toeplitz nicht «gnädige Frau» sagen (ich sage ihr «Madame»), und den Herrn Direktor der Solvay-Fabrik mit 800 oder mehr Arbeitern brauche ich nach ihrer Weisung einfach mit «Herrn Toeplitz» anzureden. Herr Toeplitz ist studierter Chemiker und hat eine ordentliche Bibliothek, zum grossen Teil polnisch, aber auch deutsch, französisch und russisch.

Die Leute sind wirklich charmant. Die Frau gibt sich jedenfalls mehr mit den Kindern ab, als manche andere Dame ihres Standes und Geldsäckels. Wie mir scheint, ist sie akademisch gebildet. In den Fabrikschulen, welche Herr Toeplitz eingerichtet hat (380 Kinder in neun Klassen zu fünf Kursen) nach neuesten hygienischen Anforderungen, gibt sie Zeichenunterricht. Die Fabrik mit den Arbeiterhäusern rings um die Station Perejesdnaja herum bildet ein Ganzes ohne eigentlichen Namen und hat mit dem Dorfe Tretja Rota am Donez eigentlich nichts zu tun. Die Fabrik selber ist nach aussen, ausgenommen gegen die Bahnlinie hin, abgeschlossen und hat ihren eigenen Sicherheitswächter und eigenes quasi Polizeibureau. Ein grosser Consumladen bietet den Fabrikarbeitern alles Wünschens- und Kaufwerte. Die Arbeiter sollen recht zufrieden sein, sodass man hier zuletzt einen Aufstand gewärtigen muss. Der Fabrikarzt ist ein in Russland aufgewachsener und dort studierter Schweizer, Métraux (aus Lausanne, glaube ich); die Fabrikärztin ist eine Russin, die in Lausanne studiert hat; der Assistenzarzt versteht sich etwas auf die spezielle Zahnkunde. Der Apotheke steht eine schwarzäugige Russin oder Polin vor.

– Freitag –

Heute gab ich die ersten Stunden: Deutsch, Französisch und Zeichnen. Der Junge ist sehr intelligent
und nur zu lebhaft und kritisch veranlagt, im Übrigen
sehr gutmütig und zutraulich, immer beschäftigt mit
Elektrizität etc. Die Fabrik, die sehr ausgedehnt ist,
konnte ich nur kurz ansehen.

– Samstag –

Heute ist Sauwetter. Die Strassen hier herum sind ganz
miserabel: Kreide und Lehm, woraus die Umgebung
zum grössten Teil besteht. Es fallen schon einzelne
Schneeflöckchen. Heute musste ich den Reisepass und
einen Schein nach Alexandrowo [Grenzstation zum
Deutschen Reich] schicken, damit die Sachen zollfrei
hereinkommen können. Herr Toeplitz machte mir den
Vorschlag, mich mit einem der hiesigen Fabrikschul-
lehrer zu einigen auf Russischstunden gegen Deutsch
oder Französisch. Ich werde also nicht von dem Knaben absorbiert werden, da ihm ausserdem die Mutter
noch Polnisch und der Lehrer einige Stunden Russisch
erteilen wird.
     Der Gärtnerbub, der Gitarre spielen soll, zeigt grosse
Lust und Geschicklichkeit zum Zither spielen. Auch
zu diesem soll mir ordentlich Zeit übrigbleiben. Grosse
Briefe werde ich höchstens Euch schreiben! Meine
Freizeit werde ich möglichst für Russisch verwenden;
wer weiss, wann ich es einmal brauche!
     Viele Grüsse an alle, die nach mir fragen, besonders
an Grossmutter und Grossvater und die Verwandten
und an Erich, Euer Alfred

1./14. Okt. 1906
Ljubimowskij-Post

Meine Lieben!
Besten Dank für die Karte Vaters von heute Sonntagmorgen. Die Briefe werden hier am Morgen vertra-
gen und gehen gewöhnlich mit einem Nachtzug fort.
Über die Briefe führe ich genau Buch. Ich werde also
jeden Samstag- oder Sonntagabend eine Karte oder

Brief befördern, längstens am Montagmorgen.

Ich muss bei einem der Angestellten mich um einen Plan umsehen. Herrn Toeplitz muss man in Ruhe lassen; er ist sehr beschäftigt. Sieben bis halb eins, zwei oder drei bis halb acht in der Fabrik. Den Koffer habe ich noch nicht bekommen, erwarte ihn aber noch diese Woche. Herr Toeplitz sagte, dass man immer so lange warten müsse. ...

Wie geht es Grossmutter und Grossvater? Ich kann nicht allen schreiben; wenn ich nur Ansichtskarten hier hätte. ... Von Unruhen ist in unserer Gegend, besonders aber in Tretja Rota nichts zu befürchten.[10] ... Die Lehrerin der beiden Mädchen, eine Polin von 34 Jahren, gibt mir Russisch, ich ihr dafür Deutsch.

Ich hoffe, Ihr seid alle gesund und grüsse Euch herzlich, Euer Alfred

Samstag, 7./20. Okt. 1906
Ljubimowskij-Post

Meine Lieben!
Ich habe diese Woche mit mehreren Herren noch Bekanntschaft gemacht. Es sind hier überhaupt alle Nationalitäten vertreten: Deutsch- und Kleinrussen [Ukrainer], Grossrussen, Polen, Tschechen, ein Belgier (reformiert), Schweizer (Dr. med. Métraux, Monsieur Frey, Techniker Trümpy mit Vater), Deutsche und Österreicher.

Um nur ja nichts zu vergessen und nichts zweimal zu schreiben, gebe ich Euch jeweilen einen Auszug oder eine Erweiterung meines Tagebuches.

Von der Hauslehrerin, welche mit ihren 34 Jahren noch ausserordentlich hübsch aussieht, habe ich schon geschrieben, nicht wahr? Sie heisst Maria Alexandrowna Bordzinska und ist aus der Nähe von Warschau. ... Es scheint in unserem Hause manches unbewusst von Jahr zu Jahr sich zu wiederholen: So kommt der grosse Windhund (fünfzehnjährig) wie zu meinem Vorgänger jeden Tag zu mir, um Wasser zu trinken aus dem Kessel

10
Anspielung auf die Nachwehen der ersten Russischen Revolution von 1905/06. Vgl. dazu auch den Beitrag von Oriana Fasciati und Jonas Hinck in diesem Band.

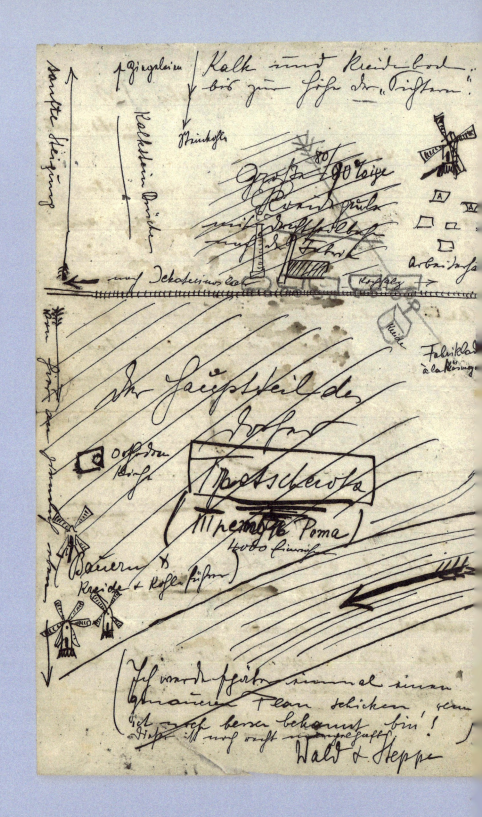

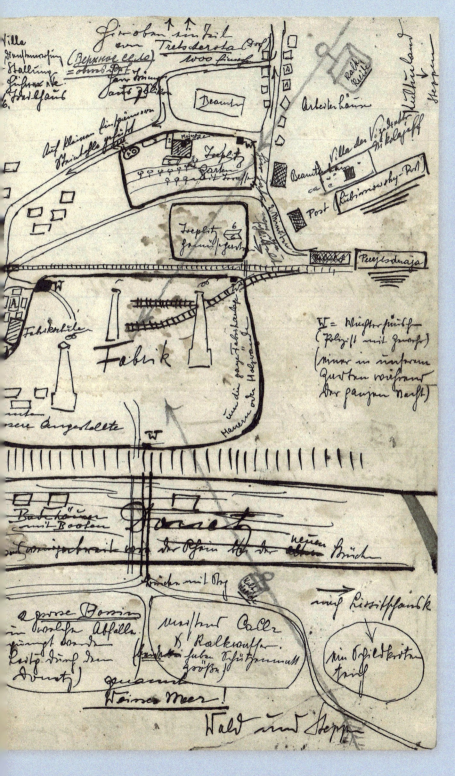

Zeichnung der
Fabriksiedlung
Ljubimowskij-Post/
Tretja Rota von
Alfred Gysin aus
dem Brief vom
1./14. Oktober 1906

unter dem Waschtisch. Dann ist auch die Hauslehrerin meine quasi Schwester (wie beim früheren Hauslehrer), der man klagen und anvertrauen kann, wenn es nötig ist. Sie hat mir bis jetzt auch immer Geld gepumpt, da ich bis jetzt meine Louis d'or[11] noch nicht habe wechseln können. Ich musiziere mit ihr auch (Klavier und Zither).

– 26. Oktober –

Heute ging ich mit dem Fräulein ins «Konzert» des Fabrikorchesters. Es ist weniger ein Liebhaber- als ein bezahltes Orchester. Der Dirigent Satschow ist extra angestellt nur für diese Musik. Die einzelnen Leute bekommen per Stunde vierzig bis sechzig Kopeken. Sie spielen jeden Dienstag und Freitag im Theatersaal der Fabrik (im Sommer geben sie jeden Sonntag ein Concert im Walde jenseits des Donez). Von acht bis neun haben sie meistens eigentliche Übung, von neun bis zehn geben sie einige Nummern aus dem alten Repertoire. Sie spielen recht flotte Musik, meistens klassische, viel in Moll! Dato hat es fünf bis sechs Trompeten, vier Klarinetten, vier Althörner, neun kleine Bässe und zwei grosse Bässe. Dazu spiele ich seit Freitag (gestern) Kontrabass, da das Instrument schon einige Zeit verwaist ist. Es ist allerdings ein ordentlich trauriges Möbel, etwas kleiner als der meinige, und hat dato nur noch die drei oberen Saiten, von denen die g-Saite oben und unten geflickt und die d- und a-Saite mir eines schönen Abends an den Kopf fliegen können. Dazu ist ein Stück beim Schall-f eingeschlagen, und der Bogen zählt noch die Hälfte Haare.

Hoffentlich gibt der Direktor Kredit für einen neuen grösseren Bass. Auf sechzig bis siebzig Rubel wird es ihm hoffentlich nicht ankommen; die Fabrik leistet ja sehr viel für die Angestellten und Arbeiter und deren Unterhaltung. Im Theatersaale sollen diesen Winter auch Tanzabende veranstaltet werden. Da tanzt man dann in Stiefeln, schuhplattlerartig. Diese Musik ist doch noch schneidiger als unsere Stadtmusik. Die Trompeten sind sehr gut, die Klari-

11
Der Louis d'or ist eigentlich eine französische Goldmünze, die im 17. Jahrhundert eingeführt wurde. Gysin verwendet den Begriff hier vermutlich umgangssprachlich als Bezeichnung für das Geld, das er aus der Schweiz mitbrachte.

netten auch. Erster Klarinettist ist der Böhme Kuna, ein geschickter Schlosser. Er hat in Österreich Militärdienst geleistet und soll ein ganz tüchtiger Musiker sein: spielt auch Gitarre, Balalaika, Violine und Trompete.

PS: An den Konsul in Odessa[12] habe ich geschrieben.
PPS: Ich danke Mutter für die Karte vom 9. Oktober. Sie kam erst heute, während ich Vaters Karte vom 9. Oktober noch mit dem letzten Brief vom 1./14. Oktober beantworten konnte.

Sonntag, 15./28. Okt. 1906
Ljubimowskij-Post, Gouvernement Jekaterinoslaw

Meine Lieben!

– Sonntag, 8./21. Okt. 1906 –
Beim Tschechen Kuna erhielt ich eine gute Violine leihweise. Ich übe fast jeden Tag ein wenig, damit ich mit Fräulein Maria spielen kann. Am Nachmittag war ich beim Dirigenten Satschow, mit dem ich Zither und Mandoline, auch Zither und Harmonium spielte. Er hat sehr viel Musik daheim, vor allem klassische. Ich ass bei ihm zu Abend, das uns nach einem Spaziergang ins Dorf gut schmeckte. Die eingesalzenen Arbusen = Wassermelonen sind nicht übel. Ich werde mich erkundigen, wie man die Samen behandeln muss; ich werde dann Walti, dem Hof-Gärtner, davon schicken. …

– Montag, 9./22. Okt. –
Heute bekam Frau Trümpy einen Sohn, zur Zeit der sechste Schweizer in Tretja Rota, so heisst das Dorf im Umgang, das heisst «dritte Rotte», weil hier früher und in der Umgebung Soldaten lagen, welche Zwangsarbeiter zu beaufsichtigen hatten. Nicht weit von hier gibt es auch noch «erste», «zweite», «vierte» etc. «Rota». Amtlich schreibt

12
Emil Wey (1854–1932), 1899 bis 1918 Honorarkonsul der Schweiz in Odessa. Weitere Informationen zum schweizerischen Konsularwesen in Russland im Beitrag von Lena Mina Friedrich in diesem Band.

man «Wjerchnjeje-Sjel'lo» oder auch «Selo Werchnee», Das l'l spricht man aus wie ll im Bernerlöli, «wou, wou, e ganze Chübu voull». Perejesdnaja heisst «der Durchgang», war früher also nur eine unbedeutende Durchgangsstation, vielleicht ein Bahnwärterhäuschen, und ist jedenfalls erst durch die Fabrik zur Station geworden. «Ljubimowskij-Post» kommt von Ljubimowska. Ich weiss nicht, wie es übersetzt heisst.[13] Der Koffer ist von Alexandrowo angemeldet, aber immer noch nicht angekommen. Es geht eben hier gar schläfrig und gemütlich zu. Für Postpakete bekommt man hier eine Anzeige zum Abholen des Paketes auf der Post.

– Dienstag, 10./23. Oktober 1906 –
Im Orchester spiele ich nun zur Aushülfe auch die kleine Trommel. Die grosse Trommel und Triangel aber führt ein russischer Tambour, der mir die verschiedenen Signale vorgespielt hat, die ich ihm notdürftig in die schweizerische Militär-Trommelsprache übersetzte. Die russischen Signale sind recht kompliziert. Ich bin jetzt also quasi in einer Person «deputierter Bassgeigi und deputierter Trümmelizähler» [Taktgeber]. Dato üben wir besonders eine schwere Rhapsodie von Liszt. Ich muss auf meinem Bass ganz gehörig arbeiten, um nur nachzukommen.

– Freitag, 13./26. Oktober 1906 –
Jetzt lerne ich Russisch nach dem Berlitz-Lehrbuch, das mir Ruedi Bernoulli aus Berlin besorgt hat. Ich gehe oft spazieren mit dem Boote von Herrn Bartelski, das Toeplitzsche ist mir zu gross. Habt nur keine Angst. Der Donez schleicht etwas schneller als ein Fabrikkanal, hat also fast kein Gefälle, und dann bin ich ganz vorsichtig beim Rudern. Es ist hier noch ordentlich warm. Den Überzieher habe ich bis jetzt einmal, und zwar nachts, gebraucht.
An alle viele Grüsse, Euer Alfred

13 Höchstwahrscheinlich benannt nach Iwan Iwanowitsch Ljubimow (1838–1899), einem Geschäftspartner von Ernest Solvay. Vgl. dazu den Beitrag von Maria Stikhina in diesem Band.

Liebe Mutter!
Langeweile hatte ich bis jetzt nicht, ich habe genug
anderes zu tun. Bücher habe ich genug: «Das neue
Universum», französische Bücher, «The Studio», eine
englische Zeitschrift, sogar «Fliegende Münchener-
blätter» wie Gysin-Metzgers «Kind und Kunst». (Seit
gestern habe ich auch meinen Koffer, der tadellos
verpackt angekommen ist.) Sollte ich trotzdem eines
Abends nichts zu tun wissen, so kann ich zu jeder
Zeit besuchen: Dr. Métraux, Techniker Trümpy, Beelès
aus Belgien, Vitol aus Riga, Schmid aus Österreich,
Bartelsky aus Polen, Chemiker, und Hampel aus
Böhmen, von Cramer aus Riga, Dirigent Satschow aus
Tretja Rota, den Böhmen Kuna, Monteur Frey aus
dem Kanton Zürich, Techniker Cohen aus Deutschland. Ich denke auch nicht, dass ich Heimweh bekommen werde, denn ich habe ja Gelegenheit, hier
auch Schweizerdeutsch zu reden, was sehr gut tut.
Allerdings sind mir die Leute, so freundlich und
gastlich sie auch sind, noch ziemlich fremd. Ich bin
fortwährend eingeladen und muss immer Zither
spielen.

8.00: Morgenkaffee
8.30–9.15: Geometrie, Naturgeschichte
    oder Geschichte
9.30–10.15: Deutsch
10.30–11.15: Französisch
dreimal (11.30–12.15): Freihandzeichnen
12.30–13.00: Mittagessen
13.00–15.00: Spazieren etc.
15.00–15.45: Algebra drei Std., Arithmetik drei Std.
Vier-Uhr-Tee
dreimal (16.15–17.00): Technisch Zeichnen

Die Zeit wird nicht immer genau eingehalten. Dann
Dienstag und Freitag 8 bis 10 Uhr abends «Orchester».
Wenn ich will am Abend, gibt mir Frl. Maria Russisch,
ich ihr Deutsch.

Donnerstag bei Helene Bartelsky (dreizehn- bis vier-
zehnjährig) eine Stunde Deutsch lesen gegen eine
Stunde Russisch. Sonntagnachmittag: immer irgendwo auf Besuch. Der Sonntag kostet mich keine Kopeke.
Sonntagvormittag eine bis eineinhalb Stunden Gesang mit den Kindern Toeplitz und Nicolajew, Helene
Métraux und einigen Buben von zehn bis dreizehn
Jahren. Wir üben eben den «Sjerenki koslik» (grauer
Ziegenbock), der von den Wölfen aufgefressen wird. ...
    Herr Toeplitz ist aus jüdischer, Frau Toeplitz aus
polnischer (römisch-kath.) Familie; aus diesem Grunde nehme ich an, dass hier im Hause von Religion
etc. kein Wort gesprochen wird. Frl. Maria geht in den
römisch-katholischen Gottesdienst (alle vierzehn
Tage im Ingenieur-Bureau), der für die Polen hier
eingerichtet ist. Alle zwei Monate soll ein protestantischer Pfarrer hierherkommen. Das Volk hier herum
ist natürlich griechisch-katholisch = orthodox (im
Gegensatz zu römisch-kath.). Sie treiben es stark,
wenigstens äusserlich. In allen öffentlichen Lokalen
(z.B. Coiffeur), auch in grossen Fabriksälen hängt
ein Heiligenbild (im grossen «Dynamo»-Saal zum Beispiel mit ewigem Licht), dazu immer der Zar.
    Nun, wegen der Polin braucht Ihr keine Angst zu
haben, durchaus nicht! Ein gewisses Ideal, das
man «von Ferne sei herzlich gegrüsst» hat, ob es
nun nahe sei oder fern, hilft einem über alles weg!
    Es reut mich, dass ich jetzt gerade nicht in
Lausanne bin. Die «Trauben sind mir hier zu sauer»,
würde Reineke Fuchs sagen.

29. Okt. / 12. Nov. 1906
Ljubimowskij-Post, Gouvernement Jekaterinoslaw

Meine Lieben!
Den letzten Brief habe ich sonntags nach zehn Uhr
abends auf die Post getragen (die Briefe gehen immer
mit einem Nachtzug nach Charkow). Bei der Rückkehr
habe ich im Garten mit dem dort während der Nacht
stationierten Wächter Fechtübungen gemacht, wozu

& Hampel aus Böhmen
von Cramer aus Riga, Dirigent Carèbe aus
Trempa-Roma, den Böhmen Kuma, ~~Inspektor~~ Monteur
Frey aus Kanton Zürich, Inspektor Cohn
aus Dutschland. Ich denke auch nicht,
dass ich Heimweh bekommen werde,
denn ich habe ja Gelegenheit, hier auch
Schweizerdeutsch zu reden, was sehr gut thut.
Allerdings sind mir die Leute, so freundlich & gastlich sie auch sind, noch ziemlich
fremd. Ich bin fortwährend eingeladen & muss immer Zither spielen.

8 Uhr Morgenkaffee
½9 – 9¾ Geometrie, Nat. Gesch. od. Geschichte
½10 – 10¾ Deutsch
10½ – 11¼ Französisch
3x (½12 – 12¾ Freihandzeichnen) ~~[illegible]~~
½1 bis 1 Mittagessen
1 – 3 Spazieren etc.
3 – ¾4 Algebra 3 St. Arithmetik 3 Std.
4 Uhr Thee.
3x (4¼ – 5 Technisch Zeichnen)

Herr Tauplitz ist in der Fabrik von ½8 od. 8 bis ½12. Von ½3 bis ½8.

mir ein eben anwesender anderer Schutzmann seinen Säbel lieh.

– Mittwoch –

Heute Abend war ich bei Monteur Frey. ... Wir haben gejödelet und gesungen. Der Tscheche Kuna spielte Violin (aber suber!), ein junger Belgier spielte ganz rassig Handorgele, ein anderer Belgier (Monteur) liess sein Grammophon krächzen und sass stumm da, seine Cigarette rauchend und ganz versunken in seine herrliche Tingeltangel Pariser-Leben-Musik. ... Kuna meinte nachher: «Das ist keine Musik.» Der Grammophon-Belgier hat bis jetzt noch keine Zither gesehen. Ein etwa 60-jähriger Monteur, der seine Familie in Karlsruhe hat, sass ziemlich still da und huldigte behaglich, nach deutscher Art, seinem Bierglase.

– Donnerstag –

Heute waren wir mit den beiden Pferden in Lissitschansk, eine Stunde von Tretja Rota. Der Weg geht über die Steppe und ist stellenweise bis fünfzig Meter und mehr breit. Eigentliche Strassen sieht man hier kaum, höchstens zwischen der Fabrik und den Arbeiterhäusern und Villen und im Dorfe. In Lissitschansk herrschte, trotz ganz ordentlichem Wetter, ein unsäglicher Schmutz. Wo die Pferde strampeln, da spritzt der Dreck hoch auf; zur Belustigung der beiden Mädchen.

Wir haben beim «Professor der Steigerschule» Honig geholt. In dieser Schule werden die jungen Leute, welche es vermögen, zu Bergbau-Ingenieur-Gehilfen, «Steigern», ausgebildet in einem vierjährigen Kurs. Diese Schule steht vielleicht so zwischen unserer Sekundarschule und einem Technikum. In unserer Umgegend, schon eine Viertelstunde vom Hause weg, wird überall Kohle, Steinkohle gegraben. Die Bauern wühlen, mehr oder weniger gut ausgerüstet, im Boden herum und suchen oft schon in einem Meter Tiefe an Abhängen nach Kohlen, die sie in kleinen Wagen in die Fabrik und auf die Bahn führen. Sobald ich Gelegenheit habe, werde ich einmal in einen solchen Schacht steigen und Näheres darüber berichten. Die Fabrik selber hat einen Schacht in etwa 200 m Tiefe.

– Sonntag –

Heute fungierte ich zum ersten Male als Organist der
kleinen evangelischen Gemeinde. In die Liturgie (der
Pfarrer ist Lutheraner) habe ich mich schnell eingefunden. … Die ganze Gemeinde bestand heute aus
sieben Männern, zwei Frauen, dem Pfarrer und dem
Organisten. … Der Pfarrer predigt das nächste Mal am
Neujahr, dann ist gerade Taufe bei Herrn Trümpy. Walti
werde ich nächstens Arbus-Wassermelonen-Samen
schicken.

Ich hoffe, ihr seid alle so gesund wie ich und lasse
Euch herzlich grüssen, Alfred

11./24. Nov. 1906
Ljubimowskij-Post, Gouvernement Jekaterinoslaw

Meine Lieben!
Ich danke schön für Mutters und Waltis Brief und
Vaters Karte.

Wenn ich dann und wann etwas zweimal schreibe,
so werdet Ihr es nicht übelnehmen. Zeit zum Kopie-
ren meiner Briefe habe ich nicht; es hätte auch keinen Sinn. Es betrifft das aber nur allgemeine Sachen;
das Spezielle ist ja immer je nachdem Auszug oder
Erweiterung meines Tagebuches. Dann ist der Briefwechsel insofern eher schwierig, da sich die Briefe
kreuzen und ich vielleicht schon über das geschrieben
habe, nach dem Ihr im Briefe, der unterwegs ist, fragt.
Ich hoffe aber, der Briefwechsel sei so vollständig
als möglich und es schleichen sich keine Irrtümer
ein.

Um von meinem Zögling zu reden: «Er ist von
Natur aus furchtbar faul», so äussert sich sein Vater.
Ich habe viel Mühe mit ihm, und die Stunden sind oft
recht langweilig. Herr und Frau Toeplitz wissen es
aber auch und schimpfen oft recht gewaltig an dem
Jungen herum, von dem jedoch gleich alles abfällt.
Er ist schrecklich zerstreut und interessiert sich am
wenigsten für Sprachen, das heisst Deutsch und
Französisch, auf welche ich eben besonders Gewicht
legen muss. Seine deutschen Aufsätze und französi-

schen Traductions wimmeln von orthographischen und anderen Fehlern. Ich habe mir schon oft, oder fast jeden Tag, den jungen Belforter herbeigewünscht;[14] bei dem war es eine Freude, Lektion zu erteilen. Sonst ist ja alles sehr gut im Hause Toeplitz, Madame eine recht verständige Frau. Sie gibt ausser Zeichenunterricht auch noch Deutsch an der Fabrikschule, daheim macht sie auch Flickarbeiten, zeichnet und rechnet mit den beiden Mädchen, gibt Janek einige Stunden Polnisch und hat viel Visiten, geht auch selber viel auf Besuch aus. Herr Toeplitz ist dato für vierzehn Tage im Ural; vielleicht bringe er einen jungen Bären mit. (In seiner Familie war seinerzeit auch einmal ein zahmer Bär: derselbe ist ausgestopft worden und steht im Korridor bei Toeplitz' Verwandten in Turtschenek bei Warschau, er steht aufrecht und misst weit über zwei Meter Höhe).

Mit Janek, dem Fräulein und den Kindern spaziere ich oft; zuweilen mit den Pferden, ... Wir turnen auch ein wenig.

Wegen dem «Gattig machen» braucht Ihr keine Angst zu haben; die Herren Ingenieure hier kommen daher wie bei uns in Basel gewöhnliche bis bessere Arbeiter: einfach, Ablegkragen, alte Goggöfeli.[15] ... Ich gehe gewöhnlich in Mutz [Jacke], Soldatenmütze und Überzieher aus, dazu Wadenbinden und Galoschen, es ist eben hier überall ganz schrecklich schmutzig. Dann und wann gefriert es wieder, dass man in den Karrengeleisen seine Knochen brechen könnte. Über die Soldatenmütze bin ich sehr froh. Den Goggofen kann man bei dem hier herrschenden Wind kaum tragen. Es reut mich nur, dass ich mein Reisehütlein und die Ordonnanzböden [Militärschuhe] nicht habe.

Geld brauche ich hier sozusagen nichts. Die Wäsche wird mir alle vierzehn Tage besorgt. Jeden Samstag bade ich.

14
Vermutlich Anspielung auf einen früheren Schüler von Alfred Gysin aus dem französischen Belfort (südwestlich von Mulhouse).

15
‹Goggöfi› (oder ‹Goggofe›, ‹Goggöfeli›, ‹Goggöferli› bzw. ‹Goggöfi›) bezeichnet nach Gustav Ritschards Bödellitüütsch-Wörterbuch einen runden, steifen Herrenhut (Melone). Wir danken Christoph Landolt vom Schweizerischen Idiotikon – Wörterbuch der schweizerdeutschen Sprache für diese Information.

Lieber Vater!
Den Koffer hat Herr Toeplitz besorgt, von der
Fabrik aus. Er hat 6,30 Rubel bezahlt dafür.

In ziemlicher Eile, Euer Alfred Alfredowitsch (so
schreibt man sich hier)

18. Dez. / Silvester 1906
Ljubimowskij-Post

Meine Lieben!
Meine heutige Silvesterfeier wird höchstens in einer
kleinen Promenade auf der Bahnlinie im Mondschein
sein. Wie man hier feiert, werde ich in vierzehn Tagen
sehen. Ich schreibe heute nicht viel. Von Weihnachten
wird Grossmutter einen Brief bekommen.

Ich danke schön für die Karten von Tante und
Grossmutter, Dorli und Mutter, Brief von Walti, Karte
von Vater, Karte von Rudi. Mutter, Gutzi [Weihnachts-
gebäck] sind noch nicht gekommen.

– Abends 9.40 Uhr –
Wir hatten einige Tage Schmutzwetter. Jetzt ist es
wieder gefroren. Ich werde noch ein wenig spazieren,
vielleicht zu Monteur Frey, und dann diesen Brief in
den Zug 10.20 Uhr einwerfen nach Charkow. ... Wenn
Ihr einander heute 12 Uhr Glück und Segen wünscht
und Prost, so schlafe ich schon fest, denn unsere Zeit
geht der Eurigen vor.

Nochmals viel Glück und Gesundheit und Gottes
Segen im neuen Jahr! Euer Alfred

14./27. Jan. 1907
Ljubimowskij-Post

Lieber Vater!
Besten Dank für Deinen Brief von heute Morgen.
Die beiden Schachteln mit vier Nastüchlein und 21
Saiten haben mich sehr gefreut. Ich konnte die
Tüchlein jetzt hintennach als Weihnachtsgeschenk-
lein geben. ...

Ich habe alles zusammengerechnet: Die 200 Franken
haben gerade, fast auf den Rubel genau, gereicht,
um die Reise und deine Kofferkosten zu bezahlen,
inbegriffen etwa zwei Rubel, die ich in Warschau für
Logis im Hotel habe bezahlen müssen. Sechseinhalb
Rubel, die man den russischen Bahnen noch zahlen
musste, hat Herr Toeplitz bezahlt ohne Weiteres.

Billet Berlin	77.10
Platzgeld	2.50
Billet Warschau	49.65
zweimal Platzgeld	2.50
	2.50
	134.25
Hotel Warschau	5.00
	139.25
Koffer	53.65
	193.00
Trinkgeld etc.	5.00
	198.00 Fr.

Herr Toeplitz hat mich noch nicht ausbezahlt. Ich
werde ihn daran mahnen. Er denkt eben, ich brauche
kein Geld; was so ziemlich der Fall ist, da ich hier sehr
wenig Auslagen habe. – Was ich bis jetzt ungefähr ausgegeben habe hier in Ljubimowskij-Post.

1 Paar Schuhe in Berlin (Bernoulli)	6.00
(Kutscher in Warschau) !!	2.00
Galoschen	3.00
Porti	10.00
Hemden, Unterhosen, Kerzen	10.00
«Sexuelle Frage» v. Forel	4.00
Russische Grammatik etc.	5.00
Coiffeur	3.00
Hefte, Bleistift	2.00
Photographien	3.00
	48.00 Rubel
	= 124.80 Fr.
und anderes mehr	
Reserve	60.00
	64.80

Wir haben jetzt sehr schönes Wetter, nur etwa −5 °C
während des Tages. Letzte Woche hatten wir in einer
Nacht −28 °C. Ich bin jetzt ganz an die Kälte gewöhnt
und habe nur ein paarmal an den Ohren gefroren.
Meine Polismütze kann ich sehr gut brauchen. Ich
trage sie jetzt die ganze Woche.

Was meinen Zögling anbetrifft, so ist er leider immer
gleich faul; sodass ich eigentlich von meiner Arbeit
nicht befriedigt sein kann. Wahrscheinlich kann er im
Frühling nach Glarisegg.[16] In meinen freien Stunden
spaziere ich viel und lerne Russisch. Ich kann jetzt
ganz ordentlich mit den Leuten verkehren. ...

Ich lasse alle Verwandten, besonders Grossvater und
Grossmutter, herzlich grüssen. Euer Alfred

27. Jan. / 9. Feb. 1907
Charkow, Mironositzkaja Strasse 30, Haus von Heinrich Toeplitz

Meine Lieben!
Brief an Grossvater und Karte von Charkow werdet
Ihr gelesen haben. Ich wohne also seit einigen Tagen
mit Janek Toeplitz bei dessen Onkel Heinrich. Engagiert bin ich eigentlich bis 30. März deutsches Datum,
d.h. 17. März russisch. Da nun aber Janek auf (den)
1. März (russ.) in eine Schule in Charkow kommt, so
bin ich auf diesen Termin schon frei. Das Engagement
bleibt aber, was die Zahlung anbelangt, ein halbes Jahr,
wie abgemacht. Ich werde auf den 1. März (russ.) mit
Janek zurück nach Ljubimowskij-Post gehen auf die
Fasnacht-Feiertage. Dann bin ich also frei. Zurzeit gebe
ich Janek täglich nur noch zwei Lektionen: Deutsch,
Französisch und Zeichnen. Daneben
hat er zwei Stunden Russisch und eine
Stunde Polnisch. Die übrige Zeit muss
ich ihn beaufsichtigen.

Ich könnte nun Mitte März heimreisen, ziehe es aber vor, noch hier
zu bleiben und eine Stelle zu suchen.
Erstens ist man hier besser bezahlt
als daheim, zweitens lebt man billiger,
drittens habe ich nun einmal einen An-

16
1901 erwarben die Re-
formpädagogen Werner
Zuberbühler und Wilhelm
Frei Schloss Glarisegg
am Bodensee (Kanton
Thurgau) und eröffneten
dort 1902 ein Land-
erziehungsheim. – Die
Pläne, Jan Toeplitz nach
Glarisegg zu schicken,
zerschlugen sich später
offenbar wieder.

fang im Russischen, und es wäre schade, wenn ich
das jetzt fahren liesse. Ich werde mich also sogleich
nach einer Stelle umsehen, finde ich keine bis
zum Termin, dann bleibe ich noch einige Monate in
Ljubimowskij-Post, nehme dort ein Zimmer für
zehn Rubel höchstens (ich habe schon eines in Aussicht) und gebe einige Stunden (24 Stunden per
Monat = 20 Rubel habe ich schon versprochen auf
den Fall hin). Um aber eine Stelle irgendwo, z.B. an
einer Schule in Charkow zu erhalten, brauche ich
Zeugnisse.

Ich beauftrage Walter, mir vom Maturitätszeugnis,
vom Primar- und Sekundarlehrerdiplom je eine genaue
Abschrift zu verschaffen. Rudi wird sie ihm schon
schreiben; zur Verifikation genügt vielleicht, wenn
er die Copien zum Beispiel von Onkel Theodor unter-
schreiben lässt. Schickt mir ja kein Original-Zeugnis!

Ich bitte Euch, mir in meine Pläne nicht dreinzu-
reden und mich davon abwendig machen zu wollen.
Ich habe mir die Sache schon lange überlegt. Hin und
her schreiben kostet jeweils zwölf Tage; also schickt
nun das Gewünschte sofort.

Ich habe mit Bekannten über meine Pläne geredet
und niemand hat mir abgeraten, mehrere sagten mir
(Frau Trümpy zum Beispiel und die drei alten Fräulein
Struve, Gutsbesitzerinnen), es sei eigentümlich, schon
so und so viele Ausländer, einmal in Russland, hätten
nicht mehr fortgehen wollen.

– Donnerstag –

Eineinhalb Stunden nach meiner Ankunft aus Lissitschansk traf ich hier beim Coiffeur einen Herrn, der
mir vorher im Zuge Geld gewechselt hatte. Am gleichen
Abend, bei beginnender Dunkelheit, treffe ich den Lakai
Toeplitzens, den Iwan, der seit einer Woche in Charkow
ist. Gestern Freitag, also am zweiten Tag, stelle ich mich
bei den Fräulein Struve vor, von denen mich die eine
von Ljubimowskij-Post her in Erinnerung hatte, wo sie
mich auf der Station bei einer Unterhaltung mit Russen
beobachtet hatte. Am Abend, beim Spazieren, stosse
ich auf jenen jungen Juristen, mit dem ich von Warschau bis Jekaterinoslaw gefahren bin, ebenso begegnete

ich dem Herren, der von Perejesdnaja bis Charkow mir gegenüber sass. Eigentümliche Zufälle! Also nirgends ist man sicher vor Bekannten, nicht einmal in Russland!

Indessen viele Grüsse, Euer Alfred Alfredowitsch

PS: Beiliegend Chèque: 600 Franken – Walti: Du hast mir nie geschrieben wegen der Abmeldung an der Universität. – Dorli: Hast Du die Marken erhalten?

10./23. Feb. 1907
Charkow, Mironositzkaja Strasse 30, Haus von Heinrich Toeplitz

Lieber Vater!
Ich danke bestens für Brief, Drucksache und Karte. Die Bücher für Janek sind mir alle bezahlt worden. Wegen der sechseinhalb Rubel kann ich ja einmal nachfragen; es ist aber nicht nötig. Eine so kleine Summe macht Herrn Toeplitz nichts aus, ausserdem nehme ich an, dass es ganz von der Fabrik aus besorgt worden ist, so dass er es selber nicht bezahlt hat.

Was Janek betrifft, so muss ich annehmen, es sei kein Platz gewesen in Glarisegg.[17] Dann hatten seine Eltern doch Angst, ihn so weit fortzugeben, da er eben sehr leichtsinnig, besser gesagt unbedacht ist und mehr beaufsichtigt werden muss als andere Knaben seines Alters. In einem Monat kommt er also in eine Privatschule. Ich gebe ihm noch zwei Stunden täglich, die übrige Zeit muss ich ihn beaufsichtigen beim Aufgabenmachen für seine Polnisch- und Russischlehrer.

Meinen Plan, in Russland Stelle zu suchen, gebe ich nicht auf. So gern ich auch wieder heimkommen würde, muss ich vorerst auf das Verdienen sehen. Und wie ich finde, wie man mir auch sagt, ist man hier doch besser bezahlt als bei uns daheim. Es ist ja schade, dass ich nicht ein ganzes Jahr bei Toeplitz bleiben kann, ich hätte da zum Allermindesten 2000 Franken erspart. So komme ich doch noch auf 1200 Franken in einem halben Jahr, was ich daheim, sagen wir in Muttenz, in einem ganzen Jahre höchstens hätte zurücklegen können. Dann glaube ich, dass es meinem späte-

17
Vgl. dazu Brief vom
14./27. Januar 1907.

ren Fortkommen in der Schweiz nicht hinderlich sein wird, wenn ich vorher im Ausland gewesen bin. Dann habe ich einen Anfang in der russischen Sprache. Komme ich bald heim, dann ist alles Russische für mich verloren und alle Mühe, die besonders der Anfang dieser Sprache macht, vergeblich gewesen. «Jede neue Sprache soll ein weiterer Empfehlungsbrief sein», so steht es in der Methode Toussaint-Langenscheidt. Wenn ich das Russische gut erlerne, kann ich es später einmal vielleicht sehr gut anwenden.

Ich werde mich also hier um eine Stelle umsehen; finde ich keine, so miete ich wahrscheinlich noch etwa für einen Monat eine billige Bude, vielleicht mit einem russischen Studenten zusammen, und lerne brav Russisch. Finde ich bis dann keine Stelle, in Charkow oder im übrigen Russland, dann gehe ich nach Ljubimowskij-Post zurück, wo ich gut aufgenommen bin. Ich verdiene dort mit den wenigen Stunden, die mir bis jetzt vorläufig fest zugesagt sind, einmal so viel, dass ich vom Ersparten nichts angreifen muss. Zwanzig Rubel habe ich dort sicher in einem Monat. Acht bis zehn Rubel für Logis, zehn Rubel für Kost und Wäsche wird auch genügen, da ich da und dort zu Gast sein werde. In gesellschaftlicher Hinsicht ist man hier ungleich freizügiger als bei uns daheim.

Also, vom Ersparten wird nichts angegriffen. Weitere Stunden zu geben, werde ich Gelegenheit haben. Ich werde auch einmal einem Bekannten, einem reichen Kaufmann in Baku,[18] schreiben, vielleicht findet sich dort etwas. Besonders ein Lediger kommt hier, wenn er nicht Zirkus und Theater zu hoch hält, billig weg; er wird viel eingeladen zu «frugalen Mahlzeiten» und hat keine Verpflichtung, selber Gäste zu empfangen und zu füttern.

18
Vermutlich der Kaufmann, den Gysin bei der Fahrt nach Russland im Zug kennenlernte. Siehe Brief vom 13./26. September 1906.

Übrigens hoffe ich noch auf eine Gratifikation von etwa vierzig Rubel. Den Pass kann ich als Unteroffizier leicht noch verlängern lassen, wenn nötig. Finde ich bis im Sommer keine Stelle auf längere Zeit, so komme ich eben auf den Wiederholungskurs heim.

1925 ?
/ Febr. 1907
bei Henrik Toeplitz

Харьковъ, Мироносицкая 30
Дома Генрикъ Теплицъ.

Lieber Vater!

Ich danke bestens für Brief, Drucksache und Karte.

Die Bücher für Janek sind mir alle bezahlt worden. Wegen der 6½ Rubel kann ich ja einmal nachfragen; es ist aber nicht nötig. Eine so kleine Summe macht Herrn Toeplitz nichts aus, ausserdem nehme ich an, dass es ganz von der Fabrik aus besorgt worden ist, so dass er es selber nicht bezahlt hat.

Was Janek betrifft, so muss ich annehmen, es sei kein Platz gewesen in Glarisegg. Dann hatten seine Eltern doch Angst ihn so weit fortzugeben, da er eben sehr leichtsinnig, besser gesagt unbedacht

Das Werk von Forel[19] habt Ihr mir seinerzeit einmal versprochen. Da ich es jedem, besonders jedem alleinstehenden jungen Manne anraten könnte, habe ich es angeschafft. Das Geld ist nicht weggeworfen!

Wir haben seit einigen Tagen etwa zwölf Zentimeter Schnee. Die Kälte ist bedeutend zurückgegangen. Sechs bis acht Grad Réaumur am Tage.[20] Ich erwarte noch Mutters Brief.

Viele Grüsse an alle, Dein Alfred

Samstag, 10./23. Feb. 1907
Charkow, Mironositzkaja Strasse 30

Meine Lieben!
Besten Dank besonders für Mutters Brief. Und die Geschwister sollen doch nicht böse sein, wenn ich ihnen nicht so oft schreibe.

So so, ist man immer noch gleich in Liestal mit dem ewigen Geschwätz, aber s'Dori soll nur recht lustig sein mit dem Iwan Emilowitsch, die Klassen werden ja jetzt auch gemischt, wenngleich man bei Bezirks- und Sekundarschule noch nicht so weit ist. Es würde auch nicht gut gehen, würde aber dennoch für beide Teile gut sein. Man muss nur alles mit mehr oder weniger modernen Augen ansehen und nicht nur immer an die gute alte Zeit denken und meinen, weil man es gestern und vor so und so vielen Jahren so gemacht habe und man sich dabei wohlbefunden habe, dass man es unbedingt auch fernerhin beibehalten soll.

Von meinem Vorhaben und der jetzigen Lage habe ich bereits Vater geschrieben. Ich erwarte unbedingt die gewünschten Papiere!

Bei Anfang des Tauwetters hatte ich eine kleine «Malaria», die drei Tage dauerte. Am Abend erhielt ich fast plötzlich, besonders am Rücken, kleine,

19
Im Brief vom 14./ 27. Januar 1907 erwähnt Gysin erstmals den Kauf des Buches ‹Die sexuelle Frage› von Auguste Forel (1848–1931). Forel gilt als Begründer der Schweizer Psychiatrie und als einer der wichtigsten Vertreter der Abstinenzbewegung in der Schweiz. Sein aufsehenerregendes Standardwerk veröffentlichte er 1905. Zu Auguste Forel vgl. auch den Beitrag von Oliver Sterchi in diesem Band.

20
Entspricht 7,5–10 °C. Die Temperaturmessung nach der Skala von René-Antoine Ferchault de Réaumur war im 19. Jahrhundert vor allem in Deutschland und Frankreich noch weit verbreitet. Mit Beginn des 20. Jahrhunderts wurde sie von der Messung in Grad Celsius abgelöst.

beissende [juckende] weisse Anschwellungen der
Haut, wie bei Insektenstichen. Am folgenden Morgen
waren sie verschwunden, vollständig. Im Verlaufe des
Nachmittags traten sie wieder auf, sodass ich zu einem
Arzt ging. Er untersuchte mich: 37,8°C glaube ich, und
verordnete mir für zwei Tage Chinin, was auch prompt
geholfen hat. Jetzt bin ich wieder ganz zwäg [wohlauf],
habe auch während der ganzen Zeit gelebt wie sonst
und keine Abnahme des Appetits verspürt. Solche kleine Malarien sollen hier häufig sein. Etwas Schnupfen
schreibe ich auch dem Tauwetter und Wind zu. Die
Stadt ist dato sehr schmutzig und nicht zu vergleichen
mit dem sauberen Basel.

Ich bin diese Woche mehrmals Automobil gefahren
mit dem Chauffeur Rogoschinsky. Er stammt aus einer
polnischen Adelsfamilie ...

Vorläufig werde ich mich in Zeitungen umsehen,
dass ich einige Stunden geben kann, sobald ich hier
frei bin. Gestern Abend war ich wieder im Dampfbad:
Der Schnupfen ist fast weg.

Was meinen Zögling anbelangt, so bin ich eigentlich
froh, dass ich bald frei bin: Er steht, wie ich immer
mehr sehe, mit Ehrlichkeit und Aufrichtigkeit auf
sehr schlechtem Fuss und ist jetzt schon ein rechter
Geldmensch. Ich hoffe, mit meinen nächsten Schülern
bessere Erfahrungen zu machen.

Viele Grüsse, Euer Alfred

Samstag, 17. Feb. / 2. März 1907
Charkow, Mironositzkaja Strasse 30

Meine Lieben!
Am Sonntag habe ich Herrn Grether besucht. Er wohnt
in unserer Strasse ganz in unserer Nähe. Er glaubt,
dass ich leicht eine Stelle finden könne. Ich solle nur
einmal inserieren: «Vorbereitung für schweizerische
Schulen». Vorläufig werde ich sehen, dass ich einige
Stunden geben kann. Ich kann leider nicht oft zu ihm
gehen, da ich zu dummen Zeiten frei bin, nämlich wenn
andere arbeiten. Den Janek darf man halt nicht allein
lassen, sonst tut er nichts oder macht Dummheiten.

Am Dienstag war ich bei den alten Fräulein Struve. Ich habe vierhändig gespielt: Sinfonien von Händel, Ouvertüren etc.

Am Mittwoch war ich auf einem polnischen Maskenball. Ich ging als schweizerischer Müller mit einer Zipfelmütze, habe mich aber ziemlich gelangweilt, da ich die Mazurka nicht tanzen kann, und das ist die Leibspeise der Polen. Dabei springen sie wie besessen im Saale herum. Ich habe nur wenig getanzt und bin froh, dass es mich wenig kostete. Das Billett bekam ich von einem, der nicht mitmachen wollte. Ausser der Garderobe und einem Schlitten hatte ich sonst keine Auslagen.

Mit einigen Studenten Bekanntschaft gemacht. Die ganze Stadt wimmelt von Studenten, die je nach Fakultät eine andere Uniform mit Mütze tragen. Hier weiss man nichts von Bierzipfel[21] und derartigem Humbug; eine Studentenbude hier ist das denkbar einfachste Zimmerchen. Die Uniformen sind natürlich nicht, damit man darin renommieren kann und den Mädchen gefällt, welche gar begeistert sind für «Farben», sondern einzig der öffentlichen Ordnung wegen; damit man die Herren Studenten und Gymnasiasten, Technologen etc. erkennt, nicht wenn sie einen dummen Streich machen, sondern wenn sie sich mit Wort oder Tat in die Politik mischen. Wenn ich nur mit einem solchen Studenten eine Bude teilen könnte, um russisch zu profitieren. Ein Student, mit dem ich schon darüber gesprochen habe, ist plötzlich abgereist nach dem Süden.

In der letzten Zeit sah man hier viele Leichenzüge. Die Totengräber gehen in weissen oder gelben Kleidern, die schlampig sitzen, mit einem Hut à la Napoleon. Der Leichenwagen ist meist weiss angestrichen und sehr verziert; die Pferde werden schwarz vermummt. Das Ganze macht keinen feierlichen, sondern mehr pompösen Eindruck, besonders bei etwas reicheren Leuten.

Ekelhaft sind die zahlreichen Bettler und Bettlerinnen, die man an allen Ecken antrifft. Wenn man jedem etwas

21
Abzeichen der Studentenverbindungen mit entsprechenden Farben (Couleur).

geben wollte, so könnte man in zwei Stunden Spaziergang durch die Stadt vierzig oder noch mehr Kopeken
fliegen lassen. Ich gebe dann und wann auch etwas;
denn ich denke, andere müssen noch mehr
ausgeben jeden Tag für Logis, Essen und Wäsche, was
bei mir ganz wegfällt. Von meinem bald fälligen zweiten
Zapfen werde ich so viel als möglich, wenigstens
500 Franken heimschicken. Das Übrige muss ich auf
alle Fälle noch behalten. Vater, willst du so gut sein
und mir einmal mitteilen, was mein Koffer in der Fabrik und was meine neu angeschafften Kleider (Anzug
inbegriffen) gekostet haben. Ich hoffe, mit Toeplitzens
Geld (1000 Franken bar auf der Bank) für jene Kosten
ganz aufkommen zu können. ...

Ich danke Walti nochmals für die Zeugnisse, ebenso
Onkel Theodor. Sollte ich eine schöne Stelle finden,
so würde ich das Geld nur so per Scheck haufenweise
heimschicken. Vorläufig muss ich mich darauf gefasst
machen, von den Fleischtöpfen nicht der Ägypter,
sondern der Israeliten wegzukommen und mich der
einfachen Bauern-Nahrung mit Schwarzbrot und Milch
und etwas Fleisch zu nähern. Herr Grether wird mir
behilflich sein.

Indessen viele Grüsse, besonders an Grossmutter
und Grossvater, Fred

Sonntag, 25. Feb. / 10. März 1907
Charkow, Mironositzkaja Strasse 30

Lieber Vater!
Besten Dank für Karte und Brief und Zeitung. Die
letzten Nachrichten von Euch haben mich aber fast
beunruhigt. Ich kann nicht recht begreifen, warum
Ihr mich schon so bald wieder in der Schweiz haben
wollt. Jetzt bin doch erst ein halbes Jahr fort und
habe mir in der Zeit so viel ersparen können wie in
der Schweiz in einem ganzen Jahr.

Also Vater, wenn ich noch etwas hierbleiben will,
so ist es, um Geld zu verdienen; ich habe jetzt gelernt,
das Geld zu schätzen und zu rechnen, denn das ist
auch eine kleine Schule, die man daheim nicht lernt.

Ich beziehe mich übrigens auf meinen letzten Brief!
Über meine Zukunftspläne, welche Geld verlangen,
schreibe ich Euch erst, wenn ich etwas Rechtes gefunden habe. Ich muss nämlich das betonen: In Russland verdient man leichter Geld, gibt es aber auch
leichter aus. Das habe ich in Charkow kennengelernt.
Eine gewisse Sorte junger Leute gibt an gewissen Orten
haarsträubend Geld aus, die Restaurants sind sehr
teuer: Trinkgelder! Lebt man aber wie ein armer Student, ohne zu hungern, so kann man auch ganz
gut leben; es kommt nur darauf an, wo man isst und
dass man nicht zu viel in Theater und Zirkus und
Kinematograph geht. Diese Letzteren sind in ordent-
licher Zahl vorhanden.

Eine Staatsstelle oder Städtische könnte ich nicht
annehmen. Dazu müsste ich zuerst noch ein Examen
in der russischen Sprache ablegen. Das ist also aus-
geschlossen. Dagegen suche ich nach Stunden, welche
im Allgemeinen mit einem Rubel bezahlt werden,
also mehr als bei uns daheim. Viele Studenten erhalten sich auf diese Weise hier.

Da jetzt besonders in Russland der Zug besteht,
die Söhne in ausländische Schulen zu schicken, so
glaubt Herr Grether, dass ich wohl auf ein Inserat
hin – «Vorbereitung auf Schweizer Schulen» – etwas
finden werde, wobei ich zu betonen habe, dass ich
«Schweizer» sei. Die Deutschen liebt man eben nicht
so sehr in Russland; dagegen sympathisiert man mit
Franzosen und Schweizern, mit den Letzteren vor
allem die vielen Polen, mit denen man, wenigstens in
diesen Zeiten Russlands, auch zu rechnen hat.

Wegen der Revolution braucht Ihr keine Angst zu
haben. Hier herum ist alles ganz ruhig, und sollte es
doch wieder einmal etwas geben, dann steckt man
seine Nase nicht zuvorderst.

Ich habe in der letzten Zeit, vor Langeweile, etwas
Heimweh gehabt, ich weiss nicht, ob es der nahende
Frühling ist. So gern ich wieder heimkomme, betone ich, dass ich, entgegen Eurer Meinung, viel an
meine Zukunft denke! Nicht Leichtsinn oder haltloses
Fantasieren hält mich hier fest, sondern meine ganz
bestimmten Absichten. Kommt es nicht heraus, wie

ich es wünsche, dann kann ich in sechs Tagen wieder daheim sein. Vorläufig muss ich Euch bitten, noch Geduld zu haben. Und wenn ich noch Lehrgeld bezahlen müsste, dann zahle ich es aus meinem Sack, was mir und auch Dir, Vater, Freude macht. (Ich wiederhole: ich habe das Geld schätzen gelernt.) Wenn ich aber nichts Gutes finde, dann bin ich längstens bis zum W.K. [Wiederholungskurs] 1907 daheim.

Es tut mir sehr leid, dass ich an Sophielis Hochzeit nicht mitmachen kann. Da muss halt Walti den Mann stellen.

Am Dienstag war ich bei den Töchtern Nikolajeff in ihrer Pension. Getanzt und gesungen. Heute war ich in der Lutherischen Kirche und am Nachmittag bei Herrn Grether zum Mittagessen. Durch das Telephon einer zurzeit kranken Schweizerin einen Gruss gschickt mit Zitherspiel und Gesang. Rückantwort: Vive la Suisse! Viele Grüsse, besonders an Grossmutter und Grossvater, Dein Alfred

Mittwoch 28. Feb. / 13. März 1907, abends
Charkow, Mironositzkaja Strasse 30

Lieber Vater!
Beiliegend 500 Franken (ganz für die Bank bestimmt). Zu Händen habe ich vom Gehalt noch Rubel 80.– und für die Reise 100.–! Total 180.– Rubel. Soviel ich entbehren kann, deponiere ich bei Herrn Grether, Mironositzkaja Strasse 24 (Geschäft: Jekaterinoslawskaja).

Vater, schreibe mir bitte genau, was alles vor meiner Abreise gekostet hat: Neue Kleidung, Schuhe, Unterkleider, Mutz [Jacke] etc. Sobald ich kann, schicke ich wieder einen Schübel heim, aber keinen so fetten mehr.

Heute Mittag sind in der Mironositzkaja Strasse zwei Bomben geworfen worden, so zur Abwechslung, denn in Charkow ist es ziemlich langweilig. Die berittene Polizei hat die vielen Neugierigen, worunter auch mich, höflich aber bestimmt zurückgewiesen. Sie scheint auch nicht immer mit den auszuführenden Befehlen einverstanden zu sein. Weiteres weiss ich über den Fall noch nicht.

Ich hoffe, das ganze Gysin-Glaser-Haus sei so gesund und wohl wie ich. Dein Alfred

PS: Mein Zögling ist heute nach Tretja Rota abgereist. Sein [Eintritts-]Examen in die Burakowsche Schule hat er gut bestanden und darf dafür einige Tage Ferien machen. Nun bin ich frei!

3./16. März 1907
Charkow, Mironositzkaja Strasse 8, Quartier «Zimmer»

Meine Lieben!
So, nun bin ich in einem hübschen kleinen Zimmerchen bei Deutschen eingenistet. Es fehlt mir nur noch der schöne Lohn, den ich ein halbes Jahr bezogen habe. Ich langweile mich zwar ein wenig und muss oft an Liestal und Basel denken.

Rechnung:

1. Scheck	600 Fr.	⎤	1000 auf der Bank
2. Scheck	500 Fr.	⎦	+ 100 für Vater
	1100 Fr.		
	400 Fr.		bleiben mir 400 Fr.
	1500 Fr.		

Hat Vater für mich
ausgegeben:

Spesen Koffer	50 Fr.
Reisen	60 Fr.
	110 Fr.
Weiterfahrt ca.	90 Fr.
	200 Fr.

Ich bin also Vater noch etwa 100 Franken schuldig. Von diesen 400 Franken hatte ich noch in den Händen zu Ende meines Engagements:

	80 Rubel = 216 Fr.
dazu Reisekosten	100 Rubel
Total	180 Rubel

100 Rubel habe ich bei Herrn Grether deponiert.
80 Rubel: Von diesen kann ich gerade noch zwei Monate leben. Die 100 Rubel langen fein für die ganze
Reise, sodass ich, besonders wenn ich im Falle dritte
Klasse nehme, noch gut 100 Franken vorwärtsmachen
kann. Meine täglichen Ausgaben geschätzt betragen
höchstens:

Zimmer (15 Rb. monatlich)	–.50
Zucker	–.05
Brot	–.05
Mittagessen	–.30
Käse	–.10
Wurst	–.05

Rb. 1.05 = Fr. 2.85 (3 Fr.)
[pro Tag]

Monatl. 30 × 1.05 =	Rb. 31.50
Beleuchtung höchstens	2.00
Wäsche	2.00
Dienstboten und Trinkgeld	2.00

Rb. 37.50 = 100 Franken
per Monat
höchstens.

Das Zimmer ist wohl etwas teuer, dafür bin ich in guter
Familie, wohne ein paar Schritte von Herrn Grether
und im Centrum der Stadt, habe auch Gelegenheit,
Klavier zu spielen. Im Übrigen lebe ich, wie Ihr seht,
sehr einfach. Tee bekomme ich morgens und abends,
nämlich den «Samowar», das ist die Teemaschine. Da
kann ich mir einschenken, soviel ich nur will, aber
nicht starken, sondern sehr schwachen Tee. Dazu
kaufe ich mir eben Brot, Zucker, Käse (russki-schwei-
zarski) und Wurst. Zum Mittagessen in der Wienskaja
Stalowaja (Wiener Speisehalle), wo viele Studenten
und bessere Arbeiter und Kaufleute essen, bekomme
ich so grosse Portionen, dass ich sie kaum bewältigen
kann! ... Zu Grethers kann ich zu jeder Zeit gehen,
am Sonntag esse ich bei ihnen zu Mittag. Bei Herrn
Zimmer habe ich schon einige Abende verbracht, mit
Zither und Klavierspielen. Habt also keine Angst, dass
ich etwa abmagere.

Heute Abend machte ich einen feinen russischen Maskenball mit. Ich ging als Schweizer Bergführer: Hut von Herrn Zimmer, Pfeife von Herrn Grether, Schneebrille vom Chauffeur H. Toeplitzens, Rucksack, Kofferseil, Wadenbinden, meine groben Schuhe (in denen ich auch tanzte und stampfte), Mutz und Kittel, weisser Ablegekragen mit Schnur, Libertaszeichen,[22] mein Walz-Stock, Pulswärmer. Beim Eintritt in den Saal habe ich etwas gejodelt und den «Vo Luzärn uff Wäggis zue» gesungen. Es waren viele Deutsche dort. Der Ball war vom Charkower Turnverein arrangiert. Mit einigen Turnern Bekanntschaft gemacht. Es war sehr hübsch und lustig.

– 5./18. März –

Heute inserierte ich in der verbreiteten Zeitung: «Academisch gebildeter junger Schweizer (Primar- und Sekundarschullehrer) bereitet vor auf deutsch-schweizerische Schulen, erteilt auch Deutsch und Franz. Unterricht etc.» Ein Engagement als Kontrabassist würde ich auch nicht ausschlagen; wenn ich nur noch auf eigene Kosten Russisch lernen kann.

Nur eines gibt mir zu denken: Von daheim höre ich gar nichts mehr; ich muss merken, dass man mit mir und meinen Plänen gar nicht einverstanden ist; aber Ihr seht halt die Sache bei Euch daheim auch anders als ich in Russland drinnen.

Herzliche Grüsse, Euer Fred

Charkow. Eine kleine Bomben-Affäre

Am 28. Februar / 13. März bekam die Polizei davon Wind, dass in einem Hause der K-Strasse ungefähr ein halbes Dutzend Studenten versammelt seien, woraus man auch allerhand schliessen konnte. Vgl. Petersburger Zeitung vom 27. Feb. / 12. März: «Den Hausknechten ist von den Bezirksverwaltungen vorgeschrieben worden, ungesäumt der Polizei Mitteilung zu erstatten, wenn sich in einer Wohnung mehr als fünf nicht in demselben Hause wohnhafte Personen versammeln. Die Anzeige ist auch zu erstatten, wenn es sich

22
Abzeichen der (Basler) Studentenvereinigung Libertas.

um Taufen, Namenstage oder andere Familienfeste handelt.»

Ein Zimmer des kleinen, einstöckigen Hauses war an zwei Studenten vermietet. Eine Anzahl Polizisten unter Führung eines Rottmeisters begaben sich dorthin, um eine Hausdurchsuchung zu veranstalten; ihr Anrücken wurde von den Studenten bemerkt. An unbemerktes Entrinnen ist nicht zu denken, ihr Leben haben die jungen Leute schon verwirkt, denn die Bombe, die sich in ihren Händen befindet, wird bald gefunden. Schliesslich tritt der Rottmeister mit einigen Leuten vom Hofe her in das Zimmer und wird mit Revolverschüssen empfangen. Weitere Schutzleute dringen nach; in diesem Moment wird die Bombe geschmissen und der Rottmeister fliegt, schrecklich zerrissen, durch die Türe auf den Hof hinaus. Zwei andere Polizisten blieben tot. Einige Studenten flüchteten durch die Fenster auf die Strasse. Zwei derselben zogen ihren verwundeten Kameraden mit und wurden verfolgt und verwundet. Einer wurde auf der Strasse, ein anderer in einem Hofe, wohin er sich geflüchtet hatte, wehrlos von Polizisten niedergesäbelt. Ein dritter Student gewann das freie Feld und schoss rückwärts auf die ihn verfolgenden berittenen Gendarmen, traf zweimal ein Pferd und einen Mann; als er sich eingeengt sah, zog er vor, sich die letzte Kugel durch die Schläfe zu jagen, als mit den Knuten der wütenden Verfolger halbtot geschlagen und dann erst noch mit Bestimmtheit niedergeschossen zu werden. Gleich darauf kam Verstärkung durch einen Zug Dragoner und Gendarmerie, welche die nächste Umgebung absperrten. Im Ganzen wurden drei (Studenten) und drei Gendarmen getötet, zwei Studenten und vier Polizisten schwer verwundet. Unbeteiligte hatten weiter nichts zu leiden. Am 3./16. März wurden die Schutzleute militärisch begraben. Eine Sotnja [Hundertschaft] Kosaken, eine Schwadron Dragoner, viele Polizisten und Feuerwehrleute gaben ihnen das letzte Geleit, dazu ein starkes Publikum, das mit dem alten Regiment noch zufrieden ist. Dieses trug auch einige Kirchenfahnen mit den Nationalfarben.

Die Studenten hat man im Stillen beerdigt, um weitere Unruhen zu vermeiden, denn die Mehrzahl der

Bevölkerung steht eben auf Seiten der Revolutionäre.
Durch den versiegelten Brettervorschlag kann man
nachträglich in das Innere des Hauses sehen, das arg
demoliert ist. Auf einem Tischlein steht noch ein Teller
mit Brot, Fisch und Wurst, von dem die Studenten
noch gegessen hatten. Die Blutlachen im Hofe und auf
der Strasse deckt schon der neue Schnee, und während
dieses für das grosse Russland eigentlich kleine Ereignis der Vergessenheit anheimfällt, kracht es eben zur
Abwechslung wieder an einem anderen Ort.

Die vielen Studenten und anderen jungen Leute,
welche den Zügen zuschauten, nahmen nur ungern
und mit Bemerkungen die Mützen herunter; aber was
will man machen angesichts der Kosaken, die einer
hinter dem anderen hart an den Zuschauern vorbei-
reiten, die Knuten schlagbereit in der Hand.

Charkow. Dieser Tage wurden, infolge einer zu-
gekommenen Weisung, die politischen Gefangenen
strenger zu halten, die letzten gebunden und geprügelt.
Die Sache kam raus, und als stummer Protest dagegen schlossen die Studenten die Universität und das
Technologische Institut für vier Tage. Sie beklagten
sich auch in einem bezüglichen Telegramm bei der
Regierung in Petersburg; eine Untersuchung soll im
Gange sein. – Jüngst verunglückte in der Nähe von
Charkow ein Schweizer Ingenieur beim Manipulieren
mit dem Revolver durch einen tödlichen Schuss in
den Unterleib.

16./29. März 1907
Charkow, Mironositzkaja Strasse 8, Quartier 3

Liebe Schwester!
… Nun also Deine Hochzeit: Dass ich furchtbar gerne
daran teilgenommen hätte, ist ja selbstverständlich.
Aber es geht leider nicht. Meinen Anfang im Russischen möchte ich nicht preisgeben, um dann in kurzer
Zeit auch dies alles noch zu vergessen. Leider habe
ich bis jetzt keine Stelle hier gefunden, die mir passte.
Ich werde, wenn nichts anderes sich zeigt, höchstwahrscheinlich schon am 1./14. April nach Ljubimow-

skij-Post fahren, längstens aber am 15./28. April. Dort habe ich so viel Stunden zu geben, dass ich gerade von der Hand in den Mund leben kann. Also an Ersparen kann ich vorläufig nicht, ans Sparen aber muss ich jetzt denken; nicht dass ich bis jetzt verschwenderisch gelebt hätte. Aber ich habe jetzt schon allerhand, was Lebensführung ohne allzu reichlich gespickten Mammonsseckel anbetrifft, gelernt, in dem ich da und dort zu viel und unnötig ausgegeben habe, wodurch ich gezwungen war, auf der andern Seite mir dies und jenes Vergnügen zu versagen. Was ich in der letzten Zeit erlebt habe, steht schon auf Karten geschrieben. Diese Woche ging ich einmal mit Schura Nikolajeff und einigen ihrer Freundinnen in den Kinematograph «Theater Ideal», mit windigem Programm. Solche Kinematographen existieren hier nicht weniger als vier, die, soviel ich weiss, den ganzen Tag besucht werden können, wenigstens am Nachmittag.

Um zum dritten Mal auf Deine Hochzeit zu kommen: Also Doris' Kavalier kann ich leider nicht sein. Ich habe ihm eine Karte geschickt. Walti muss mich nach Kräften ersetzen. … Ich hätte auch ganz gern zur Handharmonie einen lustigen «Kasatschok» (Kosakentanz) getanzt: Solo! Ich hätte Euch ganz gerne einige russische Liedlein gesungen mit Begleitung der russischen siebensaitigen Guitarre, aber das Geld reicht nicht so weit. Kannst Du mir aber schnell 300 Franken Kredit geben, dann fahre ich schnell heim nach Peterzelligen,[23] auf dass Freudengefestigt (sic) würde. …

Mit der Aussteuer seid Ihr hoffentlich bald fertig, sodass Ihr etwas ausruhen könnt. Habe also noch ein wenig Geduld und bleibe gesund und grüsse mir Deinen Hans aufs Beste und empfange einen herzlichen Gruss und Kuss von Deinem Bruder Fred.

23
Vermutlich St. Peterzell, Gemeinde im Kanton St. Gallen. Wohnort von Gysins Schwester Sophie.

Liebe Mutter!
Ich danke Dir vielmal für Deinen Brief. Er hat mich
sehr gefreut. Ich habe dato wenig zu erzählen, aber
etwas wird Dich doch wundernehmen; meine Wirtschaft: Ich bin jetzt vierzehn Tage bei Herrn Zimmer.

März 1./14.		Rubel	März		Rubel
2.	Essen	−.30	15.	Abendessen	−.20
	Brot	−.05		Brot	−.06
	Käse	−.50		Zucker	−.28
	Wurst	−.05		Zitronen	−.04
	Zucker	−.15		4 Eier	−.12
3.	Essen	−.30	16.	2 Eier	−.05
	Brot	−.10		Brot	−.06
5.	Abonnement für 30 Mittag	8.−	17.	Radieschen	−.10
				Brot	−.12
	Tee	−.05		Heringe	−.10
6.	4 Eier	−.11		Äpfel	−.20
	Käse	−.80			1.33
	Zucker	−.14			11.91
	Brot	−.08			13.24
9.	Brot	−.08			
	Zucker	−.14		Rubel 9.28 für	
	Brot	−.15		½ Monat Essen	
	Tomate	−.10			
10.	Brot	−.15			
13.	Dessert	−.15			
	Brot	−.05			
14.	Tee	−.05			
	Käse	−.35			
	Tee	−.05			
		11.91			

Bei Frau Grether esse ich fast jeden Sonntag zu Mittag,
bei Herrn Zimmer dann & wann abends.

Liebe Mutter!

Ich danke dir vielmal für Deinen Brief. Er hat mich sehr gefreut. Ich habe dato wenig zu erzählen, aber etwas wird Dich doch wunder nehmen; meine Wirtschaft: Ich bin jetzt 14 Tage bei Herrn Zimmer.

März 1/14	Rubel		März	Rubel
2. Essen	—.30		15. Abendm.	—.20
Brot	—.05		Brot	—.06
Käse	—.50		Zucker	—.28
Wurst	—.05		Citrone	—.04
Zucker	—.15		9 Eier	—.12
3. Essen	—.30		16. 2 Eier	—.05
Brot	—.10		Brot	—.06
5. Abonnement f. 30 Mittag.	8.—		17. Radischen	—.10
Essen	—.05		Brot	—.12
6. 4 Eier	—.11		Häringe	—.10
Käse	—.80		Äpfel	—.20
Zucker	—.14			1.33
Brot	—.08			11.91
9. Brot	—.08		Rubel	13.24
Zucker	—.14			
Brot	—.15			
Tomate	—.10			
10. Brod	—.15			
13. Dessert	—.15			
Brot	—.06			
14. Essen	—.05			
Käse	—.35			
Essen	—.05			
	11.91			

13.28 — ½ Abonn = 13.28 — 4.—

Rubel 9.28
f. ½ Monat Essen

bei Herrn Zimmer esse ich fast jeden Sonntag zu Mittag bei Herrn Zimmer dann u. dann Abends.

Aber wegen der Bombe[24] braucht Ihr nicht so Angst zu haben. Ich kam übrigens etwa eine Stunde nach dem Geschehnis auf den Platz. Die Polizei benimmt sich allerdings dann und wann etwas lächerlich. Ein Student der Medizin, der den Verwundeten zu Hilfe eilte, ist verhaftet, allerdings noch am Abend freigelassen worden. Einige Tage später erkundigten sich zwei Damen im Spital nach einem schwerverwundeten Studenten. Sie wurden auch verhaftet, da man gleich witterte, sie stehen in Beziehung mit den Revolutionären.

Wie geht es Grossmutter und Grossvater? Herzliche Grüsse an alle, Dein Alfred

Lieber Vater!
Besten Dank für Deinen Brief mit Aufstellung. Ich hoffe, das Geld bald einmal schicken zu können.

Also mit Herrn Toeplitz bin ich ganz geschäftlich fertig geworden; zu freundschaftlicher Beziehung ist es ja nie gekommen, wie etwa bei den anderen Ingenieuren. Frau Toeplitz hat mir eine Bescheinigung für meine Tätigkeit ausgestellt, ein Zeugnis kann sie mir doch nicht geben. Übrigens bin ich froh, von diesem Janek, der meiner Ansicht nach alles Schlimme in sich trägt, los zu sein. ...

Mit Aussichten, hier eine Stelle zu bekommen, steht es schlecht. Wenn ich also nichts finde bis in vierzehn Tagen oder vier Wochen, dann fahre ich nach Ljubimowskij-Post. Sollte ich während des Sommers nichts finden, das besser wäre als eine Stelle in der Schweiz, so mache ich halt den Wiederholungs-Kurs 1907 mit, und zwar mit Freuden.
Ich lebe jetzt wie ein Soldat, einfach, aber ich esse viel. Herr Heinrich Toeplitz hat mir erst gestern gesagt, ich sehe kräftiger aus als vor vierzehn Tagen. Im Militärdienst habe ich ja auch immer zugenommen. Das Mittagessen: Kohlsuppe mit Rindfleisch und zweitem Fleisch (Cotelette etc.) mit Kartoffeln, Reis oder Maccaroni und Brot, so viel man will.

24
Vermutlich Anspielung
auf die Reaktion der
Eltern auf Gysins Brief
vom 28. Feb. / 13. März
1907.

Mit Vergnügen aber «geize» ich. Das einzige rechte Vergnügen, das ich bis jetzt bezahlt habe, war der hübsche «russische Maskenball» (Rubel 2,60).

Herzlichen Gruss, Dein Alfred

25. März / 7. April 1907
Charkow, Mironositzkaja Strasse 8/3

Meine Lieben!
Am letzten Samstag, 17. März war ich in der Pension der Töchter Nikolajeff. Es war wieder einmal recht lustig. Tanz und Gesang; ich als einziger Cavalier musste natürlich ordentlich das Bein schwingen, und zwar kam ich in feinen weichen Stiefeln, die ich bei dem schlechten Wetter wohl brauchen konnte. Wenn möglich komme ich in diesen Stiefeln heim und zwar auf einem Kosakenpferd – was meint Ihr? Von der Tochter der Pensionsmutter habe ich schon eine Einladung aufs Land. Sie ist mit einem jungen Bauern verheiratet (selbst erst 18-jährig) und weilt hier auf Besuch. ....

18. März war ich im «Kleinen Theater». Ein Italiener Transformator Frankardi spielte ausgezeichnet. Nur das Publikum gefiel mir nicht. In den Pausen spielte das Operetten-Orchester, wobei aber das Publikum umso mehr schwatzte und dann nachher doch Beifall klatschte, wahrscheinlich ohne recht auf die Musik gehört zu haben. Am Nachmittag wieder im Studentenorchester gespielt.

– 19. März / 1. April –
Heute hatte ich die erste Gratislektion bei Fräulein Anna Andriejevna Rogoffskaja, aus der Pension der Töchter Nikolajeff. Sie gibt mir wöchentlich neun Stunden und verlangt nichts, als dass ich fleissig sei. Deutsch kann sie sehr gut; sie war früher in Deutschland. Das war mein erstes Geburtstagsgeschenk.
Dann schrieb mir Frey, Monteur in Ljubimowskij-Post, die Erlaubnis vom Jekaterinoslawer Gouverneur, eine Waffe (Revolver) zu tragen, sei angekommen.

– 21. März –

Nach einer Probe im Studenten-Orchester (am
8. April ist Konzert) bei zwei deutschen Studenten
(russische Untertanen) Tee getrunken. Das Kneipen
der Herren Corps-Studenten mit seiner grossen
Lächerlichkeit kennt man hier nicht.

– 22. März –

Mit Herrn Zimmer nehme ich teil an einem russischen
Kränzchen. Die Herren (alles Deutsche) werden für
jedes deutsche Wort mit fünf Kopeken «Schtraf», so
heisst das russische Wort, gebüsst. Sie kommen ab-
wechselnd bei den einzelnen Mitgliedern zusammen
beim Tee, wöchentlich einmal. Heute waren sie bei
uns. Wir haben zum Schluss deutsche Lieder gesungen.

– 26. März –

Heute Abend feierte ich mit den meinem Zimmer an-
wohnenden Studenten Iwan und Gabriel Iwanowitsch
(den Familiennamen weiss ich nicht mehr) den Geburtstag des Letzteren. Iwan ist Sanskritgelehrter
etc., Gabriel wird Mediziner und steht erst im zweiten
Semester. Wir haben allerhand Lieder gesungen, auch
solche, die eigentlich nicht erlaubt sind, russisch
natürlich.

– 27. März –

Heute war ich mit G. Iwanowitsch in einer Physikvor-
lesung, von der ich noch wenig verstanden habe.
Dato weiss ich nicht viel zu schreiben. Meine Russisch-
Lehrerin ist mit mir zufrieden und so hoffe ich recht
Fortschritte zu machen. …
  Inzwischen herzliche Grüsse von Fred

Meine Lieben!
Am 1./14. April habe ich also ein neues Quartier bezogen und wohne nun in der Kuznetznaja (Schmiede
Strasse) Nr. 34/4 bei einer jüdischen Familie. Ich musste nämlich bei Herrn Zimmer einem jungen Kaufmann
aus Deutschland Platz machen … Die beiden Töchter
des Juden, Eva und Maria Josephowna, sind Medizinerinnen; im Hause verkehren noch weitere Studenten
der Medizin.

– 2./15. April –

Heute wollte ich mit Eva J. in die Oper gehen:
«Carmen», bekam dort aber keinen Platz mehr unter
einem Rubel. (Ich bin nämlich bis jetzt in keinem
Konzert gewesen und spare mein Geld.) Um acht Uhr
stand noch der ganze grosse Korridor voll von Besuchern, trotzdem spielte man die flotte Ouvertüre
herunter. Das ist eine russische Gemeinheit. Die andere russische Gemeinheit: Gestern (1./14.) war ich
mit Herrn Zimmer auf der Post und gab die beiden
Kisten mit dem Samowar auf. Mit Mühe und Not
konnte er noch geschwind die Formulare ausfüllen,
ich glaubte schon, sie hätten die Sache besorgt –
ja also, die Gemeinheit: Heisst es hier, die Post sei
geschlossen um zehn Uhr vormittags, wie an dem
Sonntag (1./14. April), so wird nicht etwa die Türe,
sondern der Schalter geschlossen, und zwar fast wie
auf ein Kommando und ganz genau auf die Zeit. Stehen
dann noch weiss wieviel Personen vor dem Schalter,
so dürfen ebenso viele wieder heimgehen, ohne bedient zu werden. Mit solchen Einrichtungen muss sich
ja natürlich Russland im Auslande blamieren, und es
wundert mich nicht, wenn man über Russland noch
schlechter denkt und redet, als es in Wirklichkeit ist.
Heute wollte ich die Quittung abholen und zahlen;
da sagte man mir, es sei überhaupt nicht richtig geschrieben. Ich wurde darauf böse und sagte dem Herrn
Postmeister meine Meinung, worüber er sichtlich erstaunt war; denn die Leute nehmen hier sonst alles so

an, was man ihnen bietet. Aber die Ausländer, und das
kann man mit Recht sagen, gelten hier fast mehr als
die eigenen Leute, sodass man sich als solcher schon
etwas mehr erlauben darf.

– 4./17. April –

Heute, nachdem Herr Zimmer die Formulare noch
zweimal verändert kopiert hat, sind die beiden Kistchen
endgültig spediert worden. Dass so viele Siegel nicht
nötig sind, ist selbstverständlich; aber jedes kostet
eine Kopeke; vielleicht auch spielen die Herren Pöst-
ler (wozu man hier augenscheinlich nicht immer die
intelligentesten Leute verwendet) gern mit Siegellack.
Ich hoffe, der Samowar mit den verschiedenen nach-
gesandten illustrierenden Karten (Photographien nach
einer grossen Gemälde-Galerie) über den Gebrauch dieses Nationalinstruments oder wie man es heissen mag,
seien glücklich angekommen. Sollte also etwas kaputt
sein, so beklagt Euch per Formular sofort und schickt
es an Herrn Zimmer. Er wird das Weitere besorgen.

– 5./18. April –

Heute war ich im Russischen Klub. Ich wurde wegen
deutschen Wörtern zu 25 Kopeken Strafe verurteilt,
welche ich aber, anbetracht der Umstände, nicht
bezahlen musste. Mit Herrn Lerch habe ich zu zwei
Zithern gespielt.

– 7./19. April –

Heute war ich zum ersten Mal in einer russischen
Kirche. Der Chor klingt prächtig und klingt oft
wie eine Orgel. Gepredigt aber wird nicht. Der ganze
Gottesdienst ist eine lange Litanei oder wie man
das heisst. Die verschiedenen Pfarrer in ihren hohen
Kragen und Kutten sprechen ihren Text in monotonen
Versen herunter, gewöhnlich mit dem Grundton, worauf der Chor einfällt mit wunderschönen Melodien.
Bänke gibt es keine in dieser Kirche, die Leute stehen
oder knien, überall verstreut. Da sieht man keine
Standesunterschiede. Vom ärmsten Weiblein bis zur
fein gekleideten Dame stehen sie da untereinander,
küssen nacheinander dasselbe Heiligenbild und be-

kreuzigen sich und verneigen sich, viele mit der Stirne bis auf den Boden. Offiziere und Soldaten sieht man auch immer. Die Kirchen sind innen prächtig ausgestattet und jedenfalls reich. Nur etwas ist einem unangenehm, wenigstens mir, das ewige Klingen von Geld: Verkauf von geweihtem Brot, Kerzen etc.

Ich habe mit einem jungen Veterinär Bekanntschaft gemacht. Er war in einem geistlichen Seminar und könnte also russischer Pfarrer sein (nicht gebildeter Pfarrer wie ein protestantischer oder römisch-katholischer); als solcher hätte er sich aber verheiraten sollen. Darum war er, anstatt eine Pfrund[25] anzunehmen, fünf Jahre Lehrer und jetzt Veterinär. Erst nach der Veterinärschule wird er als Pfarrer amtieren. Sein Vater ist ein Serbe, er selber russischer Untertan.

– Sonntag 8./21. April –

Nach einem kurzen Besuch bei Grethers (nach dem Gottesdienst in der Lutherischen Kirche) Repetitor im Studenten-Orchester. Nachher für sechzig Kopeken (letzter Platz Zuhörer in einem Orgelkonzert in der Lutherischen Kirche): Von acht bis zwölf Uhr spielte ich im Technologischen Institut mit am Konzert. Es ging flott vonstatten. Nachher haben wir noch Tee getrunken zusammen: Hört, seht, staunt: Studenten (gegen dreissig Stück) mitsamt dem Direktor, dazu noch Musikanten: Tee getrunken. Das wäre wieder einmal lächerlich für unser Liestaler Orchester, das einem bier- und weinfreundlichen Publikum vorspielt. Und dass man den Verein und den Direktor und die Musiker mit einem Teeglas in der Hand hochleben lässt!

Nicht dass diese Russen nicht auch den Alkohol liebten; aber er gehört nicht zum täglichen Brot, und von einem flüssigen Nahrungsmittel für den Armen (Bier) redet man hier auch nicht. Aber eine dumme Gewohnheit haben diese Russen: bei jeder Festlichkeit trinken sie womöglich wenigstens noch am Schluss ein Gläslein Wodka (Wutki), das heisst ganz gewöhnlichen Schnaps. Sogar Damen nehmen an einer Tafel, wo alle möglichen Sorten Fischlein serviert werden, e Schnäpsli!

25
Einkommen aus einem kirchlichen Amt.

Im Übrigen fühle ich mich wohl in Russland, wo der Mann nicht darauf angewiesen ist oder sich durch die dumme Unsitte und alte Vorurteile darauf anweisen lässt, seine freie Zeit im Wirtshaus zuzubringen, während sich die Frauen und die Töchter daheim langweilen.

Hier geht eben eine Familie zur anderen auf Besuch, das heisst Mann und Frau mit oder ohne Kinder. Nichts Gemütlicheres gibt es als den summenden Samowar, der ein Glas nach dem andern spendet. Aber ich wiederhole: Man trinkt hier den Tee vielleicht dreimal so schwach wie bei Euch daheim, erst dann schmeckt er fein; und macht etwa nicht nervös, wie uns unsere Gegner so gerne vorwerfen. Ich schlafe nach drei Gläsern Tee ausgezeichnet und sofort ein und habe immer einen hellen Kopf. Ich hoffe, mit dem Samowar ein wenig den Geist des wirklich nett ausgebildeten russischen «Familien-Lebens» im Gegensatz zum «Politischen Leben» Euch geschickt zu haben; ich meine nicht speziell unsere Familie, sondern im Allgemeinen, auch für die übrige Verwandtschaft.

Gestern sagte mir ein Russe, die Zustände in der Schweiz seien ideal; ich musste leider mein Übriges dazu denken. Denn erst hier habe ich es recht gesehen, wie elend das schweizerische Volk (Mannevolk) am Versumpfen ist an dem leidigen Biertisch, wozu natürlich die hohe Studentenschaft mit ihren trotz aller Wissenschaft immer sich gleichbleibenden dummen Vorurteilen und Ehrbegriffen ihren Löwenanteil beisteuert.

Ich mache jetzt ordentlich Fortschritte im Russischen. Meine Lehrerin Lina Dmietrowna Ragobski ist mit mir zufrieden. Sie verlangt für die drei Stunden per Woche nichts als Fleiss.

Herzliche Grüsse, Euer Alfred

11./24. April 1907
Charkow

Liebe leidtragende Verwandte!
Schmerzlich überrascht war ich durch die traurige Nachricht vom Hinschiede unseres lieben Grossvaters. Dass das so schnell gehen sollte, hätte ich nie geglaubt.

Ich freute mich schon darauf, ihm im kommenden Herbst in Gemütlichkeit allerhand Interessantes aus der Fremde erzählen und zeigen zu können. Aber die Zukunft hat man nun einmal nicht in der Hand, und manche Hoffnung wird zunichte gemacht.

Das neue Quartier in der Schwieri[26] sollte also Grossvater nicht mehr beziehen. Hat er es wohl geahnt, dass er in den vier Wänden, in denen er seinen Lebensabend zugebracht hatte und alt geworden war, auch noch einschlafen sollte? Wohl mögen ihn, der in letzter Zeit nicht mehr so gesprächig war wie früher, solche Gedanken beschäftigt haben. Ich glaube aber auch, dass sich der Grossvater im neuen Haus nicht mehr so recht behaglich gefühlt hätte, denn mit einer langjährigen Umgebung verwächst der Mensch zu sehr. Der Grossvater wäre auch in der Schwieri hinten in Gedanken im alten Stübli gesessen und hätte zum Fenster hinausgeschaut auf den Fischmarkt, von dem er nacheinander den alten Wasserturm, die alten Häuser und den Brunnen vor der Backstube verschwinden sah. Ja, alles Ding währt seine Zeit! Grossvater und Stübli waren sozusagen eins; wie zwei gute Freunde nehmen sie miteinander Abschied und verschwinden vom Schauplatz. Quartier und Quartieranten wechseln immerfort, das ist der Welt Lauf, den wir nicht aufhalten können. …

Herzliche Grüsse an alle meine Verwandten, Euer Alfred

17./30. April 1907
Ljubimowskij-Post, Gouvernement Jekaterinoslaw

Meine Lieben!
Samstagabend bin ich von Charkow weggefahren und hier Sonntagmorgen angekommen. Abstieg nahm ich bei Monteur Frey, mit dem ich bis Montag im Fabrikhotel gegessen habe. Sonntagvormittag suchte ich mir noch ein Logis im Dorfe und wohnte nachher dem Gottesdienst im Schulhause bei. Die nächste Predigt gedenkt der «wandernde Pfarrer» hier

26
Schwieri: Quartier in der Stadt Liestal auf dem Weg vom Stadtzentrum ins Oristal.

im Juni oder Juli zu halten. Sonntagnachmittag brachte ich bei Trümpy und Bartelski zu. Stunden bekomme ich genug. Bartelski: eineinhalb Stunden Deutsch täglich = zwanzig Rubel im Monat. Frau Trümpy: Französisch drei Mal pro Woche = zehn Rubel im Monat. Kinder des Dorfpfarrers, Sohn von Wolf, Buchhalter, Bekannte Krugliak: Französisch.

Mein Logis (ziemlich grosses Zimmer mit zwei Fenstern auf die Hauptstrasse und eines auf den Hof) im Dorfe gefällt mir gut. Ich bin in gut russischer Familie: Simon Paulowitsch Baranikow. Er hat im Dorfe eine Mehlhandlung und auf der Station einen kleinen Steinkohlenplatz. Für das Zimmer zahle ich sieben Rubel monatlich. Dazu habe ich Samowar morgens und abends und Hausbrot. Für das Mittagessen rechne ich zwölf Rubel (in dem Haus gegenüber). Für Käse, Wurst etc. fünf Rubel; Wäsche drei Rubel. Ich werde also höchstens dreissig Rubel brauchen; denn alles ist hier billiger als in der Stadt. Ich habe mich auch mit kleinrussischen Hemden[27] versehen, welche Kragen (Gipsverband), Manschetten und Cravatten ganz überflüssig machen. Ich trage jetzt Stiefel: In Charkow brauchte ich sie im Schmutz; hier im grässlichen Staub, der nur noch einige Tage auf sich warten lässt. Die Dorfstrassen sind jetzt, nachdem der Schnee weg ist, ganz «unmöglich», zum grossen Teil wie umgepflügt.

Seit einigen Tagen ist es schon recht warm. Der Donez, der vor kurzer Zeit hoch über den Ufern stand und die Steppe weithin unter Wasser gesetzt hatte, geht schnell zurück. Ich freue mich auf das Baden (der Donez ist nicht gefährlich) und Bootfahren. Über die Festtage werde ich bei meinem Logisgeber essen; also ganz russisch-familiär. Ein Sohn ist in den Ferien hier (Seeschüler[28]) und beschäftigt sich etwas mit Schiffsmodellen, sofern er nicht spaziert. Jetzt ist gerade noch Fastenzeit; da bekomme ich nur kleinrussischen Borschtsch [Rote-Beete/Randen-Suppe] und Fische. Es lebt sich aber so ausgezeichnet; wie man mir sagt, sehe ich

27
Zum Erwerb dieses Kleidungsstücks vgl. auch den Beitrag von Anne Hasselmann in diesem Band.

28
Möglicherweise Student einer Marineschule.

gut aus. Also am Essen habe ich in Charkow nicht ge-
spart; dagegen an Vergnügen und unnützem Zeug.
Über die Nachricht vom Tode Grossvaters war ich
natürlich sehr überrascht; denn von seiner Krankheit
habe ich gar nichts vernommen. Seine Osterkarte
habe ich erhalten.

Ob er meinen Brief und Karte erhalten, weiss ich
nicht. Ich vernehme überhaupt nicht mehr viel von
daheim. Nun bin ich aber in einer netten russischen
Familie, in der es mir recht gut gefällt, besser als
im Hause Toeplitz, wo ich es doch gut hatte, abgesehen
von meinem Schüler, für den jeder Lehrer zu gut ist.
Es nimmt mich wunder, wie es ihm einmal geht. Er
ist jetzt schon verhasst in der Fabrik wegen seiner
Frechheit. Ein Anschlag, wie schon einmal einer auf
seinen Vater gemacht worden war, wird ihm, wenn er
in späteren Jahren auch zu befehlen hat in der Fabrik,
nicht erspart bleiben. Es ist halt bös, wenn man grobe
Ungezogenheit und Frechheit (verbunden mit Lügen-
haftigkeit) als Originalität hinstellt, wie es seine
Verwandten machen. Nicht zu ihrer Freude habe ich
bis jetzt das Kind mit rechtem Namen benannt.

Herzliche Ostergrüsse, Euer Alfred

Sonntag, 29. April / 12. Mai 1907
Ljubimowskij-Post

Liebe Mutter!
Besten Dank für den langen Brief, der mir viel Neues
sagt. So so, Walti hat schon ein wenig Ernst gemacht
mit seiner medizinischen Praxis. Ich hoffe, er wird
einmal ein recht tüchtiger, gewissenhafter und selbst-
loser Arzt. Leider habe ich nicht die Mittel dazu, sonst
würde ich ihn einladen, mit mir seine Sommerferien in
Russland zu verbringen.

Ich habe mich schon gefreut, die Teemaschine (den
Samowar) einst in Peterzell in Gebrauch zu sehen.
Jetzt ist er also in Liestal. Ich werde ihn aber später
nicht zurückverlangen, sondern womöglich noch
einen mitbringen für mein Junggesellenheim. Wenn
also Sophieli den Samowar nicht mitnimmt, so tut es

mir leid, aber bezahlt bleibt er und dann behältst halt
Du ihn. Ich hoffe, die kleinrussischen Löffel in zwei
Mustern sind auch angekommen. Sie sind, wie Ihr seht,
bestimmt für Sofia und Hans, dazu zwei kleine, wahrscheinlich für das erste Paar Zwillinge. Die Löffel im
Kistchen sind frei zur Verfügung gestellt. Ich hoffe, das
neue Ehepaar hat brav gegessen an der Hochzeit aus
den russischen idyllischen Löffeln, wie ich jetzt einen
immer im rechten Stiefel herumtrage. Der Aschen-
becher ist natürlich für einen der Schwiegerväter bestimmt, wenn's so recht ist.

Heute kam eine Karte von Sophieli: Es beabsichtigt
bestimmt den Samowar nach Peterzell zu nehmen, also
bleibt mir wahrscheinlich nichts anderes übrig, als Dir
noch einen Samowar mitzubringen. Vielleicht komme
ich ja in meinem Leben nicht mehr nach Russland;
denn dass ich kein reicher Mann werde, das glaube
ich bestimmt annehmen zu dürfen, und nur um so zu
reisen oder einen Bericht zu machen in Russland, dazu
braucht man Geld. Aber wenn's geht, mache ich meine
Hochzeitsreise nach Russland, dem Lande der Gastfreundschaft! Hört, da hört doch alles auf! würde man
ausserhalb Russlands sagen. Aber das weiss ich; ich
wäre sehr gut aufgenommen und fürs Essen brauchte
ich nicht zu sorgen, höchstenfalls fürs «Nicht-Essen».
Denn man bekommt hier unglaublich viel zu essen, das
habe ich mitgemacht.

Die vorige Woche ging schnell vorbei. Ich musste
natürlich viel Besuche machen; aber glaubt nicht,
dass ich etwa den Leuten lästigfalle; im Gegenteil, ich
werde nur zu viel eingeladen. Wenn ich wollte, so wäre
ich jeden Abend in einer anderen Familie, sei es im
Dorfe oder im Fabrikquartier. Ich machte gleich einige
Theaterproben (kleinrussisches Theater) mit (Klavier-
begleitung), fing auch schon am Montag mit Stunden
bei Bartelski an (zwanzig Rubel pro Monat: Zimmer =
sieben, Mittagessen = fünfzehn Rubel).

Am Freitag (Karfreitag) vorige Woche war ich in
der russischen Kirche. Der Gottesdienst ist eine ewige
Litanei mit Chorgesang. Die Leute stehen alle. Dabei
halten alle eine Kerze in der Hand, die bei bestimmten
Passagen ausgelöscht wird. Am Ostersonntag war

ich morgens früh von zwei bis vier in und um die Kirche, wieder mit einer Kerze in der Hand, ganz wie
die Russen. Ich war sehr gespannt zu sehen, wie die
grosse Küsserei anfängt, von der man mir geredet
hatte. Nämlich sobald die vielen Osterkuchen und die
verschiedenen Bretzel, Ankenballen, Hühnchen, Würs-
te etc., die einen mächtigen Ring um die Kirche bilden,
von den Priestern geweiht sind durch Bespritzen mit
Weihwasser, dann hört auch die lange Fastenzeit auf,
und nun geht der Feiertag an, der, je nachdem es die
Arbeit erlaubt, die ganze Woche dauert.

Dies geschieht also Sonntag morgens vier Uhr. Von
diesem Zeitpunkt an hat man das Recht, jeden Bekannten «Christos wos kresse!» (Christus ist auferstanden) anzureden, was er mit «wo istinu wos
kresse!» (Er ist wirklich auferstanden) erwidert. Dann
gibt man ihm oder ihr einen Kuss oder mehr, je nachdem, und erhält die entsprechende Antwort. Natürlich
haben es dann die jungen Burschen darauf mehr oder
weniger abgesehen. Aber wenn man in ein Haus kommt
und die Tochter Annateschka oder Marussia oder Feo-
dossia ist nicht allein daheim, so muss man zuerst die
Grossmutter nach der üblichen Begrüssung wie oben
küssen und dann die Mutter, erst zuletzt die Tochter.
Eine diesbezügliche Unterlassung wird als grosse Be-
leidigung empfunden. Es ist auch üblich, einem besonders sympathischen Mädchen ein Ei zu überreichen,
sei es ein selbst gefärbtes, wie ich es machte, oder ein
feines aus Marzipan oder Holz aus einer Konditorei –
was einem auch wieder ein bestimmtes Recht gibt.

Ich habe es auch ganz wenig praktiziert: Erstens
sind diese Bräuche in dem von der Fabrik mit ihren
vielen Ausländern stark zuungunsten des russischen
Nationalcharakters beeinflussten Dorfe nicht mehr
geläufig und auf die intimsten Bekannten und Ver-
wandtenkreise beschränkt; zweitens bin ich halt
immer noch ein Fremder hier, und das Einmischen
Fremder in speziell nationale Eigenheiten empfindet
mancher, oder die Mehrzahl, als unangenehm;
drittens bin ich anderer Konfession.

Es ist übrigens bezeichnend für die ungebildeten
russischen Geistlichen, dass das Volk noch vieler-

orten glaubt, alle Nichtrussen seien mehr oder weniger Heiden.

Vom Ostersonntag morgens vier an habe ich nun eine Woche lang «gegessen». Den Anfang machte ich bei meinem Hauswirt, dem Simon Paulowitsch Baranikow, Mehl- und Kohlenhändler (Steinkohlenplatz auf der Station). So war ich fast die ganze Woche auf der Fahrt von einem Bekannten zum andern bis in die Nacht hinein: überall Essen: Gänse, Enten, Truthühner, Eier, Fische, Kaviar, Butterbrot und Tee mit Osterkuchen (von dem letzten wenigstens muss man essen; denn der wird von der Hausfrau gemacht, wenn noch so viele Dienstmädchen bei der Hand sind). Dabei wird schrecklich viel dem Alkohol gefrönt, wie überhaupt in Russland zu einem festlichen Anlass Wodka (= Schnaps) gehört, mit dem selbst die Weibervölker, jung und alt, auf die Gesundheit trinken. Wenn ich nicht beliebt wäre hier, würde man mir das Nichtmittrinken beim Gesundheittrinken wirklich übelnehmen.

Auf den Strassen herum lagen die guten Russen und schliefen in der warmen Sonne ihre schrecklichen Räusche aus. Nur muss man deshalb nicht glauben, die Russen trinken mehr als die Schweizer und die Deutschen. Monatelang und wochenlang hat der arme russische Bauer kein Geld, um Wodka zu kaufen, der für ihn das Höchste bedeutet. Das gleichmässige tägliche Trinken ohne bemerkenswerten Rausch der deutschen und schweizerischen Herren Junggesellen und Familienväter ist viel schlechter und verderblicher im grossen Ganzen als dieses zeitweise sich Sinnlosbetrinken der ungebildeten Bauern Russlands, von denen man auch nicht viel mehr verlangen kann.

Mit meinen Stunden komme ich jetzt ganz schön aus, viel wird mir aber nicht übrig bleiben, und von einer Verlängerung meiner Heimreise wird's wohl nichts geben. Der reichsten Tochter im Dorfe, mit der ich durch Zeichensprache verkehre, da sie taub ist durch Scharlachfieber im zehnten Jahr, muss ich vom 1. Juni ab Deutschstunden geben. Jetzt ist sie gerade für den Monat Mai im Gymnasium in Charkow, um ein Examen zu machen. Sie spielt Klavier und hört etwas

die tiefen Töne; spricht aber fast wie die anderen,
ein wenig dumpfer allerdings, ist aber immer noch
sehr lustig und siebzehn Jahre alt und wohnt ein paar
Schritte von unserem Haus. Ihre Mutter war Lehrerin;
ich habe dort sehr gut Gelegenheit, die Sprache rein
zu hören, denn die meisten Leute im Dorfe sprechen
ein Gemisch von Kleinrussisch [Ukrainisch] und Literatur (Moskauer) Russisch.

Im Russischen habe ich, wie man mir sagt, gute Fortschritte gemacht. Meine Gesundheit ist die denkbar
beste bei einfacher Kost. Ich hoffe mich noch etwas zu
mästen, besonders freue ich mich auf die Arbusen.

Vom nächsten Sonntag ab spielt das Orchester im
Wald in einem grossen Pavillon. Ich lerne dato Balalaika spielen und noch ein anderes Instrument, mit dem
ich Euch im Herbst überraschen werde. ... Vater Trümpy gedenkt nächstens heimzureisen; vielleicht kommt
er einmal bei Euch vorbei. Familie Toeplitz reist in
einigen Wochen in die Schweiz.

Indessen herzliche Grüsse, Alfred Alfredowitsch

5./18. Mai 1907
Ljubimowskij-Post

Meine Lieben!
Von dieser Woche kann ich eigentlich nicht viel berichten. Ich gebe regelmässig meine Stunden und kann
mir etwas noch ersparen, wenn auch nicht viel. Ich
habe leider von Russland noch nicht viel gesehen, und
es reut mich fast, dass ich so viel heimgeschickt habe.
Ich habe, so viel ich mich erinnern kann, darüber
schon einmal geschrieben; wenn nicht, so sage ich es
jetzt. Man sollte, wenn man einmal die Mittel hat, sich
ein fremdes Land ganz genau ansehen; ich kann zum
Beispiel mit gar keiner Berechtigung sagen, dass ich
Russland auch nur einigermassen kenne. Einmal ist ja
Tretja Rota kein charakteristisches Dorf, sondern ein
Gemisch von Dorf und Fabrikquartieren. Man kann
hier das russische Volk gar nicht studieren. Wenn es
mir möglich ist, so werde ich mich noch einen Monat
vor der Heimreise in einem spezifischen Dorfe von lau-

ter Bauern niederlassen, jenseits des Donez, in einem Gouvernement, wo man schon den Moskauerdialekt redet, und zwar nur wenige Werst [altes russisches Längenmass, 1 Werst entspricht ca. 1,07 km] von Ljubimowskij-Post entfernt. Sollte ich nicht genug verdienen bis dorthin, so müsste ich mir Geld von daheim kommen lassen, was mir ja allerdings unangenehm wäre. ...

Ich esse gegenwärtig mit einem jungen Chemiker (Laborant) zu Mittag, dessen Bruder in der Mandschurei [im Russisch-Japanischen Krieg] umgekommen ist; in welcher Schlacht, weiss man nicht.

Letzthin lasen wir in einer Zeitung aus Rostow am Don, dass ein Klassen- und früherer Zimmergenosse des Sohnes meines Logisgebers (Schüler der Seeschule Rostow[29]), der zurzeit auf Ferien daheim ist, als Revolutionär standrechtlich erschossen worden ist. Die Tochter meines letzten Logisgebers in Charkow hatte infolge einer Verwundung bei einem Pogrom eine Operation mitmachen müssen. Das sind die düsteren Seiten in Russland, wo sich doch sehr gut leben lässt.

Beste Grüsse, Euer Fred

PS: In meiner Kleidung gleiche ich so ziemlich den Russen im Dorfe, steche (aber) doch noch ein wenig ab durch die immer blitzblank gehaltenen Stiefel. – Wir haben dato prächtiges Wetter und recht warm. Ich schlafe jetzt in Zukunft im Garten.

12./25. Mai 1907
Ljubimowskij-Post

Meine Lieben!
Zu einem langen Briefe langt es heute nicht. Ich gab meine Stunden wie bisher und schlage mich ehrlich durch die Welt. Herr Trümpy Vater verreist morgen Sonntag, über Wien ... Dann geht's nicht lange, so gehe auch ich fort; es bleibt dann noch von den Schweizer Junggesellen Monteur Frey in Ljubimowskij-Post.

[29] Vermutlich eine Marineschule in Rostow am Don.

Aussicht auf eine Stelle habe ich kaum. Ich habe in Charkow mit einem Sprachlehrer geredet, der sagte mir: Die deutsche Sprache sei in den Schulen genügend vertreten; wenn ich geläufig Französisch könnte, so könnte er mir in kurzer Zeit eine schöne Stelle verschaffen.

Ich weiss auch nicht, ob mich mein Beruf immer befriedigen wird. Das habe ich jetzt gesehen, dass man sich dabei viel aufregt, vielleicht auch unnötigerweise. Ich sehe es immer mehr ein, dass ich eher für einen praktischen Beruf mit etwas Handarbeit geschaffen bin, obwohl Ihr mir ja alle «das Praktisch sein» absprechen werdet. Erst hier in Russland, angesichts der armen russischen Bauern und der wohlhabenden, wohlinstruierten ausländischen (deutschen) Kolonisten bin ich wieder auf die Landwirtschaft gekommen, für die ich ja immer Vorliebe und ich hoffe auch Sinn hatte.

Als ich bei den Toeplitzens war, habe ich mir so allerhand Gedanken gemacht und unter anderem auch den Bericht etc. des eidgenössischen Polytechnikums[30] kommen lassen. Mein Plan war, mit den 2500 Franken Gehalt von einem Jahr noch zwei bis zweieinhalb Jahre am Polytechnikum Forst- und Landwirtschaft zu studieren. Das Geld für das letzte Jahr hätte ich auch noch gekriegt. Dieser Plan ist mit meinem halbjährigen Engagement vorläufig zunichte geworden, beschäftigt mich aber immer noch. Zurzeit ist in Russland, wenigstens in gewissen Gouvernements, eine Bodenreform[31] im Gange, welche den bis jetzt schwierigen Landankauf bedeutend erleichtert. So eine Stelle als Gutsverwalter wäre ungefähr die Stelle eines Grossbauern in der Schweiz, wenn nicht noch mehr. Hier sind eben gut bezahlte Leute (mit höheren Stellen) sehr gut, schlecht bezahlte Leute sehr schlecht bezahlt; den Mittelstand wie bei uns kennt man weniger.

Ich weiss schon; mit solchen Ideen, besonders da sie noch Zeit und Geld kosten, errege ich daheim nur Missfallen. … Aber leider weiss man die Erfahrungen nie, bevor man sie eben selber gemacht hat. Hätte ich Landwirt-

30
Die heutige ETH Zürich.

31
Anspielung auf die Agrarreform von Ministerpräsident Pjotr Stolypin. Vgl. dazu auch den Beitrag von Marcel Zimmermann in diesem Band.

schaft studiert, so wäre ich wahrscheinlich nie nach Russland gekommen, hätte also von einem russischen «Gutsverwalter» selbstverständlich nie geträumt. Übrigens wird es mich niemals reuen, hier gewesen zu sein. Vielleicht findet Ihr, dass ich ein anderer geworden sei, nicht nur äusserlich (denn ich lasse mir den Bart wachsen).

Ich weiss nicht, was daheim vorgeht: Das Einzige ist noch der Samstag und das Abstinentenblatt. Ich wäre Walter sehr dankbar, wenn er mir wieder einmal auch nur etwas weniges, Kohl meinetwegen [irgendeinen Unsinn], auf einem Fetzen stenographieren würde.

Vom Holzzeddeli,[32] von der Bünte, Banntag, Soldatenleben, Aprilferienbummel und was passieren kann, habe ich im Ganzen eine Karte von Vater bekommen. Es ist ja gut, wenn man sich an die Abwesenheit eines Mitgliedes gewöhnt und es dabei ein wenig vergisst. Cousin Gustav lasse ich bitten, an die Adresse Ernst Fedorowitsch Zimmer, Mironositzkaja 8, Charkow, womöglich einige Prospekte über Luzern, Jura und Ostschweiz zu schicken. Er hat im Sinne, diesen Sommer in die Schweiz zu reisen.

Von der Libertas[33] habe ich noch nie etwas vernommen, die haben mich auch vergessen, die übrigen Basler auch. Man bekommt eben nur Briefe oder Karten, wenn man selbst schreibt. So eine Ansichtskarte aus einer bekannten Gegend oder eine Photographie würde einen auch dann und wann freuen. Dafür darf man aber viel heimbringen aus der Fremde und viel erzählen.

Nun, ich will mich einstweilen zufriedengeben und das Beste hoffen und lasse alle herzlich grüssen, Fred

PS: Walti! Bitte schicke mir etwas über die Militärschulen etc. Wiederholungskurs!

32
Erlaubnis- oder Anweisungsschein zum Holzsammeln bzw. zum Holzkauf in Waldungen.

33
Zum Engagement Gysins in der Studentenverbindung Libertas vgl. die Essays von Jael Sigrist und Oliver Sterchi in diesem Band.

Meine Lieben!

Am Sonntag bin ich mit Herrn Trümpy Vater und
Sohn bis nach Jassinowotaja gefahren, das heisst wir
haben Vater Trümpy so weit begleitet (nur 140 bis 150
Werst weit). Von dort reiste er mit einem hiesigen
polnischen Ingenieur weiter. Ist er etwa schon bei
Euch gewesen? ... Diese (vorige) Woche ging es wieder einmal lustig zu in Tretja Rota. Zwei Pferdediebe
wurden eingeliefert und im Gemeindehaushof (gerade
neben unserem Hof) halbtot geprügelt von den versammelten Bauern. Man übt hier halt noch ein wenig
Lynchjustiz. Am andern Tag wurde der ehemalige
Dorfälteste (Starost: stari = alt) = Präsident halbtot
geprügelt. Da bekamen die Kerls Angst und einer
sagte: Wir wollen ihn noch ganz fertigmachen. Gesagt,
getan! Dann legten sie ihn auf die Schienen; er wurde
vom eben vorbeifahrenden Güterzug überfahren. Der
Lokomotivführer sah die Leute noch weglaufen und
machte Anzeige. Nun sind die Kerls in Bachmut[34] ein-
gesperrt.

Räubereien und Totschlag etc. gibt es in diesen
Tagen überall; besonders im Norden: in den baltischen
Provinzen, in Polen etc. Hier herum ist es sonst ruhig.
Am Donnerstag wurde vom Priester das Donez-Wasser
gesegnet. Mit Fahnen und Kirchenchor zog Jung und
Alt an den Fluss. Viele Knaben badeten sich; die Frau-
en und Mädchen füllten Flaschen und Krüge mit dem
(noch nicht besonders klaren) gesegneten Wasser und
gaben den Kindern am Ufer zu trinken.

Im Orchester habe ich wieder viel zu tun. Mittwoch,
Samstag und Sonntag Kleinrussisches Theater einer
kleinen Truppe. Sie singen gut und tanzen fein Kassat-
schok etc. Für eine Aufführung erhalte ich als Musikant
fünfzig Kopeken, für gewöhnliche Repetition (Übung)
vierzig Kopeken in zwei Stunden. Wir spielen jeden
Sonntag im Walde in einem hübschen
Pavillon.

Was hier für die Arbeiter getan wird,
steht in keinem Vergleich zu dem bei

34
Stadt in der heutigen
Region (Oblast) Donezk
im Osten der Ukraine.

uns daheim. Ich denke nur an die Seidenfabriken
der «frommen» Basler! Acht bis neun Stunden
Arbeit, Arbeiterhäuser mit Gärtchen, Promenade,
Spital, Witwenpensionen, Schule, Bibliothek, Orchester, Theatersaal. Vielleicht macht aber auch die
Firma Solvay, die ihre Ablagen in der ganzen Welt
hat, eine Ausnahme. Mit meinen Stunden geht es
gut und wird es immer besser.

Wie ich aus «russischen» Zeitungen vernehme, ist
es bei Euch wieder einmal kalt. Was habt Ihr eigentlich den ganzen Winter mit dem vielen Schnee an-
gefangen? Ich habe nichts davon vernommen. ...

Viele Grüsse, Euer Fred

Samstag, 26. Mai / 7. Juni 1907
Ljubimowskij-Post

Lieber Walti!
Ich danke Dir bestens für den langen Bericht, der mir
endlich einmal etwas Aufschlüsse gab. Ich habe ja
sozusagen gar nichts vernommen. Samowar: ... Mutter
soll dann einen extra erhalten, wenn mir das Geld
noch langt. Mit dem Geld ist es aber bei mir nicht weit
her; ... Ich habe aber immer gerechnet und kein Geld
verschwendet; allerdings durch verschiedene unvor-
hergesehene Anschaffungen ist das Geld geschwunden.
Jetzt habe ich und werde noch so viele Stunden bekommen, dass ich gerade mit etwas wenigem «Münz»
im Hosensack auf dem kürzesten Wege heimreisen
kann. Von Konstantinopel, wovon ich schon geträumt
hatte und welche Reise mir Herr Grether in Charkow
auch schon angeraten hat, werde ich wahrscheinlich
absehen müssen, wenn mir nicht das Glück unver-
hofft Geld in die Hände spielt. – Ich erwarte nächstens
Bericht über die Militärschulen, vor allem W.K. 1907.
Schicke mir das Zeug bald und lass Dich einige zehn
Centimes nicht gereuen.

Jetzt will ich Dir noch von einem Projekt berichten.
Es geht dies vorläufig niemanden an: Wenn Du es
für gut findest mitzuteilen, dann sage es unter Ver-
schwiegenheit. Ich habe also gehofft, 3000 Franken

Lubimoffsky-Post.

Samstag. 26. Mai 1907
7. Juni

Lieber Walli!

Ich danke Dir bestens für
den langen Bericht, der mir endlich
einmal etwas Aufschluss gab.
Ich habe ja sozusagen gar nichts
vernommen.

Samowar: Ich denke
der Samowar wird wohl oder
übel in den Händen Sophilies
bleiben; ich nehme mein
Wort nicht gern zurück. Mutter
soll dann einen extra erhalten,
wenn mir das Geld noch
langt.

Mit dem Geld ist es
aber bei mir nicht weit
her; ...

zu verdienen, habe es aber nur auf 1000 Franken im besten Falle gebracht. Ich hoffe, im Sommer mit diesem Gelde noch drei Jahre auf dem Polytechnikum zu hausen und zu arbeiten und die Forstabteilung und daneben, da ich in vielen Teilen den Forstschülern schon voraus gewesen wäre (Mathematik, Physik, Chemie als allgemeine Fächer), die Landwirtschaftliche Abteilung so viel als möglich zu belegen (beide Abteilungen haben sehr viele Fächer gemeinsam). Dann wäre mir offen gestanden: Stelle als Förster (die Forstwirtschaft gewinnt nach und nach mehr an Boden; ihre allgemeine Anerkennung ist nur noch die Frage einer kurzen Zeit); dann wegen meiner Lehrerpatente sofort Stelle als landwirtschaftlicher Lehrer, ferner als Gutsverwalter, auf welchen letzten Gedanken ich eigentlich erst hier in Russland gekommen bin, wo noch so und so viel, unermesslich viel Land unbebaut liegt, und nachher als Kolonist, das heisst ansässiger Landwirt. Jetzt kann man hier noch etwas machen, solange die Bauern noch nicht überall wissen, was für einen Wert ihr Land repräsentiert. In fünfzig Jahren ist es einem schon schwerer, Land zu bekommen. Ich habe über diese Verhältnisse vor einigen Tagen mit dem Direktor der benachbarten Cementfabrik, dem Esten Liewen,[35] geredet. Er war auch früher Gutsverwalter und hatte sein Studium der Landwirtschaft erzwingen müssen, da er für den Ingenieur bestimmt war. Ich wiederhole Dir: Wenn man mit Landwirtschaft noch etwas machen kann, so ist das noch hier mit dem unkultivierten unwissenden Volke möglich.

Ob ich aber noch das Geld für zwei Jahre Studium (mit 1000 Franken will ich ein Jahr erschinden) irgendwo gepumpt bekomme, das ist eine andere Frage. Ein Erbonkel fehlt, und ich habe bei meiner langen Schulzeit schon viele Jahre hinter mir. Vom Vater bekomme ich kein Geld mehr. Es wäre ja so weit aufs Spiel gesetzt, dass ich vor dem Zurückverdienen umkommen würde. In jedem Falle würde es einmal zurück-

35
Oskar Karl Joseph von Lieven (1852–1912) war 1895–1900 Direktor der Schwarzmeer-Zementfabriken in Noworossijsk, im Kaukasus und in Lissitschansk. Dem Baltischen Biografischen Lexikon zufolge hatte er (in Dorpat, München und Giessen) jedoch Chemie und nicht Landwirtschaft studiert. www.bbld.de (Zugriff: 01.05.2020), siehe auch Portraitfotografie S. 176.

bezahlt, wenn ich die Gesundheit behalte. Und nun kommst Du dran mit deinen fünf bis sechs Jahren teurern Studiums, als das meine war. (Was das Studium anbelangt, so habe ich von meinem Vater ein Minimum bezogen.) Nun, an das denke ich nicht, noch einige Stellen zum Beispiel in der Schweiz zu bekleiden und dann noch mit dem ersparten Gelde zu studieren. Da wäre ich dann doch zu alt dazu.

Du kannst Vater einmal über dies in Kenntnis setzen und um seine Meinung fragen. Glaube nicht, es sei, wie Vater zu sagen pflegt, wieder einmal ein «Strohfeuer» in meinem Kopfe: Nein, ich habe mich nun über fünf Monate mit diesem Gedanken getragen, wenn nicht noch länger. (Und mit einem Gärtner und Melker in der Familie; was man da zusammen machen könnte.) Ihr würdet mich natürlich hier an Ort und Stelle viel besser und eher verstehen als bei Euch daheim beim Anblick eines Briefes. Wenn ich aber Lehrer bleiben soll, so behalte ich Genf in den Augen und werde einmal Französisch-Lehrer in Russland.

2./15. Juni 1907
Ljubimowskij-Post

Meine Lieben!
Diese Woche erhielt ich von Ruedi einen langen, sage vierzehnseitigen Brief, in dem er mir seine Ansichten über meine schon geäusserten Absichten äussert. Ich wiederhole, was ich da über Zukunftspläne geschrieben habe, ist ganz und gar nicht ein Strohfeuer. Erstens: Sollte ich gleich eine Stelle in der Schweiz annehmen als Lehrer, so weiss ich, dass ich für alle Zukunft, wenn nichts Besonderes geschehen würde, gesichert wäre und ein ruhiges, wenn nicht üppiges, so doch mehr oder weniger sorgenfreies Leben führen könnte. Zweitens: Kann ich aber an meine Pläne gehen, so steht mir noch viel Arbeit und Entbehrung vor, vielleicht auch sicher viel Enttäuschung aller Art und kein (wenigstens vorderhand) ruhiges, beschauliches Leben.

Ich glaube aber, dass man von seinem Leben etwas hat, wenn man vieles geleistet hat; nicht nur für sich

und seine Familie, sondern auch für einen weitern
Kreis. Ihr könnt mir mit Recht entgegnen: als Lehrer
wirke ich nicht wie ein Egoist nur für mich und die
Familie. Aber ich glaube: Lehrer gibt es noch viele in
der Schweiz, obwohl viele, die eben Lehrer sind, damit
sie leben können, denen aber die Überzeugung von den
Pflichten und der Idee des Lehrerberufes vollständig
abgeht und die lieber nicht Lehrer wären; denn die
Lehrer sind da für das Volk, nicht der Lehrerberuf für
den Lehrer als Mittel zum Lebensunterhalt.

Ich will mich nicht grossmachen; aber das sage ich,
wenn ich, wenn's nicht anders geht, nun einmal Lehrer
sein werde, so werde ich in dem Lehrerberuf mehr
als eine Brot-Profession sehen und auch danach handeln, wenn ich vielleicht auch mit gewissen Ideen in
den Augen eines währschaften, charakteristischen,
nie von der Scholle weggekommenen Schulinspektors
als «schlechter Lehrer» dastehen sollte. Jedenfalls
ist es heute noch kein Ruhm, dem schweizerischen
Lehrerstand anzugehören, wenn wir gleich, was die
Schule anbetrifft, mit Schweden und Deutschland an
der Spitze aller übrigen Staaten stehen.

Es wäre auch eine Schande für die Schweiz, wenn
sie in Schulfragen zurückstehen sollte. Aber etwas fehlt
bei uns noch: Der Wunsch nach besseren Zuständen;
man ist zu zufrieden mit den heutigen Verhältnissen,
und Stillstand ist Rückgang. Unsere Lehrer müssen
und können nicht mehr so politisieren und sich mit
grossen Fragen beschäftigen wie zum Beispiel die ihnen
ja gewiss bedeutend nachstehenden russischen Lehrer.
Darum versimpeln auch so viele Lehrer bei uns; sie
haben keine Ideale mehr vor Augen und sind mit allem
zufrieden; höchstens wünschen sie einen höheren Zapfen [Lohn] und längere Ferien «bolsche nitschewo»
(mehr nicht). Ich bin gespannt darauf zu hören, was
Ihr von meinen Plänen haltet. Ich wiederhole, dass das
alles bei mir nicht Strohfeuer ist.

Diese Woche habe ich ein grosses Begräbnis mitgemacht (der Vater meiner Freunde Iwanoff). Dass wir
vor dem Trauerhause warten mussten eineinhalb Stunden oder noch mehr auf den Svischtschenik [swjascht-
schenik] (Pastor), das ist überhaupt bezeichnend für

Russland, wo man, wie ich bis jetzt gesehen habe, es mit der Zeit furchtbar ungenau nimmt, ausgenommen die Bürokraten am Ende der Arbeit: Wann sie anfangen, das ist schon eine andere Frage. – Im Hause wurde der Tote eingesegnet, wozu der Kirchenchor sang. Dann begab man sich auf die Strasse: Voraus ein Mann mit dem Kreuz, das vorläufig als Grabdenkmal dienen soll, dann einige Männer mit einer Laterne auf einem Stock und mit Kirchenfahnen und Heiligenbildern. Dann der Chor, bestehend aus Mannern (sic), Knaben und jungen Mädchen. Dann kommt der Pastor mit dem Psalomschtschik = Psalmsänger, der eine Art Lehre beim Pastor mitmacht (praktische Lehre); denn der russische Gottesdienst besteht wesentlich aus Äusserlichkeit, von einem tiefen Gehalt des Ganzen merkt man nichts. Es ist alles zum grossen Teil Heiligenbilder-Kultus, der ja die paar ersten Male interessant ist, bald aber sehr langweilig und geisttötend wirkt.

Vor dem Pfarrer kommt noch der Sargdeckel, hinter dem Pfarrer der offene Sarg (beide getragen von Kirchhofdienern und guten Bekannten des Verstorbenen). Hinter dem Sarge das Publikum: Zuvorderst die fünf grossen Söhne des Verstorbenen Kondrad Iwanoff, von denen drei wohl die grössten Burschen und einer davon jedenfalls der schönste Bursche im ganzen Dorf ist. (Wie blonde Germanen). Nach ihnen die Bekannten und vieles Volk. Die Söhne führten ihre Schwestern und Mutter. Auf dem Wege singt der Chor, von Zeit zu Zeit wird auf dem langen Wege Halt gemacht und der Pfarrer, sich umkehrend gegen den Sarg, hält wieder eine Art Einsegnung. So geht es weiter bis zum Friedhof, der seinesgleichen (was die Grösse anbetrifft) in der Schweiz suchen muss, auch in einem noch so grossen Dorf. Platz ist eben hier überall mehr als genug. Auf dem Kirchhof noch einmal Zeremonien, Zuschaufeln des Grabes und Einstecken des mitgebrachten Kreuzes.

Vorgestern gingen wir Musikanten mit den Schulkindern der Fabrik in den Wald. Dort kochten die Lehrerinnen eine «Kascha», das heisst dicken Hirsebrei mit Hammelfleisch, wobei auch Ingenieursfrauen und die Frau Direktor mithalfen. Hirse, Hammelfleisch,

Kartoffeln, Zwiebeln, Salz und weiss was noch. Die
Kinder assen das aus hölzernen Tellern; grosses Format
des Aschenbechers Vaters und mit den hölzernen Löffeln, wie ich Euch geschickt habe. Ich habe natürlich
meinen hölzernen Löffel im rechten Stiefel mitgetragen
und auch von dem … Hirsebrei gegessen; dazu Tee und
Milch. Die andern Musikanten sahen mit Entzücken
die gratis Bierflaschen. Die Lehrer verteilten das Essen
unter die Kinder und machten mit ihnen Spiele. Ich
habe auch mitgeholfen. Im Regen zogen wir heim.
Die Buben sangen die russische Marseillaise und den
Bacharoni-Marsch[36] (Begräbnis-Marsch), der bei Anlass, das heisst nach Pogromen, bei Streiks zu hören
war; natürlich sind beide Lieder verboten; die Arbeiter
(Musikanten) haben nur so halb leis mitgesungen. Ich
lief fast zuvorderst, und als sie die Marseillaise beendet
hatten, brüllte ich Bravo. Die Leute reagierten noch
nicht recht. Ich brüllte noch einmal, so laut ich konnte, und klatschte in die Hände. Auf dieses Kommando
(es war zwar kein Kommando) erschallte der Wald von
Händeklatschen und Bravo und «Bis» [Zugabe]. Ich,
als ehemaliger Lehrer im Direktor-Haus, darf mir so
etwas schon eher erlauben als andere.

Ich bin hier Ausländer, und Ausländer haben in
Russland ja eine bessere Behandlung als die Russen
selber. Man sieht, die Russen haben Respekt vor den
Ausländern. Sie sind auch in vielen Beziehungen auf
das Ausland angewiesen. Weiss wie viele Artikel werden nicht hier fabriziert: Photographie, Maschinen,
Manufakturwaren. Und dann viele Lehn-
und Fremdwörter, die die Kultur der benachbarten Länder dem lange Zeit nach
aussen so gut wie ganz abgeschlossenen
und unbekannten Russischen Reiche
beigebracht hat (ähnlich China). Die
Ausländer haben es hier faktisch besser,
und ein Konsul ist mehr wert und hilft
einem besser als ein Gouverneur.

Aber das ist nicht recht von den
Ausländern. Sie verdienen hier schön
Geld und schimpfen dabei auf alles,
was russisch ist. Sie meinen dabei, gute

36
Bei der «russischen
Marseillaise», auch
«Arbeiter-Marseillaise»
genannt, handelt es sich
um eine Abwandlung
der französischen
Revolutionshymne. Sie
gehörte zum Liedgut der
revolutionären Bewegung
in Russland. Als «Bacha-
roni-Marsch» bezeichnet
Gysin vermutlich den
«Pocharonnyi [Begräb-
nis-] Marsch», den
Trauermarsch (Marche
funèbre) von Frédéric
Chopin.

Patrioten zu sein, indem sie meinen, nur alles von ihnen daheim sei gut, übersehen dabei ihre eigenen Fehler und sehen das wirklich Gute, das Russland hat, nicht.

– Sonntagmorgen, 4.15 Uhr –

Soeben bin ich per Güterzug, und zwar gratis (denn man steigt nur so auf, ohne zu fragen), mit dem Sohn meines Hauswirtes und mit zwei Fabrikpolizisten von Lissitschansk heimgekommen. Wir waren dort im Kleinrussischen Theater. Nach dem Theater war noch ein wenig Tanz. Ich habe nur einen Walzer gemacht, und zwar mit einer Jüdin, mit der ich vor dem Theater Bekanntschaft gemacht anlässlich des Einkaufes einer Balalaika für zweieinhalb Rubel. Der Jude lud mich sofort zu sich ein, um ein wenig sein Klavier zu probieren, vielleicht noch mehr, um zu zeigen, dass er eins hat. Zwei Töchter aus dem Hause, wovon die eine meine Tänzerin, haben ganz ordentlich vierhändig gespielt. Ich darf natürlich die Gelegenheit nicht verpassen, Klavier zu spielen, wenn ich nicht die Übung ganz verlieren will.

Diese Woche spielte die kleinrussische Truppe zum letzten Mal in dem Ess-Saal der hiesigen Fabrik: «Mazeppa», ein historisches Drama.[37] Hauptperson: Mazeppa, der Kosaken-Hetman (Zar/Ataman für Kleinrussland). Ich habe von dem Kleinrussischen nicht viel verstanden; die Idee natürlich versteht man gleich. Natürlich sind es immer Liebesgeschichten, ohne das geht's nicht bei den Kleinrussen. Dabei müssen wenigstens zweimal Ohnmachtsanfälle vorkommen oder Messerstiche und Ins-Wasser-Springen. Eben fahren eine Reihe Wagen vorbei: Bauern mit Ein- und Zweispännern, welche auf den Markt gehen (den Bazar), um ihre Einkäufe zu machen oder um irgendetwas zu verkaufen. Jeden Sonntag ist ganz in unserer Nähe, an unseren Garten anstossend, Bazar; jeden

37
Ivan Mazepa (1639–1709), Kosaken-Hetman, der im Nordischen Krieg zwischen Russland und Schweden die Seiten wechselte und sich 1707 dem Heer des schwedischen Königs Karl XII. anschloss. Im 19. Jahrhundert wurde die Biografie Mazepas in zahlreichen literarischen Werken (u.a. von Lord Byron, Juliusz Słowacki und Alexander Puschkin) verarbeitet. In der heutigen Ukraine schmückt das Konterfei Mazepas den 10-Hrywnja-Geldschein.

Morgen sonst in der Woche kleiner Markt: Milch in
Krügen, Ziegen- und Kuhmilch (Ziegen gibt's keine
hier), Setzlinge, Rettige [Rettiche], Fische etc. Brot
und Fleisch kauft man alles auf dem Markt und Bazar.
Dass die Fleischerbuden nicht allzu reinlich sind, das
Fleisch, einmal schlecht und vielleicht auch unvor-
teilhaft geschlachtet, sieht unansehnlich aus. Dem
Vieh hierzulande (abgesehen von den Kolonien zum
Beispiel der Fabrik-Ferme [Bauernhof], welche einige
Simmentaler Kühe besitzt) kann man auch die Rippen
und Knochen besser zählen als das Fett wägen.

Eben geht der lange Schneider Appolonian vorbei
mit einem grossen Korb voll Fressalien vom Bazar.
Diese Einkäufe besorgt er jeden Morgen früh, ebenso
mein Vis-à-vis, bei dem ich zu Mittag esse, ein alter
Mann mit weissem Haar. Die Sonne scheint mir direkt
ins Fenster hinein; das Wetter ist prächtig, und was die
Natur anbelangt, so mangle ich eigentlich dato nichts
als einige schön gepflegte Gärten in der Nähe. Dies
muss man aber in Russland nicht suchen, sonst ist man
schwer enttäuscht.

Ich habe diese Woche mit einer der Schauspiele-
rinnen Bekanntschaft gemacht. Wie sie mir erzählte,
gehört sie einer reichen tatarischen Familie an. Sie
hatte einen älteren Mann heiraten sollen und wollte
nicht. Darum schickte sie der Vater weg, und sie trat
bei dieser Truppe ein, wo sie ja auch kein schönes
Leben hat. In Liebessachen ist man eben hier in Russland ganz anders als bei uns. Einerseits ist der Verkehr
der beiden Geschlechter viel ungezwungener, und ich
darf mit einem Fräulein spazieren gehen, ohne dass
die Leute die Hälse strecken und wissen wollen, wann
Verlobung sei und Hochzeit. Andererseits haben dann
wieder die Eltern noch grosse Rechte, ihre Kinder
einfach zu verheiraten, wie es ihnen gefällt. – Diese
beiden Merkmale spielen die Hauptrolle in allen kleinrussischen Theaterstücken: Die Eltern ziehen einen
reichen alten Kerl einem armen jungen Burschen vor
als Schwiegersohn. Es ist übrigens dieses Motiv auch
bei unserem Theaterstück der Vorwurf. In jedem dieser
kleinrussischen Stücke (Kleinrussisch steht zwischen
dem Polnischen und Grossrussischen, dem letzten aber

bedeutend näher) kommen Lieder vor; gewöhnlich auch ein Tanz: Kasatschok (Kosakentanz).

Den Brief von Mutter und Thildy verdanke ich bestens. So, also macht die Abstinenz doch einmal einen kleinen Schritt vorwärts. Wenn es also geht, so muss ich einmal im Verein mit Walti und Thildy die Baselbieter Abstinenz an die Hand nehmen. ... Auch habe ich hier viele Beobachtungen gemacht über die Abstinenz (ich bin sicher der einzige Derartige in Tretja Rota) und finde, zumal bei den gebildeten Ingenieursfamilien, die gleichen dummen, feigen Vorurteile in Sachen der Trinksitten; ganz wie bei uns daheim. Unsere paar Schweizer Monteure vertreten ihr Vaterland auch ganz würdig, indem sie wohl von allen hiesigen jungen Leuten den grössten Biergenuss nebst Wodka aufzuweisen haben. Ich lege einen Artikel bei aus einer Petersburger Zeitung: zu lesen und bitte den Libertanern zu übermitteln! Den Bauern will man auch hier die einzige Freude, ihren Schnaps, nehmen, aber die grossen Herren, die «Helden vom festen Charakter» (diese Bezeichnung ist mein geistiges Eigentum), die sich über die Trunksucht der Arbeiter und Bauern aufhalten und entrüsten: die dürfen natürlich weitersaufen. So bei uns daheim, so überall, so in Russland auch.

Wenn ich bis Ende August etwas finde, so rücke ich in den W.K. natürlich nicht ein. Ich habe zwar nur Urlaub bis 15. September, müsste also in diesem Falle um Urlaub und Passverlängerung einkommen. Vorläufig aber behalte ich den W.K. im Auge; auch Genf. ...

Dem ganzen Hause viele Grüsse, Fred

Pfingstsonntag, 10./23. Juni 1907
Ljubimowskij-Post

Meine Lieben!
Heute ist der «grüne Feiertag»; bei jedem Tor, vor jedem Hauseingang sind grüne Äste eingesteckt oder angebunden, ebenso sind alle Lokomotiven und Wagen, auf denen sich die Zugführer und sonstigen Beamten aufhalten, mit «Grün» geschmückt. Zu den Zimmern

liegt am Boden allerlei Grünes, wie in einem schlecht geputzten Futtertenn: Minzen vor allem, auch ein sellerieartiges Blatt von gutem Geruch wird an den Boden gestreut. Dass man hier Pfingsten drei Tage lang feiert, Trojtza (drei),[38] muss uns ja nicht verwundern, hat doch Russland im Jahre 400 Feiertage.

Lieber Vater!
Ich danke bestens für Deinen Brief … Wegen dem Samowar sage ich nichts mehr; macht also, was Ihr wollt damit; ich hätte es zwar lieber, dass er «trotz alledem» nach Peterszell kommt, meinetwegen zu den drei Teemaschinen, welche so ziemlich auch nur Schaustücke sein werden. Gewissen Leuten gegenüber sollte man ein Versprechen genau innehalten, so können sie einem nichts vorwerfen. Wenn ich dann später einmal vom Lager der Libertaner[39] in das der Jurassen[40] übertrete, dann schicke ich dem Samowar ein Bierfass mit Zubehör nach. Das Geld soll mich (im Übrigen lebe ich sehr sparsam und gebe sozusagen nichts unnütz aus) nicht reuen, noch für die Mutter und für mich jenen etwas kleineren Samowar zu kaufen. Bin ich nun einmal hier, so will ich noch etwas profitieren und schöne Erinnerungen durch hübsche Andenken frisch erhalten.

Ihr habt seither meinen zweiten Brief erhalten, in dem ich mich über meine Pläne ausgesprochen habe. Was ich geschrieben habe, ist mit Überlegung geschehen und hier geschrieben, sodass Ihr mich wohl möglich in diesem oder jenem nicht begreifen könnt. Von Eurem Standpunkt aus, Vater, Walti und Ruedi, habt Ihr ja ganz recht und ich wiederhole, dass ich, so wie Ihr es im Sinne habt, eine sicherere Zukunft haben werde (und eine ruhigere). Sollte ich aber bis August eine einigermassen anständige Stelle in Russland kriegen, so komme ich sofort um Urlaub-Verlängerung für ein halbes oder ein Jahr

38
Die Erwähnung «Troitza» (Dreifaltigkeit) ist möglicherweise auch eine Anspielung auf den Feiertag der Heiligen Dreifaltigkeit, der in der orthodoxen Kirche fünfzig Tage nach Ostern gefeiert wird. Im Jahr 1907 fiel der Feiertag auf den 23. Juni.

39
Anspielung auf Gysins Mitgliedschaft in der Abstinenzler-Studentenverbindung Libertas.

40
Die Jurassia Basiliensis ist eine 1889 gegründete farbentragende Studentenverbindung an der Universität Basel. Anders als die Mitglieder der Libertas haben die Jurassen dem Alkoholkonsum nicht abgeschworen.

ein. Ich würde gerne noch diesen Winter hierbleiben und jetzt, da ich schon ordentlich Russisch kann, anfangen, das Volk zu studieren. Zudem habe ich von dem grossen Russland noch nicht einmal die Hauptsache, Moskau, gesehen.

Wenn ich heimkäme sofort, so habe ich ja wohl etwas auf der Bank; aber immer wird es mich reuen, das und jenes nicht gesehen zu haben; später einmal nach Russland zu gehen kostet mich mehr Geld als nötig; bin ich nun einmal hier, so sollte ich die Gelegenheit nicht verpassen, so viel als möglich noch zu sehen. Als lediger Bursche habe ich es besonders gut. In einem russischen Hemd, Stiefeln und mit einem Stock kann ich auf allen Zügen herumfahren im Land, in den Wartsälen übernachten, was bei uns nicht möglich ist oder nur schwer, und mir das Land ansehen, vielleicht auch eine günstige Bekanntschaft machen.

– Pfingstmontag –

Wenn es nun halt einmal sein muss und ich von meinen Plänen absehen muss, so verlange ich, dass Ihr mir sofort Geld schickt, wenn ich einmal darum schreibe. Denn die Geldfrage: Die hundert Rubel Reisegeld habe ich schon aufgebraucht trotz allem Sparen. Das Warten auf eine Stelle in Charkow ist mich teuer genug gekommen. Wenn ich gleich nach Ljubimowka (so hiess Ljubimowskij-Post früher) gefahren wäre, so hätte ich die hundert Rubel noch im Sack. Ich verdiene dato gerade genug, um ohne Schulden leben zu können, mehr aber nicht. Ich hoffe aber, noch ein wenig ersparen zu können an die Heimreise. Was fehlt, müsst Ihr mir halt schicken. Es bleibt mir dann eben noch ein Stümpchen auf der Bank, wenigstens so viel, als ich in diesem Jahr 1906/07 in der Schweiz hätte ersparen können.

Ich meine, was man gesehen hat und was ich Russisch gelernt habe, ist die paar hundert Franken auch wieder wert. Sprach- und Weltkenntnis sind eben kein Kapital, das sich gerade in Zahlen ausdrückt und dessen abzuwerfende Zinsen man direkt nicht berechnen kann. Einen kleinen Zinsfuss gewähren sie auf jeden Fall; die ganze vergangene Lebensführung hat auf den

Betreffenden und auf die Meinung der Leute von ihm einen Einfluss in der Zukunft.

Konstantinopel muss ich mir jedenfalls aus dem Kopfe schlagen. Über Schweden heimzukehren, wie ich schon gedacht habe, kommt jedenfalls noch teurer. Ich behalte aber die Reise über Budapest, Triest, Venedig, Mailand im Sinn. Sie kommt mit Spezialbillet billig, wie mir Herr Grether gesagt hat. In diesem Falle muss ich eben meinen schweren Koffer per Bahn schicken und nicht als Bagage [Handgepäck] mitnehmen. Ich glaube, die Reise bis Mailand kostet 42 Rubel. Ich werde mich noch erkundigen.

Ich habe die Ahnung, später nie mehr, aus Mangel an dem nötigen Kupfergeld, je wieder nach Russanien [Russland] zu kommen; habe bis jetzt nur eine der unbedeutendsten Städte (Charkow) recht gesehen und Warschau zwei Tage und die Sodafabrik mit ihrer Kulturbeeinflussung auf das Dorf, kann also durchaus nicht sagen, ich kenne Russland. Moskau und Kiew muss ich wenigstens noch sehen und etwa Taganrog am Asowschen Meere. So gern ich heimkehre, so gern möchte ich noch diesen Winter hierbleiben, wenn ich etwas nur einigermassen Passables finde. Nicht dass ich mich russifizieren liesse; bewahre!

Viele Grüsse, Fred

Montag, 16./29. Juni 1907[41]
Ljubimowskij-Post

Meine Lieben!
Meine Einkunftsquellen fangen an zu versiegen; ein Schüler nach dem andern sagt ab und will noch Ferien, obgleich sie hier nur zu viel Ferien haben. Dafür habe ich Samstag, Sonntag und Dienstag zusammen sieben Rubel verdient als «Tapeur» [Klavierspieler] bei einem Kinematograph, der in der Stolowaja (Ess-Saal) der Fabrik einige langweilige Bilderserien zeigte. Das habe ich gesehen: dass man bei diesen Spielen,

41
Dieser Brief war ursprünglich auf den 16./29. Juli datiert. Das Datum wurde jedoch später handschriftlich auf 16./29. Juni korrigiert. Wer diese Rückdatierung vorgenommen hat, ist unklar. Möglicherweise sollte das Datum an das des beigefügten Bewerbungsschreibens angepasst werden.

obwohl man auf die Bilder achtgeben muss, um sie
entsprechend lustig oder traurig, schnell und langsam
zu begleiten, gleichgültig wird. Ich spiele da alles untereinander, zum Beispiel. «Ich hatt' einen Kameraden»,
wenn zu einem Zuchthaussträfling ein zweiter herein-
geflogen kommt. Oder «Ich weiss nicht, was soll es be-
deuten?» bei einer geheimnisvollen Gondelfahrt; auch
unsere Handorgel-«Wälzerli» vom «Walterli» spielte
ich bei Gelegenheit. Ich möchte aber nicht länger als
drei Monate Tapeur sein. Etwas aber lernt man dabei:
Geistesgegenwart (und Frechheit), was man als Musiker unbedingt haben muss.

So, nun habe ich anstatt Sophielis und Helenes
Hochzeit eine russische Hochzeit von Anfang an
mitgemacht. Abends sieben Uhr gingen wir alles zusammengerechnet etwa vierzig Hochzeitsgäste per
Wagen in die Kirche. Dort steht alles. Der Pfarrer
liest vor aus der grossen Liturgie, der Chor antwortet
ihm. Dann bindet er mit einem weissen Tuch den
beiden Brautleuten die rechten Hände zusammen,
die beiden Brautführer halten je eine goldene Krone
über den Köpfen der Braut und des Bräutigams, zwei
weitere Brautführer hinter ihnen tragen je eine Kerze
in der Hand; vor dem Pfarrer der Kirchendiener mit
einem mächtigen Kerzenstock. In dieser Anordnung
ziehen sie dreimal um den in der Mitte der Kirche auf-
gestellten kleinen Altar, wobei der Pfarrer die beiden
an einem Tüchlein nach sich zieht. Dann löst er das
Tüchlein, lässt die beiden die Kronen küssen und gibt
sie dem Kirchendiener. Dann erhalten sie die Trau-
ringe, die sie einander anstecken müssen. Auch das
Abendmahl wird ihnen gereicht. Der Mann steht rechts
von der Frau und wird immer zuerst bedient. Der Pfarrer hat wahrscheinlich das sonst übliche Sichküssen
der Brautleute in der Kirche abgeschafft, da dies die
Leute doch sehen wollen, haben wir das dann nachher beim Essen nachgeholt: Auf den
Ruf «Gor'ko»,[42] bei welchem man den
Brautleuten zutrinkt, müssen sich die
beiden küssen. Ich habe abwechslungs-
weise getanzt und mit dem Fabrik-
orchester mitgespielt. ...

42
Dt. «bitter» – traditio-
neller Ruf bei russischen
Hochzeitsfeiern, mit
dem die Brautleute auf-
gefordert werden, sich
zu küssen.

Ich bitte Walti, meine Aufträge immer prompt aus-
zuführen, da man keinen Tag verlieren darf. Habt
Ihr bis jetzt jede Woche einen Brief erhalten. Wann
kommen sie gewöhnlich an? Ich danke Mutter für die
verschiedenen Zeitungen und das Amtsblatt. … Gestern habe ich die ersten Arbusen gegessen; es nimmt
mich wunder, ob sie bei Euch wohl reifen werden.
Jedenfalls lasst Euch durch den Geschmack das erste
Mal nicht erschrecken: viele Leute müssen sich etwas
an den sonderbaren, kürbisartigen Geschmack gewöhnen.

Gestern Abend erhielt ich bis heute Morgen zwei
Uhr Tanzstunde im Hause Kowalsky, wo zurzeit vier
Fräuleins, Freundinnen der Tochter Raja, zu Gaste sind
für ein paar Wochen. Ich kann so immer etwas Geld
sparen, wenn ich bei anderen Leuten zu Abend esse.
… Ich will noch geschwind zu Trümpys hinauf, um
das Rigaer Tageblatt wegen Stellenangeboten durchzu-
schauen. …

Spezielle Grüsse an Grossmutter und Tante, Onkel
und Tante Theodor und Weisses und wer etwa nach
mir fragen sollte.

Herzliche Grüsse, Alfred

16./29. Juni 1907
Ljubimowskij-Post, Gouvernement Jekaterinoslaw

In Anliegen[43]
Sehr Geehrte!
Bezugnehmend auf Ihre Annonce im «Rigaer Tage-
blatt» vom 6. Juni a.c. [anno currente – des laufenden
Jahres] bewirbt sich der Endunterzeichnete um Ihre
ausgeschriebene Stelle.

43
Bei diesem Schreiben
handelt es sich offenbar
um einen Blanco-Brief,
mit dem sich Alfred Gysin
auf in deutschsprachigen
russischen Zeitungen
(wie dem ‹Rigaer
Tageblatt›) annoncierte
Stellen bewarb.

Mein Lebenslauf:
Geboren den 1. April 1883, besuchte
ich zehn Jahre die Schulen meiner
Vaterstadt Liestal bei Basel, dreieinhalb
Jahre die obere Realschule zu Basel
und vier Jahre die dortige Universität.
Während meiner Studienzeit habe ich

Ljubimoffsky – Post
Gouv. Jekaterinoslaff
16/29. Juni 1907.

Sehr Geehrter!

Bezugnehmend auf Ihre Annonce im „Rigaer Tageblatt" vom 6. Juni a.c. bewirbt sich der Endunterzeichnete um Ihre ausgeschriebene Stelle.

Mein Lebenslauf:

Geboren den 1. April 1883 besuchte ich 10 Jahre die Schulen meiner Vaterstadt Liestal bei Basel, 3½ Jahre die obere Realschule zu Basel und 4 Jahre die dortige Universität.

nach bestandenem Examen ein Lehr-Diploma für
Primarschulen (erstes bis sechstes Schuljahr) und für
Sekundarschulen (siebtes bis neuntes Schuljahr) erworben, sowie mit Erfolg einen Kurs für Gesangsleitung
mitgemacht. Vergangenen Winter bereitete ich hier als
Hauslehrer einen dreizehnjährigen Polen vor auf die
deutsch-schweizerische Schule «Landeserziehungs-
heim Glarisegg». Zurzeit beschäftige ich mich neben
einigen Deutsch-, Französisch-, Englisch- und Musik-
stunden mit der russischen Sprache.

Es würde mich freuen, wenn Sie meine Bewerbung
mit Anstellung erwidern würden, besonders da mir
Gelegenheit geboten wäre, ein für das übrige Europa so
gut wie unbekanntes Land und Volk kennenzulernen.

Meine Zeugnisse stehen Ihnen zu Diensten.

Mit vorzüglicher Hochachtung, Alfred Gysin

17./30. Juni 1907
Ljubimowskij-Post

Meine Lieben!
… Von dieser Woche kann ich eigentlich nichts be-
richten von Belang. Ich gebe wie immer meine paar
Stunden und lebe sehr sparsam.

Gestern Samstag ging ich mit Monteur Frey und dem
Musikanten Kuna in den Donez baden. Wie wir am
anderen Ufer im warmen Sand liegen, hören wir einige
fünfzig Meter flussabwärts zweimal laut schreien. Ein
junger Mann war am Ertrinken an einer ziemlich tiefen
Stelle. Frey sprang zuerst auf, ich ihm nach. Im nächsten
Augenblick hatte er den Mann, der noch zweimal mit
dem Kopf zum Vorschein gekommen war, an einem Arm
erfasst. Mit der anderen Hand erfasste ihn der arme Kerl
(wie Ertrinkende zu tun pflegen, gerade wo es eben geht)
an einem Beine. Zum Glück war es ganz nahe am Ufer,
sodass Frey noch schwimmen konnte. Ich konnte ihm
gerade noch helfen, den Kerl ans Ufer zu bringen, wo
er sich sofort erholte. Er war schon blau im Gesicht gewesen, hatte aber jedenfalls nicht viel Wasser geschluckt.
Im ersten Moment war ich fast böse auf Frey, dass er
der Erste gewesen war und nicht ich. … Frey war nach-

her, sonst ein sehr ruhiger Mensch, ganz aufgeregt, aber zufrieden. Wenn es angezeigt wird, bekommt er eine Medaille. Kuna hat auch einmal als Zwölfjähriger eine Frau gerettet. Das dritte Mal komme ich daran!

Ich bin schon ein ziemlich ausdauernder Schwimmer, bade jeden Tag wenigstens einmal, schwimme aber nie bis zur Übermüdung, dass Ihr also für mich keine Angst zu haben braucht. Gestern habe ich mich brieflich um eine Hauslehrerstelle (günstiger) auf der skandinavischen Halbinsel beworben.[44] Ob mein Zug nach dem Norden durch Anstellung erfüllt wird??

Viele Grüsse, Alfred

PS: Einige Ausschnitte aus Zeitungen über die russischen Fragen in der Schweiz oder irgend einmal ein interessanter Artikel würden mich auch freuen.

23. Juni / 6. Juli 1907
Ljubimowskij-Post

Meine Lieben!
Diese Woche habe ich wieder einmal nichts erlebt. An einem Abend nur war ein Kinematograph. Ein armer Technologie-Student reist mit einem solchen herum, um sein Leben zu fristen. Im Ganzen nahm der arme Kerl sieben Rubel ein den ganzen Abend. Ich habe dazu Klavier gespielt im Dunkeln und Halbdunkeln, ein Klarinettist schlug dazu die grosse Trommel: echt zirkusartig. Da ich schon sah, dass man von dem armen Kerl nichts annehmen darf, habe ich mir erlaubt, die sonst verbotene Marseillaise, anfangend mit dem französischen Thema und schliessend mit der russischen Variante, zu spielen, und zwar mit aller Kraft, was das Klavier aushalten konnte. Wie immer bade ich jeden Tag im Donez und trainiere mich etwas aufs Schwimmen.

Mit meinen Stunden geht es jetzt ganz ordentlich. Ich verdiene im Monat sechzig Rubel und habe daneben noch viel freie Zeit. Das Liebste wäre mir, wenn ich die Stelle in Skandinavien (Finnland)

[44] Im folgenden Brief vom 23. Juni / 6. Juli 1907 erwähnt Gysin, er habe sich auf eine Stelle in Finnland beworben, welches bis 1917 Teil des Russischen Reiches war.

bekäme. Ich könnte in diesem Falle vielleicht am
Abstinenten-Kongress teilnehmen, der vom 28. Juli
bis 3. August stattfindet in Stockholm. Wenn ich
die Stelle bekomme, so gehe ich natürlich; müsste
dann halt um Urlaubsverlängerung einkommen,
was keine Schwierigkeiten hat.

Liebe Mutter!
Besten Dank für den Brief mit Waltis Randbemerkungen.
   Also wegen der Revolution braucht Ihr nicht so
Angst zu haben; einstweilen haben vor allem die
Ausländer nichts zu befürchten, weniger als die Ein-
heimischen. Meine «Lehrbücher» muss ich leider
unbenutzt lassen, da ich mich noch ganz dem Russischen und der russischen Musik widmen muss.
   Erdbeeren und Kirschen (saure, rote) bekomme ich
hier billig, auch feine Radieschen und kleine Gurken.
Rhabarber sind hier kaum bekannt.
   Nicht dass mich etwa mein Schüler Janek mutlos
gemacht und mir den Lehrerberuf verleidet hätte; nein,
nur das prächtige, unbebaute oder wenigstens sünd-
haft schlecht bestellte Land hat mich auf jene Ideen
gebracht. Unabhängig und reich zu werden dabei und
dann einmal von seinem Geld einen guten Gebrauch
machen.
   Glaube nur nicht, wir Lehrer seien so unabhängige
Leute; sehr abhängig von der Wirtshauspolitik und von
einem philisterhaften Schulinspektor, wie wir zurzeit
in Baselland haben. Das Wort «Abstinenz hindert am
Fortkommen» hat viel Wahres an sich, wenigstens bei
uns noch; denn eine rechte Abstinenz rüttelt nicht
nur an den Wirtshausschildern, sondern an anderen
Krebsschäden, bestehend im verkehrten Ehrbegriff und
Vorurteilen. …

Noch ein Wort an Bruder Walti!
Aufrichtig gesagt ist heutzutage ein Mensch – wenn
er modern sein will – ein dummer Teufel, erlaube
den Ausdruck, wenn er abstinent wird. Denn er hat
höchstens des Teufels Dank dafür, weiter nichts. Er
isoliert sich von den anderen, wird von den anderen
als alles andere angesehen, als er ist – aber einen Dank

trägt er am Ende davon, das ist die Zufriedenheit mit sich selbst. Mein Freund Frey hat letzthin einen Ertrinkenden gerettet und war nachher höchst ruhig und freundlich: er war zufrieden mit sich selbst – und auch etwas Stolz war dabei. Gedankt hat ihm niemand; selbst der Gerettete hat es vergessen: wir wollen es ihm nicht übelnehmen.

Walti, ich habe schon längst gemerkt, dass Du zu einem grossen Teil Egoist bist; versteh mich recht. Man kommt als solcher am besten durch die Welt, das ist sicher; aber Du, auf den die Leute so viel Hoffnung setzen, dass Du einmal ein tüchtiger Arzt wirst, bist Du denn dann nur Arzt, um einen anderen Kollegen aus dem Feld zu schlagen und Deinen Geldsäckel zu füllen und etwa gar noch ein Feind der Homöopathen zu werden, welche mit ihren einfachen Behandlungsweisen manche bittere Arznei zuschanden machen. Ein rechter Arzt ist nicht nur des Leibes Arzt, sondern auch der Seele. Wie ein Mensch, so hat auch das ganze Volk einen mehr oder weniger Gemeindeleib und eine «Volksseele». Unter dem letzteren verstehe ich den Inbegriff alles Denkens, aller Anschauungen mit ihren Vorteilen, mit ihren Rechtsbegriffen etc. Weisst du auch, dass seelische Veränderungen, hervorgerufen durch geistige Einwirkungen, gerade so mächtig sind und eingreifend wie durch einen chirurgischen Schnitt in den körperlichen Leib bewirkte physische Veränderungen? …

Ich weiss wohl, Du warst der Abstinenz und der Libertas vor allem im Ganzen nicht immer gar hold: die Gründe lassen sich angeben und alle begreifen. Aber, Hand aufs Herz! lieber etwas Opfer bringen, als ungeschoren mit dem Mittelstrom zu schwimmen; damit kommt man, das heisst wenn man zu lange damit schwimmt gegen sein Lebensende, wo der Wind nicht mehr so stark die Segel treibt und die Arme nicht mehr kräftig rudern, auch ganz gemächlich nach Holland und ins Meer und nimmt sich den Bauch eines Walfisches zum Grab (nachdem man ja seinen Bauch gepflegt hat, so gut es eben gegangen ist). So geht ja die Mehrzahl zu Grabe: Ist es aber nicht ein anderes Ende, wenn man, sagen wir, gerade links geschwommen ist und seinen nackten Schädel in der Brandung an einem Felsen zerschlägt oder rechts geschwommen und auf eine grüne sanfte Insel gespült, seine Gebeine zwischen Blümlein bleichen lässt. Walti, schwimme links oder rechts, aber nicht in der Mitte! Das Wort «Goldener Mittelweg» wäre auch einmal ein Wort mit Fragezeichen. Den «goldenen Mittelweg» kennt man noch so wenig als das «aqua vitae» (das «Lebenselixier») und den Jungbrunnen. Doch den Schnaps und den Bierbrunnen, die kennt man!…

Auch hier in Russland habe ich allerhand gesehen und mir meine Gedanken darüber gemacht. Immer komme ich wieder zu der Überzeugung, mit der sogenannten Mässigkeit erreicht man nichts Ganzes. Schneidet man bei der Blinddarmoperation auch nur ein mässiges Stück vom Wurmfortsatz weg oder den ganzen Störenfried? (Vielleicht ist es ein hinkender Vergleich, wenn er nur nicht hinkt wie die alten Vorurteile.)

Du bist der Libertas nicht besonders gewogen: Die Leute gefallen Dir noch nicht; bedenke aber: Heutzutage stellen sich eben noch nicht diejenigen Leute in unsere Reihen, welche wir haben sollten, nämlich lauter gesundes, wüchsiges Blut und Holz. … Ich liebe nicht diejenigen Abstinenten, die aus irgendeinem Grund (eines Vorteils willen) uns beitreten, sondern die der Sache, und nicht vor allem ihretwegen, bei uns eintreten. Leute wie einen Masarey[45] wirst Du auch in anderen Vereinen finden, und andere, die man mit Schlafmützen und Pfannenstiel betiteln kann, sind auch keine seltenen Handstücke in anderen Sammlungen von kurz-, lang- und andersköpfigen Studentenschädeln.

Du weisst, dass mit meinem Eintritt in die Libertas ein anderer Zug hineingekommen ist. Dass ich nicht mehr Einfluss hatte auf die Bande, liegt einesteils in dem noch restierenden Philistertum einiger Kommilitonen, anderseits darin, dass ich mich zu leicht, zufolge meiner Gutmütigkeit und Vertrauensseligkeit (ich bin nicht mehr ganz so!), habe be-

45
Vermutlich Anspielung auf Dr. Arnold Masarey (1883–1951), Arzt und Amateur-Ornithologe aus Basel. Sein Nachlass befindet sich in der Handschriftenabteilung der Universitätsbibliothek Basel.

stimmen lassen. Ich habe nicht den harten Schädel wie du und auch keinen so trotzigen.

[Fortsetzung verloren gegangen]

30. Juni / 13. Juli 1907
Ljubimowskij-Post

Lieber Walti!
Ich habe Herrn Trümpy allerhand zu verdanken, zum Beispiel hat er mir sehr geholfen bei meinem Stellensuchen, denn man muss noch allerhand in dieser Beziehung wissen: wie man seine Annonce aufsetzt. Zum Beispiel liess er mich am Schluss bei Annoncen schreiben: «Steht im Unteroffiziersrange und ist abstinent», einen Satz, über den man in der Schweiz lachen würde. Er behauptet, nach meinem Inserat in den beiden Zeitungen «Rigaer Tageblatt» und «Petersburger Zeitung» könnte ich eine Stelle bei einem Grossfürsten kriegen. Ich bin auf die Antworten gespannt. Redet mir nur nichts drein, und wenn ich meinen Pass zur Verlängerung der Urlaubsfrist heimschicke, so besorge mir die Sache prompt. Vielleicht kann ich Dir Deine Mühen einmal mit Gold bezahlen. Das ist einem, der in Russland Glück hat, unter Umständen eine Kleinigkeit.

Damit mir das Geld auf jeden Fall nicht ausgeht, wenn ich heimfahren will oder eine Stelle finde und dann den ersten Monat noch aus dem Sack leben muss, um nicht schon Vorschuss verlangen zu müssen, so habe ich bei Herrn Trümpy fünfzig Rubel geliehen. Dieselben sollst du sofort, berechnet auf den günstigsten Kurs, bezahlen auf: Konto-Korrent von Herrn Adolf Trümpy, Ingenieur aus Zollikon, in Russland, und zwar auf die Schweizerische Volksbank Filiale Basel. Wenn Du lieber willst, kannst Du es auch nach Zollikon schicken.

Sollten Herr und Frau Trümpy nach Basel kommen, so bitte ich Dich oder Mathilde, wenn möglich ihnen für einen Nachmittag als Führer zu dienen. Sie haben mir auch manches erspart. Die Schuld werde ich Euch dann begleichen.

Dein Bruder Fred

Meine Lieben!
Das Leben nimmt seinen gewohnten Gang. Nur habe
ich jetzt leider weniger Stunden und verdiene nur
noch achtunddreissig Rubel per Monat. Die Kinder
haben eben gerne Ferien. ... Hier hat man eben nicht
so grosse Haushaltungen wie bei uns daheim. Möbel
hat man hier wohl drei- bis viermal weniger. Nur die
Beamtenhäuser der Fabrik sind schön ausgestattet.
Die Russen sind eben genügsam und doch dazu wieder
hoffärtig. Man soll junge Fabrikarbeiter sehen, wie die
nach Feierabend geputzt erscheinen. Wie aber ihre
Bude daheim aussieht! Oft recht ärmlich. Und die Kü-
chen, bei uns daheim so spiegelblank, sind schmutzig,
aber das Essen doch wieder gut. Den Arbeitern (Musikanten) habe ich wieder einmal eine Freude gemacht,
indem ich einmal, als die Repetition [Orchesterprobe]
ausgefallen war, ihnen einige revolutionäre Lieder auf
dem Fabrikklavier spielte.

Am Donnerstag wehte vor einem starken Regen ein
so starker Wind, dass es das Damenbadehäuschen auf
dem Donez flussabwärts trieb. Ein Dienstmädchen,
welches gewaschen hatte, war darauf geblieben; ich
musste es mit einem Boote holen. Nachher gab ich
meine gewohnte Klavierstunde einem dreizehnjährigen
Mädchen, das jetzt trotz schöner Beamtenwohnung
(Salon) immer barfuss geht ums Haus herum.

Herr und Frau Trümpy sind in die Schweiz gefahren.
Ich wiederhole; seid so gut und stellt ihnen etwa Walti
oder Thildy als Führer in Basel, wenn sie etwa dorthin
kommen. Wenn ich eine gute Stelle in Russland bekomme, so habe ich sie (wegen den guten Annoncen,
welche Herr Trümpy mit mir gemacht hat) zu einem
grossen Teil Herrn Trümpy zu verdanken. Ich war dort
auch wie daheim. Jeden Tag sehe ich mir dort das
Rigaer Tageblatt an wegen einer Stelle. Bis jetzt habe
ich noch keine Antworten bekommen, bin sie aber
jeden Tag gewärtig. Sobald ich etwas Neues weiss in der
Sache, schreibe ich. Ich nutzte jetzt die Zeit noch mit
Russischlernen aus. Wenn ich eben nichts finde,

so fahre ich längstens am 20. August (russisches Datum) ab.

Walti! Sei so gut und frage den Kreiskommandanten, wie ich allenfalls Urlaubsverlängerung (vorläufig noch ein Jahr) bekommen kann; ob ich den Pass heimschicken müsste etc.

Herzliche Grüsse, Fred

Samstag, 21. Juli / 3. Aug. 1907
Ljubimowskij-Post

Meine Lieben!
Besten Dank für Briefe von Vater und Walti und Zeilen von Mutter.

Vater: Herr Trümpy lieh mir je fünfzig Rubel am 24. Juni / 7. Juli und am 2./15. Juli. Das Geld brauche ich wirklich; es bleibt mir bitter wenig, wenn ich mich noch so einschränke und keine unnützen Ausgaben mache. Herr und Frau Trümpy sind schon in Islikon [im Kanton Thurgau].

Was die revolutionären Lieder anbetrifft, so ist das keine böse Sache, dass Ihr Angst zu haben braucht. Ich begreife schon, dass Ihr daheim nicht billigen wollt, dass ich einen Platz in Russland suche. Ich habe aber in dieser Beziehung schon lange Schritte getan: An drei Orten mich um eine Stelle gemeldet sowie in zwei Zeitungen inseriert. Mein Plan ist also folgender: Ich warte auf eine Stelle längstens bis am 20. August / 2. September. Findet sich bis dann nichts, so fahre ich heim, direkt in den Wiederholungskurs, der am 13. September beginnt. Mein Pass lautet bis zum 15. September nur, sodass ich mir, falls ich eine Stelle finde, eine neue Urlaubsbewilligung einholen müsste beim Kreiskommandanten. Es ist also keine Zeit zu verlieren. Willst Du so gut sein, Vater, und persönlich beim Kreiskommandanten um eine weitere Urlaubsbewilligung um ein Jahr einkommen? Ich denke, es genügt, wenn mir zu meinem Pass ein Supplement geschickt wird: gültig für ein weiteres Jahr. (Aufenthaltsbewilligung habe ich für Russland). Ich bitte also keinen Tag zu versäumen, da es zu spät werden würde, wenn ich etwa den Pass selber einschicken sollte zum Verlängern der Frist (denn ohne Pass komme ich nicht über die Grenzen), und den Pass lasse ich nicht gerne reisen. Finde ich also bis 20. August / 2. September keine Stelle, dann ich fahre ich trotz Urlaubsbewilligung heim in den W.K.

Nur eines reut mich eben: Ich habe von Russland herzlich wenig, das heisst nichts gesehen, denn Charkow und Ljubimowskij-Post sind am wenigsten geeignet als russisches Charakteristikum. Ich werde also keinen Begriff von Russland, sondern nur ganz lokale Eindrücke davon mitheimnehmen. Leider langt mir das Geld nicht, auch nur einmal Moskau zu sehen. Ob ich je später einmal so viel Geld zusammenbringen kann, um nach Russland zu reisen, das bezweifle ich. Besonders aus diesem Grunde suche ich noch eine Stelle hier und noch, um die Sprache perfekt zu lernen. Denn in einem Jahr, ohne Vorkenntnisse, mit ein paar wenigen Stunden Unterricht und mit Selbstunterricht kommt man nicht so sehr weit.

Ich erwarte also innert vierzehn Tagen jenes Supplement. Walti ist ja jetzt Polizeisekretär, der kann das schon besorgen. – Ich werde also hier noch so lange als möglich bleiben, sodass mir bis zum W.K. noch etwa zwei Tage frei bleiben. Die hiesige Kost, das heisst wie ich sie geniesse, kommt der unsrigen so nahe, dass ich mich nicht abgewöhnen muss. Was die Luft betrifft, so werde ich mich schnell an unsere bessere Luft gewöhnen. – Diese Woche hatte ich einmal etwas Kopfweh bei dem heissen Wetter; ich hatte mir auch den Magen ein wenig verdorben: Magenkopfweh. Jetzt bin ich aber wieder vollständig zwäg. Also entweder komme ich auf W.K. heim oder erst das nächste oder übernächste Jahr. (Bin ich einmal daheim, so komme ich nicht mehr fort in die Welt.)

Walti: Dein Brief hat mich sehr gefreut; nur eins verbitte ich mir: die Pfahlbauerideen und Strohfeuer. Wenn ich über jene Ideen nicht mehr schreibe, so heisst das nicht, ich gebe sie auf. Wenn ich heimkomme, so heisst das nicht, ich tue besser so, als in Russland bleiben. Russland von ferne ansehen und beurteilen aus der Nähe ist immer noch zweierlei. Das

Lübimoffsky - Post

Samstag, 28 Juli / 10. Aug 1902.

Meine Lieben!

Besten Dank für Vaters Brief & Prospekte, Mutters Zeitungen, Ansichts- Karte & Brief, Dories Karte. Ihr hatt unterdessen meinen Brief erhalten. Schon lange warte ich auf Antworten oder Stellenangebote; Wenn nun Vaters Brief nicht angekommen wäre, so hätte ich ganz bestimmt bis 20. Aug. gewartet mit der Heimreise. Jetzt hatte noch nur: einen Besuch in einem alten römischen Schloss, & Besuch in zwei Mühlen bei Bekannten. Die Reise über Konstantinopel leuchtet mir nicht nur zu Dir gesagt. Und was ich geschrieben habe, ist alles überdacht worden und keine Phantasie ohne Hintergrund und ohne Boden. Und aufgeschoben ist nicht aufgehoben.

Ich wünsche Dir recht viel Vergnügen auf Deinem Schuggerposten [Polizeidienststelle]. Besorge mir nur meine Urlaubsverlängerung schleunigst. ...

Mutter: Ich denke, Ihr werdet die Grossmutter auch grüssen von mir, wenn ich es auch nicht speziell schreibe. Wenn ich eine Stelle finde hier, so werde ich sie wahrscheinlich nicht mehr sehen.

Herzliche Grüsse, Alfred

Samstag, 28. Juli / 10. Aug. 1907
Ljubimowskij-Post

In Eile!
Meine Lieben!
Besten Dank für Vaters Brief und Prospekte, Mutters Zeitungen, Ansichtskarte und Brief, Dorlis Karte. Ihr habt unterdessen meinen Brief erhalten. Schon lange warte ich auf Antworten oder Stellenangebote; wenn nun Vaters Brief nicht angekommen wäre, so hätte ich ganz bestimmt bis 20. August gewartet mit der Heimreise. Jetzt hatte ich noch vor: einen Besuch in einem alten russischen Schloss und Besuch in zwei Mühlen bei Bekannten. Die Reise über Konstantinopel leuchtet mir nun aber so sehr ein, dass ich sie nicht gern fahren lasse. Schade, dass das letzte Schiff erst am 13. September in Marseille ankommt.

Ich hätte ich mir ja den Spass erlauben können, wenn es gegangen wäre, am 13. September in Marseille abfahren und mit dem 7.30 Uhr Zug morgens am 15. September in Liestal ankommen und mich um 9 Uhr beim Kommando stellen. Ich habe ja Urlaub bis 15. September, das heisst vom 15. September 1906 bis mit 14. September 1907. Das geht aber nicht gut, den Urlaub so knapp auszunützen.

Ich habe mich betreffs meiner Ausbildung anders besonnen. Unter anderem hat mich auch Walter ermutigt dazu, auf den Dr. zu arbeiten; nicht dass dies für mich persönlich nötig wäre; aber er meint auch, wie zum Beispiel Frau Pfarrer schreibt, ich sei das den Böhringer-Söhnen gegenüber schuldig, die bis jetzt immer meinten, über den Gysin-Buben zu stehen (mein Erstes wird sein, eine Stelle in der französischen Schweiz zu suchen!). Wenn also bis nächsten Mittwoch eine gute Stelle mir ausgeht, so fahre ich fort über Charkow, Kiew (wo ich den ganzen Tag frei habe), Odessa. In Odessa muss ich zwei Tage vor der Abfahrt sein, um mein Gepäck abgeben zu können. Sollte ich unglücklicherweise keinen Platz mehr finden, so würde ich halt von Odessa über Wien oder über Triest heimfahren.

Nach Moskau kann ich leider nicht mehr gehen. Aber hoffentlich bin ich nicht das erste und letzte Mal hier gewesen. Meine ganze Bagage: Den grossen Koffer mit etwa vier bis viereinhalb Pud [1 Pud = 16,338 kg] schicke ich nach Alexandrowo. Mit mir nehme ich:

1. Waschkorb mit Büchern (hier gekauft)
2. Handkoffer mit Kleidern
3. Guitarre mit Futteral aus Tuch
4. Reisebett-Decke.

Das ist nicht gar viel, und zahlen muss ich dafür nichts. In Russland nimmt man erdenklich viel Gepäck in die Wagen hinein. Die Post wird mir allfällige Briefe nachschicken in die Schweiz!

Über alles Bestimmte schreibe ich sofort!

Indessen herzliche Grüsse, Alfred

9./22. Aug. 1907
Konstantinopel–Smyrna, an Bord der Therapia

Meine Lieben!

Nachdem ich vom 29. Juli bis 1. August r.D. [russisches Datum] den grossen Jahrmarkt genossen habe, bin ich am 1. August abends nach Charkow gefahren. Über den Jahrmarkt werde ich mündlich berichten. Übrigens habe ich mein Tagebuch nicht vergessen nachzuführen. Ich ging nicht gerne fort, denn ich habe schöne Stunden in Tretja Rota verlebt.

Noch am Tage meiner Abreise machte mir der
«Kapellmeister» des Fabrikorchesters einen Vorschlag:
Er möchte aus Gesundheitsrücksichten eineinhalb bis
zwei Jahre in die Schweiz. Während dieser Zeit hätte
er einen Vertreter nötig. Er hätte mich gerne gehabt
und am liebsten gleich. Er würde mich während zwei
Monaten unterrichten im Dirigieren und Arrangieren
und dann in die Schweiz fahren. Für diese Arbeit hätte
ich seine halbe Bezahlung = fünfundvierzig Rubel per
Monat. Vielleicht bekäme ich auch noch ein Logis
dazu. Ich musste ihm natürlich absagen, da ich mir
schon fest vorgenommen hatte, das Französisch noch
gehörig nachzuholen. Er sagte mir aber, es sei ihm
auch gleich, noch diesen Winter zu warten und im
Frühling oder Ende Winter einen diesbezüglichen Vertrag zu machen. … Vielleicht würde er gar nicht mehr
nach Ljubimowskij-Post zurückkehren, dann würde
ich zweifelsohne als fest angestellt werden mit neunzig
Rubel und freier Wohnung und Beheizung.

Bis Odessa kam ich glücklich und meldete mich dort
beim [schweizerischen] Konsul Wey,[46] der mir einen
Brief an den russischen Konsul mitgab, wodurch ich
bei der Visierung des Passes von einer Gebühr befreit
würde. Wegen eines Missverständnisses konnte ich mit
der Therapia [Fähre] am Montag zwei Uhr noch nicht
abfahren; ich holte sie aber heute Donnerstagmorgen
in Konstantinopel mit dem russischen Schiff Russia
ein, gerade noch zur rechten Zeit. Die deutsche Agen-
tin war sehr zuvorkommend, das Schiff selber recht
sauber, das Essen gut. Zurzeit habe ich eine Kabine für
vier Mann allein für mich. Ich bin noch nicht seekrank
geworden; ein bisschen spürte ich Kopfweh. … Heute
musizierte ich mit dem italienischen
Matrosen: Guitarre und Mandoline. Ich
kann jetzt ein wenig Italienisch repetie-
ren. Sonst verkehre ich noch mit einer
jungen Russin Russisch und mit einem
jungen Griechen Französisch. Auch mit
Türken kann man ganz gut Kirschen
essen oder besser Arbusen.

Viele Grüsse, Fred

46
Zur Tätigkeit des schwei-
zerischen Konsulats in
Odessa vgl. den Beitrag
von Lena Mina Friedrich
in diesem Band.

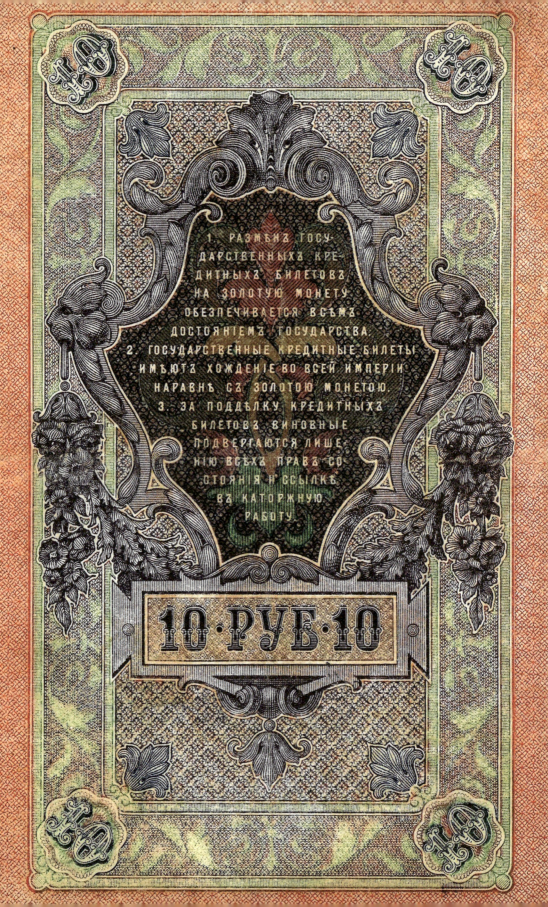

1. РАЗМѢНЪ ГОСУ-
ДАРСТВЕННЫХЪ КРЕ-
ДИТНЫХЪ БИЛЕТОВЪ
НА ЗОЛОТУЮ МОНЕТУ
ОБЕЗПЕЧИВАЕТСЯ ВСѢМЪ
ДОСТОЯНІЕМЪ ГОСУДАРСТВА.
2. ГОСУДАРСТВЕННЫЕ КРЕДИТНЫЕ БИЛЕТЫ
ИМѢЮТЪ ХОЖДЕНІЕ ВО ВСЕЙ ИМПЕРІИ
НАРАВНѢ СЪ ЗОЛОТОЮ МОНЕТОЮ.
3. ЗА ПОДДѢЛКУ КРЕДИТНЫХЪ
БИЛЕТОВЪ ВИНОВНЫЕ
ПОДВЕРГАЮТСЯ ЛИШЕ-
НІЮ ВСѢХЪ ПРАВЪ СО-
СТОЯНІЯ И ССЫЛКѢ
ВЪ КАТОРЖНУЮ
РАБОТУ.

10 · РУБ · 10

Essays

Jael Sigrist

Alfred Gysin und seine Familie – eine biografische Skizze

Alfred Gysin wurde am 1. April 1883 als zweitältestes Kind von Alfred und Sophie Gysin-Brodbeck in Liestal (Kanton Basel-Landschaft) geboren. Seine Eltern hatten 1881 geheiratet und wohnten in einem Haus am Oberen Tor im Herzen des ‹Stedt-li›. Der Vater arbeitete als Buchhalter. Alfred Gysin hatte eine ältere Schwester, Sophie (‹Sophielie›, geb. 1882), die während seines Aufenthalts in Russland heiratete, und drei jüngere Geschwister: Mathilde (‹Thildy›, geb. 1885), Walter (‹Walti›, geb. 1888) und Dora (‹Dorli›, geb. 1894). Alfred wuchs in Liestal auf und besuchte dort die Primarschule. Als Kind war er oft krank, nutzte aber diese Auszeiten, um sich selber das Zitherspiel beizubringen. Später besuchte er die Oberrealschule in Basel, absolvierte die Maturitätsprüfung und durchlief anschliessend erfolgreich die Ausbildung zum Primarlehrer. Der Zwanzig-jährige zog 1903 nach Yverdon, wo er am dortigen Knabeninstitut erste Berufserfahrungen als Primarlehrer sammelte. Bereits 1904 kehrte er jedoch wieder in die Nordwestschweiz zurück mit dem Ziel, an der Universität Basel Naturwissenschaften zu studieren. Sein Studium schloss er vermutlich kurz vor seinem Russlandaufenthalt mit dem Mittellehrerdiplom ab.[1]

Mit diesem Diplom in der Tasche reiste Gysin im September 1906 in den Donbass, um als Hauslehrer den Sohn des Fabrikdirektors Zygmunt Toeplitz zu unterrichten.[2] Seine Beschäftigung endete Ende Februar schneller als erwartet mit dem Eintritt seines Zöglings Jan Toeplitz in ein Internat. Er bewarb sich vor Ort auf weitere Stellen, versuchte mit dem Musizieren seinen Lebensunterhalt zu verdienen und machte sich nach einigen Monaten erfolgloser Stellensuche im August 1907 wieder auf den Rückweg in die Schweiz. In Neuhausen am Rheinfall (Kanton Schaffhausen) nahm Alfred Gysin eine Stelle als Lehrer an. 1914 zog er zurück nach Basel, wo er während des Ersten Weltkriegs «sozial gefährdete Wehrmänner»[3] betreute und einige Zeit selbst im Dienst war.[4] Nach Kriegsende

unterrichtete er vierunddreissig Jahre an der damaligen Basler Mädchensekundarschule, später Mädchenrealschule, zuerst naturwissenschaftliche Fächer, dann Gesang und Musik.

Am 11. Juli 1916 heiratete Alfred Gysin Hanna (Hanny) Maria Oester, die Tochter des Läckerli-Bäckers Johann Oester aus der Basler Steinenvorstadt.[5] Das Paar hatte drei Kinder, Hans-Rudolf (‹Hansruedi›, geb. 1917), Alfred (geb. 1918) und Hanna Elisabeth (‹Lisbeth›, geb. 1924).

Eine wichtige Rolle in Gysins Leben spielte die Musik. Zur Zither, die er schon als Kind erlernte, kamen im Laufe der Jahre noch andere Instrumente hinzu: Kontrabass, Klavier, Trompete, Trommel, Violine. Er hatte schon vor seiner Reise nach Russland im Orchester Liestal gespielt und war gemeinsam mit seinem Bruder Walter im Basler Gesangverein aktiv.

Im Zweiten Weltkrieg stellte sich Alfred Gysin erneut dem Militär zur Verfügung; 1940 war er in einer Abteilung für Überwachungsaufgaben tätig. Nach seiner Pensionierung im Jahr 1948 blieb er musikalisch aktiv, spielte als Kontrabassist an einigen Konzerten der Allgemeinen Orchester-Gesellschaft (heute Basler Orchester-Gesellschaft) und verbrachte Zeit mit seinen Enkelkindern. Er beschäftigte sich auch im Ruhestand mit der russischen Sprache und Literatur.[6] Alfred Gysin verstarb am 23. April 1964, einen Monat nach seiner Schwester Sophie, im Alter von einundachtzig Jahren.[7]

Alfred Gysin mit seiner Frau Hanny Gysin-Oester und ihren Söhnen Alfred und Hans Rudolf. Fotografie aus dem Jahr 1924

Ausbildung, Zeit in Russland
und Briefe in die Heimat

Das Lehrerseminar an der Universität Basel wurde in der zweiten Hälfte des 19. Jahrhunderts aufgebaut und bot ab 1873 eine kontinuierliche und organisierte Form der Mittel- und Oberlehrerbildung.[8] Zunächst war das Pädagogische Seminar in eine theoretische und eine praktische Abteilung gegliedert; 1893 erfolgte eine Neugliederung in eine sprachlich-historische und eine mathematisch-naturwissenschaftliche Abteilung.[9] Es brauchte insgesamt zwei Jahrzehnte, bis sich die Struktur des Seminars innerhalb der Universität etabliert hatte. Alfred Gysin war gemäss Studentenverzeichnis bis zum Sommersemester 1908 – also auch während seiner Russlandzeit – an der Universität Basel immatrikuliert.[10] Es findet sich jedoch im Staatsarchiv Basel-Stadt kein Abschlussdiplom von ihm, was zunächst Rätsel aufgibt. Unter den leitenden Dozenten Robert Flatt und Friedrich Heman[11] wurde Gysin, neben seinem Studium der Naturwissenschaften, zum Mittellehrer ausgebildet. Zu dieser Zeit erhielten nur promovierte Studenten ein offizielles Abschlussdiplom. Da am Pädagogischen Seminar in Basel eine Promotion erst ab 1917 mit der Errichtung eines Ordinariats für Pädagogik möglich wurde,[12] erklärt dies Gysins fehlendes Abschlussdiplom im Archiv. Laut seinem Brief vom 28. Juli / 10. August 1907 hatte er zwar vor, eine Promotion (vermutlich in Naturwissenschaften) nachzuholen, hat dieses Vorhaben später aber offensichtlich nicht in die Tat umgesetzt.

Nach seiner Ausbildung zum Mittellehrer machte sich Alfred Gysin mit dreiundzwanzig Jahren auf den Weg ins Zarenreich, um dort als Hauslehrer zu arbeiten. Die Gründe für die temporäre Auswanderung nach Russland könnten eine besser bezahlte Anstellung, aber auch jugendliche Abenteuerlust gewesen sein. Es ist nicht klar, wie lange er in Russland bleiben wollte. Aus seinem Brief vom 27. Januar / 9. Februar 1907 geht hervor, dass seine Anstellung auf mindestens ein halbes Jahr festgelegt war.[13] Auf welche Weise Gysin von dieser Stelle beim Direktor der Solvay-Fabrik erfahren hatte, ist aus seinen Briefen und Tagebucheinträgen nicht zu erfahren. Aus seiner Korrespondenz wird jedoch ersichtlich, dass das Ehepaar Toeplitz Verbindungen in der Schweiz pflegte, hier Urlaub machte und Pläne hegte, den Sohn auf ein Schweizer Internat zu schicken. Die Organisation von Gysins Reise nach Russland könnte von der in Liestal ansässigen Firma Ludwig & Cie. übernommen worden sein. Gysins Vater hatte bis zu seiner Pensionierung insgesamt mehr als vierzig Jahre als Buchhalter für dieses Textilhandelsunternehmen gearbeitet, das auch «Reisedienste, Buchhaltung, Korrespondenz, Einkauf und Versand» anbot.[14]

In seinen Briefen an die Familie in Liestal präsentiert sich Alfred Gysin als weltoffener junger Mann, der gerne Neues kennenlernen wollte. Parallel zu diesen Berichten verfasste er ein Tagebuch, das ihm als mentale Stütze und Erinnerungshilfe diente. Viele seiner Tagebuchnotizen werden, teilweise wortgetreu, in den Briefen wiedergegeben.[15] Anderes wird im Tagebuch nur in einem Satz erwähnt und in den Briefen ausführlich geschildert (beispielsweise Beobachtungen der Natur während seiner Reise in den Donbass oder die Kleidung der lokalen Bevölkerung), wieder andere Erlebnisse finden in den Briefen kaum Erwähnung und erhalten dafür im Tagebuch eine umso detailliertere Beschreibung (beispielsweise seine weiblichen Bekanntschaften). Das Tagebuch, von dem nur eine Abschrift überliefert ist, kann somit als aufschlussreiche Ergänzung für die Rekonstruktion seines Aufenthalts in Russland dienen.

Hanny und Alfred Gysin-Oester. Fotografie ca. 1915/16

Alfred Gysin bemühte sich, in seinen Briefen der Familie die russische Lebenswelt, in die er eingetaucht war, näherzubringen. Er berichtet von seinem Alltag, von seiner Lehrtätigkeit und von den Menschen, die er kennenlernte. Er beschreibt auch die Kultur(en) im Zarenreich und im Donbass und die für ihn neuen Lebensgewohnheiten. In diesem Bemühen um kulturelle Vermittlung war er nicht immer erfolgreich. Die Verwandtschaft schien ihre eigenen Ansichten über das Zarenreich zu haben, und seine Entscheidung zur (temporären) Auswanderung war bei der Familie offenbar nicht auf ungeteilte Zustimmung gestossen. In seinen Briefen versuchte Gysin, seine Begeisterung für die neue ‹Heimat› mit seinen Lieben zu teilen, war sich aber auch im Klaren darüber, dass seine Schilderungen – wie häufig bei Auswandererbriefen – neben der eigenen Familie einen weiteren Leserkreis erreichten:

«Ich hoffe, mit dem Samowar ein wenig den Geist des wirklich nett ausgebildeten russischen ‹Familien-Lebens› im Gegensatz zum ‹Politischen Leben› Euch geschickt zu haben; ich meine nicht speziell unsere Familie, sondern im Allgemeinen, auch für die übrige Verwandtschaft.»[16]

Alfred Gysin war sich bewusst, dass er trotz aller Anpassungen ans russische Leben im Zarenreich ein Fremder war und bleiben würde:

«ich [bin] halt immer noch ein Fremder hier, und das Einmischen Fremder in speziell nationale Eigenheiten empfindet mancher, oder die Mehrzahl, als unangenehm».[17]

«Ich bin hier Ausländer, und Ausländer haben in Russland ja eine bessere Behandlung als die Russen selber. [...] Die Ausländer haben es hier faktisch besser, und ein Konsul ist mehr wert und hilft einem besser als ein Gouverneur. Aber das ist nicht recht von den Ausländern. Sie verdienen hier schön Geld und schimpfen dabei auf alles, was russisch ist. Sie meinen dabei, gute Patrioten zu sein, indem sie meinen, nur alles von ihnen daheim sei gut, übersehen dabei ihre eigenen Fehler und sehen das wirklich Gute, das Russland hat, nicht.»[18]

Aus den Briefen Gysins geht der Wunsch und das Bestreben hervor, sich in der Fremde anders verhalten zu wollen als jene «Ausländer». Er interessierte sich aktiv für die Bevölkerung, Sprache und Kultur seines Gastlandes. Diese Einstellung bereute er nie und schrieb seinem Bruder:

«Ich meine, was man gesehen hat und was ich Russisch gelernt habe, ist die paar hundert Franken auch wieder wert.

Sprach- und Weltkenntnis sind eben kein Kapital, das sich gerade in Zahlen ausdrückt und dessen abzuwerfende Zinsen man direkt nicht berechnen kann.»[19]

Ein weiteres Thema, das sowohl im Tagebuch als auch in den Briefen immer wieder angesprochen wird, ist seine Leidenschaft für die Musik. Gysin spielte nicht nur Zither und Klavier, sondern beherrschte auch Kontrabass und Violine, konnte trommeln und sang ausserdem sehr gerne. Das Musizieren hatte auch während seiner Russlandzeit für Gysin einen hohen Stellenwert, es öffnete ihm viele Türen und war für ihn ein erfüllender Zeitvertreib. In seinen Briefen erwähnt er das Musizieren zu zweit oder zu dritt, sein Mitwirken im örtlichen Orchester und in der Kirche, das fast alltägliche Musizieren im kleinen Rahmen zu Hause oder auf Besuch, heitere Tanzabende, aber auch das Singen von Revolutionsliedern.[20] In seinem Tagebuch lesen wir Ende September 1906: «Randbemerkung: Auch fehlte nicht die Marseillaise, die ich auf der Zither spielen musste. Man sagte mir: das ganze Personal im Zuge sei auch revolutionär.»[21]

Was Alfred Gysin in den Briefen meist nur am Rande erwähnt, sind seine zahlreichen Bekanntschaften mit Frauen. So schreibt er zum Beispiel in einem der Briefe kurz über die Hauslehrerin Maria Alexandrowna Bordzinska,[22] schildert aber im Tagebuch ausführlicher, wie viel Zeit er mit ihr verbrachte und welche Geheimnisse sie einander anvertrauten.[23] Immer wieder denkt er in seinen Aufzeichnungen über die Geschlechterverhältnisse in der Schweiz und im Zarenreich nach, wobei er Russland als sehr fortschrittlich im Vergleich zu den Zuständen in seiner Heimat betrachtete:

«In Liebessachen ist man eben hier in Russland ganz anders als bei uns. Einerseits ist der Verkehr der beiden Geschlechter viel ungezwungener, und ich darf mit einem Fräulein spazieren gehen, ohne dass die Leute die Hälse strecken und wissen wollen, wann Verlobung sei und Hochzeit.»[24]

«Seit einiger Zeit baden wir, Männlein und Weibchen zusammen, gross und klein [...]. Auch etwas, das man bei uns nicht zu sehen kriegt. Es reizt aber nicht sehr, sondern kühlt eher ab, obschon man bei uns daheim, wo man die beiden Geschlechter so viel wie möglich trennt, dies nicht glauben würde.»[25]

Herr Trümpy, ein im Zarenreich lebender Landsmann, bei dem Gysin immer wieder zu Besuch war und von dem er in seinem Tagebuch berichtet, fasste das Verhalten des 23-jährigen Lehrers folgendermassen zusammen mit: «Er haglet halt überall umme!»[26]

Sein Leben lang setzte sich Alfred Gysin für die Abstinenzbewegung ein und trat schon sehr früh dem Studentenverein
Libertas bei. → Beitrag Oliver Sterchi Er hielt auch in Russland an
seiner Überzeugung fest und war bei seinen Bekannten in Tretja Rota und Charkow als jemand bekannt, der keinen Alkohol
trinkt. Schon in den ersten Tagen warb er für seine Ideale, wie
aus dem Tagebuch hervorgeht: «Herr Toeplitz ist sehr ein-
genommen von der Abstinenzidee. In seinem Haus kam bis jetzt
auch kein Alkohol auf den Tisch.»[27] Das Anstossen mit Wodka
war üblich bei Festanlässen, doch auch dort trank Gysin nicht
mit und schrieb dazu: «Wenn ich nicht beliebt wäre hier, würde
man mir das Nichtmittrinken beim Gesundheittrinken wirklich
übelnehmen.»[28] Aufschlussreich ist auch Gysins Vergleich des
Alkoholkonsums in Russland und der Schweiz:

Fotoportrait von
Alfred Gysin aus
dem Jahr 1912

«Auf den Strassen herum lagen die guten Russen und schliefen in der warmen Sonne ihre schrecklichen Räusche aus. Nur
muss man deshalb nicht glauben, die Russen trinken mehr als
die Schweizer und die Deutschen. Monatelang und wochenlang
hat der arme russische Bauer kein Geld, um Wodka zu kaufen,
der für ihn das Höchste bedeutet. Das gleichmässige tägliche
Trinken ohne bemerkenswerten Rausch der deutschen und
schweizerischen Herren Junggesellen und Familienväter ist viel
schlechter und verderblicher im grossen Ganzen als dieses zeitweise sich Sinnlosbetrinken der ungebildeten Bauern Russlands,
von denen man auch nicht viel mehr verlangen kann.»[29]

Wie aus dem Brief vom 23. Juni / 6. Juli 1907 hervorgeht,
beschränkten sich Gysins Kontakte in der Abstinenzbewegung
nicht nur auf die Schweiz. Er war sich bewusst, Teil einer trans-
nationalen, europäischen Bewegung zu sein: «Das Liebste wäre
mir, wenn ich die Stelle in Skandinavien (Finnland) bekäme.
Ich könnte in diesem Falle vielleicht am Abstinenten-Kongress
teilnehmen, der vom 28. Juli bis 3. August stattfindet in Stockholm.»[30]

Alfred Gysin war ein Jahr nach Ausbruch der ersten Russischen Revolution im Jahr 1905 nach Russland gereist. Von
den politischen Unruhen im Zarenreich wussten die Menschen
in Basel und Liestal aus den lokalen Zeitungen. → Beitrag Claire
Schneemann Die Sorgen seiner Eltern versuchte Gysin in seinen
Briefen zu beruhigen: «Wegen der Revolution braucht Ihr keine
Angst zu haben. Hier herum ist alles ganz ruhig, und sollte es
doch wieder einmal etwas geben, dann steckt man seine Nase
nicht zuvorderst.»[31] Dass diese Aussage nicht ganz der Wahrheit
entsprach, zeigt sein ausführlicher Bericht über die politischen
Unruhen in seiner Umgebung im Tagebuch:

Jael Sigrist

Alfred Gysin und seine Familie

«Heute zur Abwechslung wieder einmal Bombenknall in unserer Strasse [in Charkow]. Personen seien getötet worden. Die Polizei, beritten, jagte die Neugierigen, worunter auch mich, bestimmt aber höflich zurück. [...] Bei dem Bombenattentat sind 12 Personen getötet worden (umgekommen). Mehrere verhaftet. (Studenten) [...] Das Haus mir angesehen, wo das Bombenattentat geschah am 28. Februar. Eine elende Unordnung herrscht in dem kleinen, einstöckigen Haus. Alles noch versiegelt und ein paar Polizisten mit Bajonett im Hof. Blut färbt den Schnee rot. Alle Fenster waren hinausgedrückt.»[32]

Auch die Begegnungen mit Menschen, die an der Revolution teilgenommen hatten, erwähnt Gysin in seinen Aufzeichnungen: «Herr M. M. (Manek) ist Jurist aus Warschau und studiert in Charkow. Er hat auch bei der Revolution mitgemacht.»[33]; «(Herr Werner, Bekannter aus Charkow) erzählte mir von der Revolution: er war selber mit seinem Regiment ‹auf der Strasse› in Charkow [...], d.h. mit den Revolutionären. Zum Blutvergiessen war es nicht gekommen.»[34] Ende Januar 1907 reichte Alfred Gysin ein Gesuch für das Tragen eines Revolvers beim Gouverneur von Jekaterinoslaw ein, das im März bewilligt wurde.[35] Ob die Waffe zum Selbstschutz diente oder welchen anderen Zweck Gysin mit dem Kauf verfolgte, bleibt unerwähnt.

Die Form des Briefes war für Gysin auch ein Ort der Reflexion über seine berufliche Zukunft. Sollte er Lehrer bleiben oder in eine landwirtschaftliche Tätigkeit wechseln, die ihn später zum Gutsverwalter befördern könnte? Bei seinen Eltern stiess letztere Idee auf deutliche Ablehnung.[36] Auch weil sich alle anderen Pläne zerschlugen, entschied sich Alfred Gysin schliesslich doch für den Lehrerberuf. Im Juni 1907 schrieb er seinen Eltern: «denn die Lehrer sind da für das Volk, nicht der Lehrerberuf für den Lehrer als Mittel zum Lebensunterhalt. Ich will mich nicht grossmachen; aber das sage ich, wenn ich, wenn's nicht anders geht, nun einmal Lehrer sein werde, so werde ich in dem Lehrerberuf mehr als eine Brot-Profession sehen und auch danach handeln.»[37]

Rückkehr in die Schweiz

Die Gründe für Alfred Gysins Rückkehr in die Schweiz im September 1907 werden weder im Tagebuch noch in den Briefen explizit erwähnt. Zum einen musste sich der junge Auswanderer irgendwann den Misserfolg seiner Stellensuche in Russland eingestehen, zumal seine Ersparnisse langsam zur Neige gingen.

Zum anderen kam es zu Spannungen zwischen Vater und Sohn hinsichtlich Gysins beruflicher Zukunft. Die Eltern konnten den Traum des Sohnes, in Russland sein Glück zu suchen, offenbar nicht nachvollziehen und forderten ihn auf, bald wieder nach Hause zu kommen. In einem Brief vom 25. Februar / 10. März 1907 bezog er dazu Stellung:

«So gern ich wieder heimkomme, betone ich, dass ich, entgegen Eurer Meinung, viel an meine Zukunft denke! Nicht Leichtsinn oder haltloses Fantasieren hält mich hier fest, sondern meine ganz bestimmten Absichten. Kommt es nicht heraus, wie ich es wünsche, dann kann ich in sechs Tagen wieder daheim sein.»[38]

Sein Aufenthalt in Russland hatte für Alfred Gysin eine grosse Bedeutung. Er nahm in Kauf, nicht an der Hochzeit seiner älteren Schwester Sophie im April 1907 dabei sein zu können. Im Juli 1907 beauftragte er seinen Bruder mit einer Anfrage für eine Verlängerung des Urlaubsgesuchs beim Militär. Dies zeigt, dass er fest entschlossen war, eine neue feste Stelle in Russland zu finden.[39] Welche Gründe dazu führten, dass sich Gysin trotz dieser Hoffnungen für eine Rückkehr in die Schweiz entschied, geht aus den Quellen leider nicht hervor. In einem Brief von Anfang August 1907 deutet sich eine plötzliche Meinungsänderung an: «wenn nun Vaters Brief nicht angekommen wäre, so hätte ich ganz bestimmt bis 20. August gewartet mit der Heimreise».[40]

Was der Vater ihm geschrieben hatte, ist nicht klar. Im Tagebuch gibt es in dieser Zeitspanne einige Abschnitte, die eventuell weitere Gründe für die Heimreise hätten enthalten können, aber in kyrillischer Schrift verfasst sind und deshalb von Gysins Sohn Hans-Rudolf, der die Abschrift anfertigte, nicht entziffert werden konnten. Klar ist, dass Gysin, kurz nachdem er den Brief des Vaters erhalten hatte, die Heimreise antrat. Diese führte ihn von Charkow nach Odessa, wo er ein Schiff Richtung Konstantinopel (Istanbul) bestieg und durch die Dardanellen, Piräus, den Kanal von Korinth nach Marseille gelangte. Er verbrachte einige Tage in der südfranzösischen Stadt und reiste dann mit dem Zug über Avignon, Lyon, Genf und Bern zurück nach Liestal, wo er am 2. September 1907 von Familie und Freunden empfangen wurde.[41]

Kurze Biografien von Alfred Gysins Angehörigen,

die in den Briefen Erwähnung finden

Sophie Gysin-Brodbeck (Mutter)

Sophie Brodbeck (5.9.1853 – 14.12.1932) war die Tochter von Theodor und Sophie Brodbeck-Hoch. Ihr Vater arbeitete als Zuckerbäcker. Sophie Brodbeck verlor schon im Alter von vierzehn Jahren ihre Mutter und stand danach ihrer Grossmutter im Haushalt zur Seite. In den frühen 1870er-Jahren reiste sie zu Verwandten nach Nord-

amerika und konnte dort einige Jahre als Lehrerin arbeiten, bis sie 1875 wieder in die Schweiz zurückkehrte. 1881 heiratete sie Alfred Gysin; aus der Ehe gingen fünf Kinder hervor. Sophie Gysin-Brodbeck fand neben ihrer Arbeit als Hausfrau und Mutter immer wieder Zeit zum Musizieren, sie spielte Zither und Gitarre. Um die Jahrhundertwende begann sie sich an der Abstinenzbewegung zu beteiligen. Neben ihrer Mitgliedschaft in diversen Vereinen ist ihre Idee zur «Schaffung einer Gemeindestube»,[42] eines alkoholfreien Wirtshauses, hervorzuheben. Nach dem Tod ihres Mannes im Jahr 1925 zog sie aus dem Haus am Oberen Tor in Liestal aus und zusammen mit der Tochter Mathilde in ein ruhigeres Quartier. Dort kümmerte sie sich noch im hohen Alter um den Garten und die Grosskinder. Sie starb 1932 im Alter von 79 Jahren. Im Familienarchiv der Gysins ist eine Abschrift ihrer Lebenserinnerungen überliefert.

Alfred Gysin-Brodbeck (Vater)

Alfred Gysin (14.10.1852 – 27.4.1925) war der Sohn von Karl und Anna Gysin und jüngstes von vier Geschwistern. Der Vater war Glaser. Nach dem Besuch der Bezirksschule in Liestal ver-

brachte er ein Jahr in der Romandie und absolvierte danach eine kaufmännische Ausbildung. Er arbeitete für einige Zeit im Büro der Zentralbahn in Olten, bevor er wieder nach Liestal zog, wo er die nächsten dreiundvierzig Jahre als Buchhalter und Prokurist in der Tuch- und Trikot-Handelsfirma Ludwig & Cie. tätig war. Alfred Gysin-Brodbeck war in mehreren Vereinen gemeinnützig engagiert, verwaltete jahrelang die Kasse des Armenerziehungsvereins, der Freien Krankenpflege, des Rotkreuzvereins und des Jugendfestvereins und gehörte der Unterrichtskommission des Kaufmännischen Vereins an.[43] Er starb mit 73 Jahren an den Folgen eines Unfalls.

Sophie Alice Böhringer-Gysin (‹Sophielie›, Schwester)

Sophie Alice (21.2.1882 – 22.3.1964) war das erste Kind von Alfred und Sophie Gysin-Brodbeck. Über ihr Leben ist nur sehr wenig bekannt. Sie heiratete den Pfarrer Hans Böhringer

am 23. April 1907, das heisst in der Zeit, als sich ihr Bruder Alfred in Russland aufhielt.[44] Das Paar zog nach St. Peterzell in der Ostschweiz, wo Hans Böhringer eine Stelle als Pfarrer antrat. 1911 wurde er nach Wülflingen bei Winterthur versetzt, im Januar 1916 folgte dann die Übersiedlung nach St. Gallen. Sie hatten vier Kinder, Peter (geb. 1909), Marianna (geb. 1912), Felix (geb. 1916) und Hans-Rudolf (geb. 1919).

Mathilde Gysin (‹Thildy›, Schwester)

Mathilde Gysin (21.2.1885 – 30.12.1981) war das dritte Kind von Alfred und Sophie Gysin-Brodbeck. Nach dem Schulbesuch in Liestal verbrachte sie ein ‹Welschlandjahr› in der Romandie und besuchte ab 1902 für zwei Jahre die Obere Töchterschule in Basel (an der Kanonengasse). Die Ausbildung zur Kindergärtnerin schloss sie mit sehr guten Noten ab; sie war die «erste diplomierte Kindergärtnerin des Kantons».[45] Ab Mai 1905 arbeitete sie in einem neu eröffneten Kindergarten in Bottmingen, zog aber bereits drei Jahre später wieder nach Liestal zurück, um die dort freigewordene Stelle der Kindergärtnerin anzutreten. Sie war

überall bekannt als ‹Tante Mathilde›. 1926, ein Jahr nach dem Tod ihres Vaters, zog sie zusammen mit ihrer pflegebedürftigen Mutter in ein ruhigeres Quartier, 1938 zog die Schwester Dora zu ihr. Mathilde wurde 1948 pensioniert,[46] veranstaltete aber weiterhin in ihrem Haus Spielenachmittage für die Kinder der Nachbarschaft. Sie setzte sich ihr ganzes Leben lang für die Abstinenzbewegung ein, gründete und leitete den ‹Abstinenten Töchterbund› und war «Präsidentin des Bundes abstinenter Frauen von Baselland und Vorstandsmitglied der Frauenzentrale Baselland».[47] Sie engagierte sich auch in der Gemeindestube (ein alkoholfreies Gasthaus), die von ihrer Mutter in Liestal gegründet worden war. Nach einigen Unfällen war Mathilde gehbehindert. 1980 zog sie in ein Pflegeheim ein, wo sie Ende des darauffolgenden Jahres im hohen Alter starb.

Walter Gysin-Strübin (‹Walti›, Bruder)

Walter Gysin (6.8.1888 – 12.9.1971) wurde als viertes Kind von Alfred und Sophie Gysin-Brodbeck in Liestal geboren. Dort besuchte er die Primarschule und danach die Bezirksschule in Basel. Sein Interesse für naturwissenschaftliche Fächer führte ihn an die Obere Realschule, wo er im Herbst 1907 die Matura machte. Er studierte an der Universität Basel Medizin und schloss das Studium 1913 erfolgreich ab. Nach einer Zeit als Assistenzarzt

in verschiedenen Kliniken war er im Sommer 1915 für einige Monate in Österreich als Militärarzt tätig und eröffnete schliesslich 1917 seine eigene Praxis in Muttenz. Am 30. April 1926 heiratete er Lilly Strübin, die er im Basler

Gesangverein kennengelernt hatte. Sie hatten zwei Kinder, Theo (geb. 1927) und Annemarie (geb. 1933).[48] Nach siebzehn Jahren Tätigkeit in der Allgemeinmedizin absolvierte er die Prüfung zum Augenarzt und zog 1934 zurück nach Liestal, wo er an der Seltisbergerstrasse 11 als einziger Augenarzt des Kantons seine Klinik eröffnete. Im Zweiten Weltkrieg war Walter Gysin als Militärarzt im Einsatz. Er hatte einige Posten als Vorstands- und Kommissionsmitglied in diversen Ärzteräten inne und war unter anderem Präsident des Schweizerischen Militärsanitätsvereins. Walter Gysin starb 1971 im Alter von 83 Jahren.[49] Sein privater Nachlass befindet sich im Staatsarchiv Basel-Landschaft.

Dora Barbara Gysin (‹Dorli›, Schwester)

Dora Gysin (17.4.1894 – 19.11.1994) war das jüngste Kind von Alfred und Sophie Gysin-Brodbeck. Nach Abschluss der Sekundarschule lebte sie ein Jahr in Schaffhausen. Mit neunzehn Jahren zog sie nach Muttenz, wo sie ihrem Bruder Walter, der damals seine eigene Praxis eröffnete, im Haushalt half, bis Walter 1926 Lilly Strübin heiratete. Während ihrer Muttenzer Zeit war sie zusammen mit dem Bruder Alfred in der Wandervogel-Bewegung[50] (die der Abstinenzbewegung nahestand) engagiert. Auch später setzte sich Dora für

die Abstinenzbewegung ein und war langjähriges Mitglied des Gemeindestubenvereins, der von ihrer Mutter gegründet worden war. Mitte der 1920er-Jahre zog Dora Gysin nach St. Gallen, wo sie in einem Kinderheim arbeitete und in ihrer Freizeit oft bei ihrer Schwester Sophie und deren Familie zu Besuch war. 1938 kehrte sie nach Liestal zu-

rück und lebte dort zusammen mit ihrer Schwester Mathilde. Während des Zweiten Weltkrieges war sie, wie ihr Bruder Walter, im Militär tätig und setzte sich im Verband der Angehörigen des Militärischen Frauendienstes «tatkräftig für die Anerkennung und Förderung des Dienstes der Frauen im Militär ein».[51] Ende der 1970er-Jahre musste Dora Gysin in ein Alters- und Pflegeheim umziehen. Dort feierte sie ihren hundertsten Geburtstag in Anwesenheit einiger Mitglieder des Regierungsrates.

Andere Personen aus dem Umfeld von Alfred Gysin, die in den Briefen genannt werden

Edi Graeter
Freund aus der Abstinenzbewegung (Libertas)

‹Ross›: Rudolf/Ru(e)di Gysin
Freund aus der Abstinenzbewegung

Trudy Egger
Freundin der Geschwister, Krankenpflegerin

Fritz Böhringer
vermutlich ein Bruder von Sophies Ehemann Hans Böhringer

Onkel Theodor, Tante Alice, Tante Emilie
Geschwister von Sophie Gysin-Brodbeck

1
Gedenkschreiben (anlässlich der Beerdigung Alfred Gysins), 1964 (StABL, Familienarchiv Gysin, 13).

2
Brief vom 13./26. Sept. 1906.

3
Zitiert aus dem Gedenkschreiben, s. Anm. 1.

4
Postkarte Alfred Gysins an seine Mutter vom 14. Juni 1915.

5
Die Bäckerei Oester befand sich in der Steinenvorstadt 33–35; vgl. Foto StABS/Lotz-Seidel.

6
Nachruf vom 28. April 1964 aus den Basler Nachrichten (StABS, Sammlung biographischer Zeitungsausschnitte).

7
Die Angaben zu Alfred Gysins Leben basieren hauptsächlich auf dem Gedenkschreiben, s. Anm. 1.

8
Campana / Criblez, Pädagogik an der Universität Basel, S. 95.

9
Ebd., S. 97.

10
StABS, Universitätsarchiv, Studenten-/Personenverzeichnis.

11
Hofstetter / Schneuwly, Zur Geschichte der Erziehungswissenschaften in der Schweiz, S. 523–525.

12
Ebd., S. 97, 101.

13
Brief vom 27. Jan. / 9. Feb. 1907.

14
Artikel in der Basellandschaftlichen Zeitung von Elisabeth Hug-Ludwig: Erinnerungen an ein altes Liestaler Haus (2. Sept. 1978).

15
Brief vom 7./20. Okt. 1906.

16
Brief vom 9./22. April 1907.

17
Brief vom 29. April / 12. Mai 1907.

18
Brief vom 2./15. Juni 1907.

19
Brief vom 10./23. Juni 1907.

20
Briefe vom 29. Okt. / 12. Nov. 1906; 25. März / 7. April 1907.

21
Abschrift des Tagebuchs von Alfred Gysin, S. 2 (24. Sept. 1906).

22
Brief vom 7./20. Okt. 1906.

23
Abschrift des Tagebuchs, S. 4 (1./14. und 2./15. Okt. 1906).

24
Brief vom 2./15. Juni 1907.

25
Abschrift des Tagebuchs, S. 22 (24. Juni 1907).

26
Abschrift des Tagebuchs, S. 13 (21. Jan. / 3. Feb. 1907).

27
Abschrift des Tagebuchs, S. 3 (20. Sept. / 3. Okt. 1906).

28
Brief vom 29. April / 12. Mai 1907.

29
Ebd.

30
Brief vom 23. Juni / 6. Juli 1907.

31
Brief vom 25. Feb. / 10. März 1907.

32
Abschrift des Tagebuchs, S. 16 (28. Feb. / 5. März 1907).

33
Abschrift des Tagebuchs, S. 11 (22. Dez. / 4. Jan. 1907).

34
Abschrift des Tagebuchs, S. 17 (5. März 1907).

35
Abschrift des Tagebuchs, S. 13 (22. Jan. / 4. Feb. 1907), S. 18 (19. März / 1. April 1907).

36
Briefe vom 25. Feb. / 10. März 1907; 12./25. Mai 1907; 2./15. Juni 1907; 10./23. Juni 1907.

37
Brief vom 2./15. Juni 1907.

38
Brief vom 25. Feb. / 10. März 1907.

39
Briefe vom 7./21. Juli 1907; 21. Juli / 3. Aug. 1907.

40
Brief vom 28. Juli / 10. August 1907.

41
Abschrift des Tagebuchs, S. 25–26.

42
Lebenslauf von Sophie Gysin-Brodbeck, 1932 (StABL, Familienarchiv Gysin, 13).

43
Vgl. Nachruf auf Alfred Gysin-Brodbeck in der Basellandschaftlichen Zeitung vom 29. Apr. 1925 (ebd.).

44
Erinnerungen an unsere Pfarrhäuser (zusammengestellt von Marianne Böhringer im Juli 1976) (ebd.).

45
Lebenslauf von Mathilde Gysin, 1981 (StABL, Familienarchiv Gysin, 19).

46
Artikel in der Basellandschaftlichen Zeitung vom 5. Apr. 1948 (ebd.).

47
Lebenslauf von Mathilde Gysin, 1981 (ebd.).

48
Lebenslauf von Lilly Gysin-Strübin, ca. 1985 (StABS, Familienarchiv Gysin, 12).

49
Lebenslauf von Walter Gysin (von ihm selbst verfasst) und Gedenkschreiben zu seiner Beerdigung, 1971 (ebd.).

50
Wandervogel. Schweizerischer Bund für alkoholfreie Jugendwanderungen, gegr. 1907 nach deutschem Vorbild.

51
Lebenslauf von Dora Gysin, 1994 (StABL, Familienarchiv Gysin, 21).

Marcel Zimmermann

Ein Land im Umbruch: Russland um 1906

Seit dem frühen 18. Jahrhundert war Russland ein beliebtes Ziel für Auswanderungswillige aus der Schweiz. Das Zarenreich bot insbesondere ausgebildeten Fachkräften interessante Verdienst- und Aufstiegsmöglichkeiten. → Beiträge von Lena Mina Friedrich und Sara Jevtić Die Einwanderinnen und Einwanderer aus der Eidgenossenschaft, die sich vor allem in den städtischen Zentren des Landes niederliessen, wurden im 19. Jahrhundert Zeugen der grossen historischen Umbrüche, die das Zarenreich zwischen den Napoleonischen Kriegen und der ersten Russischen Revolution von 1905 erlebte. Im Folgenden sollen diese Umbrüche in groben Zügen nachgezeichnet werden.

Die politische Situation im Zarenreich war im frühen 19. Jahrhundert durch den Reformgeist des jungen Zaren Alexander I. (auf dem Thron 1801–1825) geprägt, der unter anderem das Bildungswesen und die Verwaltung des Reiches zu modernisieren versuchte. Nach der Niederschlagung einer Offiziersrevolte (Dekabristenaufstand) im Jahr 1825 sah sich die Zarenregierung in wachsendem Mass mit der Erwartung reformorientierter Kreise konfrontiert, die autokratische Ordnung des Landes tiefgreifend zu reformieren. Nikolaus I. (auf dem Thron 1825–1855) reagierte auf diesen Druck mit einer Verschärfung der Kontrolle der Opposition und der Unterdrückung revolutionärer sowie separatistischer Kräfte. Nach der Niederschlagung des polnischen Novemberaufstandes 1830/31 und der Entsendung von Truppen nach Ungarn zur Unterdrückung der Revolution von 1848/49 hatte sich Nikolaus I. in liberalen Kreisen in West- und Mitteleuropa den Ruf des ‹Gendarms Europas› erworben. Im Inneren reagierte die Zarenregierung auf die Ausbreitung von revolutionärem Gedankengut mit einer Verstärkung der staatlichen Kontrolle, beispielsweise durch eine Geheimpolizei.

Nach der für das Zarenreich traumatischen Niederlage im Krimkrieg folgte unter dem neuen Zaren Alexander II. (auf dem Thron 1855–1881) ein deutlicher politischer Kurswechsel.

Marcel Zimmermann

Bis in höchste Regierungskreise hatte sich die Überzeugung durchgesetzt, dass Russland seine Stellung als europäische Grossmacht nur halten könne, wenn tiefgreifende Reformen von Verwaltung, Infrastruktur, Wirtschaft, Militär und Justiz in Angriff genommen würden. 1861 wurde die Abschaffung der Leibeigenschaft und eine Lockerung der Zensur beschlossen. 1864 schuf die sogenannte Semstwo-Reform neue Institutionen der lokalen und regionalen Selbstverwaltung. Es folgten weiter eine umfassende Justizreform nach westlichem Vorbild und die Einführung der allgemeinen Wehrplicht im Rahmen einer grossen Militärreform. Vielen Untertanen reichten diese Reformen jedoch nicht. Radikale Kräfte forderten einen Umsturz der feudalen und autokratischen Ordnung. Am 1. März 1881 wurde der Reformzar Alexander II. Opfer eines Attentats der Untergrundorganisation ‹Narodnaja Wolja› (‹Wille› bzw. ‹Freiheit des Volkes›). Die Regierungszeit seines Nachfolgers Alexander III. (auf dem Thron 1881–1894) war von der erneuten Verschärfung des innenpolitischen Klimas, einem aufkommenden Antisemitismus und der Rücknahme zahlreicher Reformen Alexanders II. geprägt. Gleichzeitig wurden unter Finanzminister Sergej Witte (im Amt 1892–1903) die Weichen für die forcierte Industrialisierung des bislang weitgehend agrarisch geprägten

Bau der Solvay-Soda-Fabrik bei Lissitschansk. Fotografie von 1891

Imperiums gestellt. Grosse Bedeutung kam dabei dem Ausbau des russischen Eisenbahnnetzes und dem Bau der legendären Transsibirischen Eisenbahn zu. Die Industrialisierung und die damit einhergehende Urbanisierung des Landes führten jedoch auch zu neuen gesellschaftlichen Verwerfungen. Bestehende Gegensätze zwischen Stadt und Land und zwischen Zentrum und Peripherie verschärften sich weiter.

Wie schon der Krimkrieg ein halbes Jahrhundert zuvor führte auch der für Russland fatale Russisch-Japanische Krieg zu Beginn des 20. Jahrhunderts zu einer weiteren Dynamisierung der innenpolitischen Entwicklung. Die katastrophalen Rückschläge auf dem Kriegsschauplatz im Fernen Osten und die wachsende Unzufriedenheit der Arbeiter in den Städten verschärften die Spannungen in St. Petersburg. Der Glaube der Menschen an den ‹guten Zaren› war endgültig zerstört, als die Regierung Nikolaus' II. (auf dem Thron 1894–1917) am 9. Januar 1905 das Feuer auf einen friedlichen Demonstrationszug in der Hauptstadt eröffnen liess. Der sogenannte Blutsonntag war der Funke, der die erste Russische Revolution entzündete.

Die Entstehung der revolutionären Bewegung

Die Unzufriedenheit der Bevölkerung des Zarenreiches hatte vielfältige Ursachen. Nicht zuletzt trug die Reichsregierung, die Reformen oftmals nur zögerlich in Angriff nahm, zur Krise des Landes zu Beginn des 20. Jahrhunderts bei. Das Festhalten an der feudalen Ordnung und am autokratischen Regierungssystem stand wichtigen Anpassungen lange im Weg. Soziale Missstände in der Bauernschaft, die auch nach der Aufhebung der Leibeigenschaft nicht verschwanden, erhöhten den Missmut der ländlichen Bevölkerung. Durch die Öffnung des Bildungssystems für breitere Bevölkerungskreise und die Möglichkeit zahlreicher Russinnen und Russen, im Ausland (u.a. in der Schweiz) zu studieren, bildete sich eine neue soziale Schicht der ‹Intelligencija›, die begann, sich kritisch mit der innenpolitischen Situation zu beschäftigen. Der aufkeimende Marxismus beeinflusste ab 1872 die Stimmung im Reich. Einige der neu entstandenen Gruppierungen, beispielsweise die sogenannten Volkstümler (‹Narodniki›), verfügten über eine frühsozialistische Prägung und versuchten schon bald, die Bauernschaft zum Aufstand zu bewegen. In den neu geschaffenen Organen der regionalen und lokalen Selbstverwaltung (‹Semstwo›) bemühten sich Ärzte, Lehrer und Ökonomen darum, die ländliche Wirtschaft zu stär-

Marcel Zimmermann

ken. Auch in diesen Kreisen wuchs der Wunsch nach politischer Mitsprache. Im Laufe der Jahre sollte sich die politische Opposition ausdifferenzieren. Nach der Spaltung der ‹Narodniki› im Jahr 1879 beschloss der radikale Flügel der ‹Narodnaja Wolja›, dass nur ein Zarenmord zum Sturz der verhassten Ordnung führen werde.

Der Tod Alexanders II. leitete jedoch nicht das Ende der Autokratie, sondern ein neues Zeitalter repressiver Politik im Zarenreich ein. Die verheerende Hungersnot des Jahres 1891, deren Verlauf ebenfalls der Reichsregierung angelastet wurde, steigerte den Vertrauensverlust der Menschen in die Regentschaft Alexanders III. Die von Finanzminister Witte angestossene Industrialisierung des Landes führte zur Herausbildung einer Industrie-Arbeiterschaft, der Verschärfung der sozialen Frage und dem Ausbruch erster Streiks in den Fabriken. 1897 entstanden im Untergrund beziehungsweise im Exil erste sozialdemokratische Organisationen. Ein Jahr darauf gründete sich die Sozialdemokratische Arbeiterpartei Russlands (Rossijskaja Social-Demokratičeskaja Rabočaja Partija, RSDRP). 1903 spaltete sie sich in die Fraktionen der Menschewiki und Bolschewiki, da die Partei sich nicht auf eine gemeinsame Strategie des revolutionären Kampfes respektive der Ausrichtung der Partei einigen konnte. Vom Ausbruch der ersten Russischen Revolution im Jahr 1905 wurden viele Parteiführer der russischen Sozialdemokratie, die in der Verbannung oder im Ausland lebten, überrascht.

Am Beginn der Erhebung standen Demonstrationen von Arbeitern und Arbeiterinnen, die gegen ihre miserablen Lebensbedingungen protestierten und in den Streik traten. Eine Delegation beschloss, am 9. Januar mit Ikonen und Fahnen zum Palast Nikolaus' II. zu ziehen, um ihm eine Petition zu überreichen. Der Befehl der Zarenregierung, auf die friedlich demonstrierenden Menschen zu schiessen, löste im In- und Ausland Empörung und Enttäuschung aus. Weitere Streiks folgten, Unruhen verbreiteten sich rasch im ganzen Land, es kam zu einer zunehmenden Radikalisierung von Teilen der Bevölkerung. Jenseits der urbanen Zentren sah sich die Staatsmacht mit 2700 Bauernerhebungen und mit Aufständen meuternder Matrosen (Thema des berühmten Eisenstein-Films ‹Panzerkreuzer Potemkin›) konfrontiert.[1] Mit dem Erlass des sogenannten Oktobermanifests vom 17. Oktober 1905, in dem Nikolaus II. seinen Untertanen die Einrichtung einer demokratisch gewählten Volksvertretung (Duma) und wichtige Grundfreiheiten (Versammlungs-, Vereinigungs- und Meinungsfreiheit) versprach, versuchte die Zarenregierung die Lage im Land zu beruhigen.

Russland im konstitutionellen Zeitalter

Der ‹Blutsonntag› gilt in der neueren Forschung als wichtige historische Zäsur der innenpolitischen Entwicklung in Russland zu Beginn des 20. Jahrhunderts. Nach diesem Ereignis wurde der Reichsregierung binnen Kurzem deutlich, dass sich die Zarenherrschaft nicht mehr allein durch Polizei- und Militärgewalt aufrechterhalten liesse. Wie im Oktobermanifest angekündigt, wurde 1906 eine gesetzesberatende parlamentarische Institution (Duma) eingerichtet. Allerdings sollte sich die aufgeheizte Stimmung im Land nur zögerlich beruhigen. Die Staatsmacht brauchte lange, um mithilfe der Armee die Kontrolle in den aufständischen Provinzen wiederzuerlangen. Besonders ländliche Gebiete litten weiterhin unter Chaos, Kriminalität und Vandalismus.[2] Mit einem im Dezember 1905 erarbeiteten Gesetz wurde die Wahl des ersten nationalen Parlaments der russischen Geschichte eingeleitet. Das Staatsgrundgesetz vom April 1906 setzte schliesslich zentrale Zusicherungen des Oktobermanifests um. Das Verhältnis zwischen der ersten russischen Duma und der Reichsregierung war jedoch alles andere als spannungsfrei. Vor allem der Konflikt mit dem konservativen Premierminister Iwan Goremykin erschwerte die Durchsetzung von Reformen. Sämtliche Forderungen der Duma, darunter die Einführung des allgemeinen Wahlrechtes, die Aufhebung der Todesstrafe und eine neue Agrarreform zugunsten der Bauernschaft, wurden von der Regierung abgewiesen. Als sich die Duma Anfang Juli 1906 mit Vorschlägen einer Agrarreform an das Volk wenden wollte, wurde sie von Nikolaus II. kurzerhand aufgelöst. Als neuer Premierminister wirkte nun Pjotr Stolypin (1906–1911).

Liberale Befürworter der aufgelösten Duma versuchten, mit Aufrufen zu Streiks Druck auf die Regierung aufzubauen. Die Mobilisierungsversuche scheiterten jedoch, weil sich das liberale politische Lager und die radikalisierten Vertreter des einfachen ‹Volkes› zunehmend voneinander entfernten. Zwar trat nach Neuwahlen im Februar 1907 eine zweite Duma zusammen, doch wurde auch diese bereits Anfang Juni wieder aufgelöst. Der Widerstand, der sich nach der Auflösung der zweiten Duma in der Bevölkerung regte, veranlasste Ministerpräsident Stolypin zu einer umfassenden Reform des Wahlrechts, welche Kritiker mit einem Staatsstreich verglichen. Stolypin passte das Wahlrecht für die dritte Duma so an, dass im Parlament die Mehrheit durch adlige Gutsbesitzer gewährleistet blieb. Gleichzeitig versuchte der Ministerpräsident seinen Gegnern mit dem sogenannten Notverordnungsartikel (Art. 87) zu trotzen. Auf diese Weise konnte er seine eigene Agrarreform durchsetzen, die auf die Auflösung der russischen Bauerngemeinde (‹mir› bzw. ‹obschtschina›[3]), die Erschliessung neuen Agrarlands in Sibirien und die Schaffung einer neuen Klasse selbstständiger Bauern im Zarenreich abzielte.

Neben der Einrichtung der Duma führten die durch das Oktobermanifest angestossenen Reformen zur dynamischen Entwicklung einer politischen Öffentlichkeit im Zarenreich. Parteien und Gewerkschaften konnten nun legal agieren, die Zahl von Zeitungen wuchs sprunghaft, Vereine bemühten sich um die Förderung von Gemeinschaftssinn und Kultur. Wachsende Kreise der Bevölkerung begannen sich für politische Belange zu interessieren. Selbst die Bauernschaft äusserte sich zunehmend zu politischen Themen; sie profitierte von der Stolypin'schen Agrarreform. Daneben weckten Reformen im Gesundheits- und Bildungswesen die Hoffnung auf eine spürbare Verbesserung der Lebensumstände im Land.[4] Manche Historiker vertreten die Meinung, dass die Chancen einer friedlichen gesellschaftlichen und erfolgreichen ökonomischen Entwicklung des Zarenreiches nach 1906/07 nicht schlecht standen, wäre Stolypin 1911 nicht ermordet worden und wäre wenige Jahre später nicht der Erste Weltkrieg ausgebrochen.

Als Alfred Gysin im Sommer 1906 in Basel den Zug Richtung Frankfurt bestieg und sich auf den Weg ins Zarenreich machte, erwartete ihn ein Land im Umbruch. Es ist davon auszugehen, dass sich der junge Absolvent der Universität Basel vor seiner Reise nach Russland über die aktuelle politische Lage im Land informiert hatte. Wie viele Zeitgenossen mag Gysin voller Hoffnung auf die Entwicklung des Zarenreiches nach der ersten Revolution von 1905 geblickt haben. Den Untergang des Imperiums im Zuge der Revolutionen von 1917 hat er dann gewiss mit grossem Interesse aus der Schweizer Distanz mitverfolgt.

1
Vgl. dazu die Briefe vom 1./14. Sept. 1906; 25. Febr. / 10. März 1907.

2
Die Militär- und Polizeipräsenz findet auch im Brief vom 13./26. Sept. 1906 Erwähnung. Im Brief vom 17./30. März 1907 wird ein Bombenattentat erwähnt. Zum Thema Kriminalität vgl. auch Gysins Brief vom 19. Mai / 1. Juni 1907.

3
In der russischen Dorfgemeinde ‹mir› bzw. ‹obschtschina› wurde der gemeinsame Landbesitz regelmässig unter den Familien des Dorfes neu verteilt. Auch die Lasten an Steuern, Abgaben und Frondienst sowie die Stellung von Rekruten trug die Dorfgemeinde in Kollektivhaftung.

4
Siehe dazu auch Brief vom 29. Okt. / 12. Nov. 1906.

Claire Schneemann

Die Berichterstattung über Russland in der Schweizer Presse 1905/06

Im Juni 1907 wandte sich Alfred Gysin mit der Bitte an seine Familie, ihm «einige Ausschnitte aus Zeitungen über die russischen Fragen in der Schweiz [zu schicken,] oder irgend einmal ein interessanter Artikel würden mich auch freuen».[1] Der junge Liestaler verspürte offenbar das Bedürfnis, auch im fernen Russland darüber auf dem Laufenden zu bleiben, was in seiner Heimat vor sich ging. Sein Interesse für Berichte über Russland in Schweizer Zeitungen wirft die Frage auf, welche Informationen Anfang des 20. Jahrhunderts über das Zarenreich in der Schweizer Presse zu finden waren. Welche Vorstellungen von Russland wurden der Leserschaft vermittelt? Welches Bild Russlands mochte Alfred Gysin aufgrund der Lektüre Schweizer Zeitungen im Kopf gehabt haben, als er 1906 seine Reise ins Zarenreich antrat? Diese Fragen werden im Folgenden anhand der Russland-Berichterstattung der ‹Basler Nachrichten› (BN) im Zeitraum von September 1905 bis August 1906, das heisst im Jahr vor Gysins Russlandreise, diskutiert.

Der Schweizer Zeitungs- und Nachrichtenmarkt um 1900

Um 1900 erschienen in der Schweiz regelmässig 420 Zeitungen. In der Deutschschweiz konnten rund 300 verschiedene Blätter gekauft werden, im italienischsprachigen Raum war die Auswahl mit 20 Zeitungen deutlich kleiner. Die freisinnige und liberale ‹Neue Zürcher Zeitung› (NZZ, gegründet 1780) prägte in der zweiten Hälfte des 19. Jahrhunderts massgeblich das Pressewesen in der Deutschschweiz. Die NZZ beschäftigte zahlreiche Korrespondenten in verschiedenen Regionen Europas[2] und publizierte Artikel, die ausführlich über Ereignisse im Ausland berichteten. Die BN arbeiteten mit kleinerer Auflage und in einem anderen Format. Wer diese Zeitung las, stiess hauptsächlich auf Meldungen von Nachrichtenagenturen, in denen nur in kurzer Form und im Telegrammstil über Ereignisse im Ausland berichtet wurde. Kontextualisierungen und Kommentare sucht man hier meist vergebens.

Da sich nur die wenigsten Zeitungen ein eigenes Korrespondentennetz leisten konnten, waren die meisten Blätter auf die Zulieferung von Nachrichtenagenturen angewiesen. Der entsprechende Nachrichtenmarkt wurde um die Jahrhundertwende von vier grossen Agenturen dominiert: der Agence Havas aus Frankreich, dem deutschen Wolff'schen Telegraphenbüro, Reuters Ltd. aus England und Associated Press aus den Vereinigten Staaten. Diese hatten die Welt in kartellähnlichen Verträgen unter sich aufgeteilt.[3] So wollte man gewährleisten, dass Nachrichten aus einem bestimmten Land nur über eine Agentur zu den Zeitungen gelangten.[4] Kleinere lokale Nachrichtenagenturen gingen dabei Subverträge mit den grossen Agenturen ein. 1903 schloss beispielsweise die Petersburger Telegraphen-Agentur Verträge mit den grossen Nachrichtenagenturen ab und setzte damit ein Gegengewicht zur Dominanz des Wolff'schen Telegraphenbüros in der Russlandberichterstattung. Nach dem Russisch-Japanischen Krieg und der ersten Russischen Revolution von 1905/06 sollte zudem die Zahl ausländischer Korrespondenten in Russland weiter steigen.[5]

Die Abhängigkeit von teuren ausländischen Nachrichtenagenturen und die Angst vor einem schleichenden Qualitätsverlust im schweizerischen Journalismus führten 1894 zur Gründung der Schweizerischen Depeschenagentur (SDA).[6] Im Laufe der Zeit baute die SDA ein eigenes Netz von Korrespondenten im In- und Ausland auf, blieb jedoch bis auf Weiteres auf die Zusammenarbeit mit anderen Agenturen (wie Wolff und Havas) angewiesen.

«Wegen der Revolution braucht Ihr keine Angst zu haben ...»[7]

Die dramatischen Ereignisse der ersten Revolution in Russland im Jahr 1905 waren für die hiesigen Medien von grossem Interesse. Die BN hatten eigens eine Rubrik für die Russlandberichterstattung eingeführt: In ‹Ereignisse in Russland› finden sich Depeschenmeldungen, die mit einer Ortsbezeichnung versehen auf die Herkunft der Information beziehungsweise die Lokalisierung der Ereignisse hinweisen. Es fällt auf, dass die Meldungen oftmals mehrere Tage alt waren. Dies könnte darauf

Titelseite der ‹Basler Nachrichten› vom 26. September 1906

hinweisen, dass die Redaktionen Nachrichten über zwei bis drei Tage sammelten und dann gebündelt abdruckten.

Anfang Oktober 1905 konnte man in den BN zum Beispiel lesen: «Die Ereignisse in Russland: Petersburg, 6. Okt. Unter der Bevölkerung von Moskau herrscht fieberhafte Aufregung, wodurch die Stadtbehörde stark alarmiert ist. Die Lage im Kaukasus bleibt drohend. [...] Petersburg: Schliessung der Universität.»[8] Eine Woche später berichtete die Zeitung: «Samstag, 14. Oktober 1905: Moskau, 12. Okt. Gestern versuchten 700 Streikende in die Fahrräderfabrik Keller einzudringen, um die Arbeitsniederlegung zu erzwingen. [...] Saratow, Unter den Schriftsetzern ist ein Aufstand ausgebrochen. Warschau: In den Zuckerfabriken Polens beginnt ein allgemeiner Aufstand.»[9] Anfang November verfestigte sich das Bild einer sich zuspitzenden Revolution: «Samstag, 4. November 1905: Die Ereignisse in Russland: Das Zarenreich bietet heute ein Bild wilder Anarchie.»[10] «Samstag, 11. November 1905: Die Ereignisse in Russland: Sensationelle Nachrichten kommen aus der Festung Kronstadt, wo eine meuternde Matrosenbande ein wahres Schreckensregiment ausüben soll.»[11]

Anfang November 1905 lenkten die BN schliesslich den Blick auf das Zustandekommen des sogenannten Oktober-Manifests, in dem Zar Nikolaus II. (auf dem Thron 1894–1917) seinem Volk erstmals Grundrechte wie Versammlungs-, Vereinigungs- und Meinungsfreiheit garantierte und mit dem er versuchte, die revolutionäre Stimmung im Land zu beruhigen. Die Zeitung erkannte das Manifest als wichtiges historisches Ereignis und widmete ihm einen fünfteiligen Artikel, in dem sie bewegt festhielt: «Die gewaltige Streikbewegung hat zu einem Siege für das russische Volk geführt. Während die Meldungen über blutige Zusammenstösse in den Provinzen sich häufen, entschloss sich der Zar, ein Manifest zu erlassen, das den wichtigsten Forderungen der Aufständigen entgegenkommt.»[12]

In den untersuchten Ausgaben der BN aus dem Jahr 1906 wird regelmässig über Unruhen, Scharmützel von Räuberbanden und Eisenbahnunglücke in Russland berichtet, ebenso über zahlreiche Attentate auf Führungspersonen in Russland. So konnte man beispielsweise im September 1905 über die Stadt

Die Ereignisse in Rußland.

Aus dem Parteileben.

Unser Petersburger P.K.B.-Berichterstatter schreibt uns unterm 22. September: Gestern reichten die Centralkomites des „Verbands vom 17. Oktober" und der „Partei der Volksfreiheit" (Kadetten) der Sonderbehörde für Gesellschaften und Verbände ergänzende Angaben über die Parteien ein. Das bisherige Fehlen dieser Angaben hatte die Legalisierung der Parteien verzögert. Außerdem war der Oktoberverband bisher gesetzlich nicht genehmigt worden, weil die Unterschriften unter den Parteistatuten nicht notariell bestätigt waren.

Petersburg, 24. Sept. Gestern teilte Schipoff mit, daß er von der Vereinigung der Oktobristen zurücktrete, weil er weder mit dem Programm dieser Vereinigung, noch mit den Ansichten des Vorsitzenden des Centralausschusses einverstanden sei.

Nationalpolnische Kundgebung.

Siedlce, 24. Sept. Eine von zahlreichen Reitern begleitete Abordnung überreichte dem auf einer Dienstreise begriffenen katholischen Bischof von Lublin ein prächtiges Kissen, das mit dem Emblem des polnischen Königtums, dem einköpfigen weißen Adler mit rotem Schnabel geziert war. Auch die Kleidung der Reiter, die polnische Nationaltracht trugen, sowie ihre Banner zeigten den weißen Adler. Die Juden brachten überall dem Bischof Salz und Brot dar.

Waffenschmuggel.

Stockholm, 24. Sept. Wie „Afton Bladet" meldet, wurde bei Bornholm ein Dampfer von zwei russischen Kriegsschiffen angehalten und dessen Ladung durchsucht. Es wurden 3000 Gewehre und eine Menge Munition gefunden. Sowohl der Dampfer wie die Ladung wurden beschlagnahmt.

Hungersnot.

Petersburg, 25. Sept. Im Gouvernement Samara ist eine furchtbare Hungersnot ausgebrochen. Die Lage der Bewohner ist verzweifelt. Die Priester aus 12 Ortschaften flehten das Rote Kreuz um Hilfe an. Die Zahl der Skorbut- und Typhuskranken nimmt täglich zu. Im Steppengebiet herrscht ebenfalls Hungersnot. Es mangelt auch an Futter für das Vieh.

Behördliche Maßnahmen.

Warschau, 24. Sept. Das vom Kriegsgericht von Siedlce über vier Terroristen verhängte Todesurteil ist heute vollstreckt worden.

Wien, 25. Sept. Ein Lemberger Blatt meldet aus Jekaterinoslaw, der neu ernannte Polizeimeister löste ein ganzes Detektivkorps auf und ließ dessen Bureau schließen. Er suspendierte den Chef der geheimen Polizeiagenten und ordnete an, daß jeder Geheimagent, der eine Legitimation dieses Chefs oder seines Stellvertreters besitze, verhaftet und ins Untersuchungsgefängnis eingebracht werden solle. Anlaß zu diesen Maßnahmen soll die durch Untersuchung festgestellte Tatsache gegeben haben, daß die Agenten die in letzter Zeit vorgekommenen zahlreichen Raub- und Mordanfälle veranlaßt haben.

Revolutionäres.

Petersburg, 25. Sept. Admiral Besobrasow erhielt von den Revolutionären das Todesurteil zugestellt.

Warschau, 25. Sept. In der Mittagsstunde wurden gestern in der Schutzmann von 3 Unbekannten, ein Arbeiter von Terroristen und eine Arbeiterin durch Arbeiter erschossen.

Für die Juden.

Pest, 24. Sept. Die hiesige israelitische Kultusgemeinde beschloß einen Weltkongreß aller jüdischen Gemeinden nach Budapest einzuberufen zur Beratung von Schritten, um die Großmächte zu bewegen, zu Gunsten der Juden in Rußland einzuschreiten.

Berichte aus Russland in den ‹Basler Nachrichten› vom 26. September 1906

Baku im Südkaukasus lesen: «Aus Baku treffen fortwährend schlechte Nachrichten ein. Räuberbanden greifen die Züge an und schiessen auf die Reisenden. Bei einem solchen Angriff wurden 53 Reisende verwundet oder getötet.»[13] Am 9. April 1906 berichteten die BN lapidar: «Der Gouverneur von Twer, Sleptow, wurde heute Nachmittag in der Hauptstrasse der Stadt durch eine Bombe getötet.»[14] Wenige Tage später wurden die Leserinnen und Leser über die Unruhen in Warschau informiert: «Durch die Bombeneruption in der Warjchalstaja wurden vier Personen getötet und neunzehn verwundet. Der Attentäter, ein junger Mann, versuchte zu entfliehen und feuerte auf der Flucht auf die ihn verfolgenden Soldaten. [...] Der Polizeihauptmann Konstantinov wurde seit 1. Mai letzten Jahres von den Terroristen verfolgt, weil er damals das Feuer auf den Demonstrationen der Sozialisten eröffnen liess, wodurch dreissig Personen ums Leben kamen.»[15]

Auch im Sommer 1906 hatte sich die Lage noch nicht beruhigt: «Alle Gerüchte über ein Attentat auf den Grossfürsten Vladimir werden durch die Tatsache hinfällig, dass schon acht Tage vorher auf den gleichen Zug an der gleichen Stelle ein Attentat durch einen schweren, auf die Schienen gelegten Stein, verübt war.»[16]

Obschon der grösste Teil der Depeschenmeldungen von Mord und Totschlag in Russland handelt, gab es auch kurze Informationen über die Arbeit der Duma, des ersten russischen Parlaments, das im April 1906 erstmals in St. Petersburg zusammentrat. Die BN berichteten über den Verlauf von Parlamentssitzungen und erste Beschlüsse der Volksvertretung. Daneben finden sich auch vereinzelt längere Artikel, die sich um eine Bündelung der neuesten Informationen und eine Lageeinschätzung bemühen. So erschien zum Beispiel am 13. Mai 1906 ein ausführlicher Beitrag über die Bauernfrage in Russland, der sich mit den Rechten der arbeitenden Gesellschaft auseinandersetzt. Dabei blickten die BN durchaus kritisch auf den Verlauf und die Erfolge der Revolution von 1905.[17]

Am 12. März 1906 nahmen die BN den 25. Jahrestag der Ermordung von Zar Alexander II. im Jahr 1881 zum Anlass für einen längeren Bericht.[18] Hier war zu lesen: «Am 13. März werden es 25 Jahre sein, dass der Zar Alexander II den nihilistischen Bomben am Katharinenkanal in St. Petersburg zum Opfer fiel … Ja, endlich zum Opfer fiel, kann man sagen denn nachdem in den zwei vergangenen Jahren bereits drei Attentate auf ihn verübt worden waren, konnte man darüber im Zweifel sein, wie das Leben dessen enden werde.»[19]

Der Artikel greift interessanterweise auf das Buch ‹Memoiren eines Revolutionärs› von Fürst Kropotkin von 1899 zurück. Dieser beschreibt darin die Ermordung des Herrschers detailreich und lässt die Umstände wirken, als seien sie einem Roman entsprungen. Was sich in den BN dann wie folgt las: [In der Folge des Attentats wurden] «Bahnhöfe gesperrt, Telegraphen und Lokale geschlossen […] Nur die Verschwörer feierten am Abend ihren blutigen Erfolg mit Champagner in einer Nebenstrasse […] Nach der Hinrichtung der Kaisermörder am 15. Mai trat wieder Beruhigung in der Petersburger Bevölkerung ein. Dann kam der Sommer, und als die Bevölkerung vom Land zurückkehrte, hatte sie die schlimmen Tage vergessen und fügte sich in gewohnter Weise in die gesellschaftlichen Bereiche.»[20]

Alfred Gysins Vorhaben, eine Hauslehrerstelle im (post-)revolutionären Russland anzutreten, dürfte Ende 1905 zu intensiven Diskussionen im Elternhaus geführt haben. Im November 1905, als sich Gysin vermutlich bereits mit dem Gedanken einer Hauslehrertätigkeit im Donbass trug, berichteten die Zeitungen in der Schweiz von Matrosenaufständen, Bauernunruhen und Judenpogromen in verschiedenen Regionen des Zarenreiches. Wir können davon ausgehen, dass diese Nachrichten die Eltern mit Sorge erfüllten. Andere Berichte stimmten jedoch auch hoffnungsvoll, so die Meldung von der Wahl der neuen Duma im März 1906: «Die Tatsache, dass das Reichsparlament zur Wirklichkeit werden soll, bedeutet im Prinzip etwas Aussergewöhnliches», schrieben die BN.[21] Allerdings wurden immer wieder auch Zweifel laut, ob die eingeleiteten Reformen wirklich zu einer Beruhigung der Lage führen würden. Das Volk, so konnte man lesen, habe noch keine Erfahrung mit der Wahl und der Arbeit eines Parlaments – diese Ansicht hatte die NZZ schon früher vertreten. Bereits im Jahr 1903, als das autokratische Regime in Russland noch unerschütterlich schien, schrieb die Zeitung, dass das russische Volk nicht sofort mit einer solch wichtigen Aufgabe wie den Wahlen zu einem Parlament konfrontiert werden könne.[22] Eher hielt die NZZ die Einführung einer konstitutionellen Monarchie für wünschenswert und schlug als Form der politischen Mitbestimmung ein Zensuswahlrecht mit Wahlmännern vor.

Als Alfred Gysin im Spätsommer 1906 in den Donbass aufbrach, war er vermutlich mit der politischen Lage im Zarenreich vertraut. Jedoch ist anzumerken, dass sich die Nachrichten in der Basler Presse auf die Städte St. Petersburg, Moskau, Baku und Warschau konzentrierten. Was Gysin also konkret vor Ort im Donbass erwarten würde, war aus den Zeitungen nicht ersichtlich. Doch er konnte aufgrund der Schweizer Berichterstattung erahnen, welche grossen politischen Entwicklungen die Bevölkerung beschäftigten. Es ist naheliegend, dass die Familie die Informationen über das Tagesgeschehen auch weiterhin den ‹Basler Nachrichten› entnahm und mit lebhaftem Interesse verfolgte, wie sich die politischen Ereignisse in der ‹neuen Heimat› des Sohnes entwickelten.

1
Brief vom 17./30. Juni 1907.

2
Moser, Land der unbegrenzten Unmöglichkeiten, S. 64.

3
Blum / Hemmer / Perrin, Nachrichtenagenturen in der Schweiz, S. 14.

4
Moser, Land der unbegrenzten Unmöglichkeiten, S. 72ff.

5
Ebd., S. 75.

6
Blum / Hemmer / Perrin, Nachrichtenagenturen in der Schweiz, S. 23ff.

7
Brief an die Eltern vom 25. Feb. / 10. März 1907.

8
BN 61/276 vom 7. Okt. 1905.

9
BN 61/283 vom 14. Okt. 1905.

10
BN 61/304 vom 4. Nov. 1905.

11
BN 61/311 vom 11. Nov. 1905.

12
BN 61/300 vom 1. Nov. 1905: Die Ereignisse in Russland, Titel 2: Die revolutionäre Bewegung, Titel 3: Das kaiserliche Manifest, Titel 4: Das Programm Wittes, Titel 5: Ein sozialdemokratisches Manifest.

13
BN 61/262 vom 23. Sept. 1905.

14
BN 62/67 vom 9. Apr. 1906.

15
BN 62/131 vom 15. Mai 1906.

16
BN 62/195 vom 18. Juli 1906.

17
BN 62/129 vom 13. Mai 1906.

18
BN 62/69 vom 12. März 1906.

19
Ebd.

20
BN 62/70 vom 13. März 1906.

21
BN 62/60 vom 2. März 1906.

22
Moser, Land der unbegrenzten Unmöglichkeiten, S. 120.

Lena Mina Friedrich

Von Auswanderern, Briefen und Diplomaten

Verbindungen zwischen der Schweiz und Russland zu Beginn des 20. Jahrhunderts

Karte der Post-
verbindungen zwi-
schen der Schweiz
und Russland von
1874/75

Als der Liestaler Alfred Gysin im September 1906 in Basel den Zug Richtung Frankfurt bestieg, um sein Vaterland auf unbestimmte Zeit zu verlassen und im fernen Zarenreich sein Glück zu suchen, war er durchaus kein Einzelfall: Russland gehörte schon im 19. Jahrhundert zu den bevorzugten Auswanderungszielen von Schweizerinnen und Schweizern. Insbesondere qualifizierte Einzelpersonen zogen eine Emigration ins Zarenreich der Auswanderung nach Übersee vor.

Die Anfänge der Emigrationsbewegung aus der Schweiz nach Russland sind bereits im frühen 18. Jahrhundert zu finden, und zwar als sogenannte Elitenauswanderung in der Zeit von Zar Peter I., genannt ‹der Grosse› (auf dem Thron 1682–1725). Da der Reformzar das Projekt der Modernisierung seines Landes nach westeuropäischem Vorbild verfolgte und im eigenen Land nicht ausreichend Fachkräfte zur Verfügung standen, war er auf ausländische Spezialisten aus dem gewerblichen, kaufmännischen, wissenschaftlichen und künstlerischen Bereich angewiesen.[1] So hatte Peter I. beispielsweise mit dem aus dem Malcantone stammenden Domenico Trezzini (ca. 1670–1734) einen Schweizer zum Chefarchitekten St. Petersburgs erkoren, der das Bild der neuen Hauptstadt wie kein anderer prägen und sich insbesondere in der Peter-und-Paul-Kathedrale verewigen sollte.[2] Mit der Gründung der Akademie der Wissenschaften eröffnete sich auch im Bereich der Bildung und Erziehung ein weiteres Berufsfeld für ausländische – darunter auch Schweizer – Spezialisten.[3]

Hinsichtlich der schweizerischen Russlandemigration von ihren Anfängen bis ins Jahr 1917 lassen sich zwei Höhepunkte ausmachen: der Zeitraum zwischen 1820 und 1835 und die Zeitspanne zwischen 1870 und 1885.[4] Die Hälfte aller Auswanderer aus der Schweiz verliess das Land vor 1846, «also bevor ein ausgebautes europäisches Verkehrsnetz bestand geschweige denn unmittelbare Bahnverbindungen nach Russland existierten.

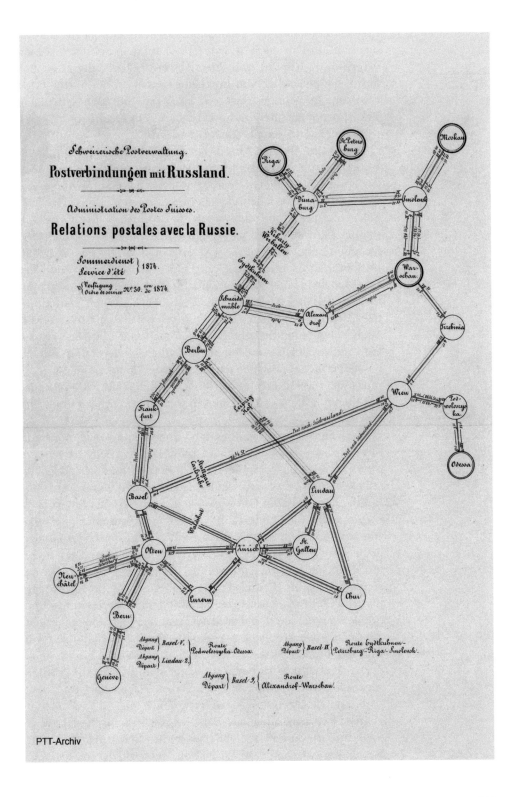

Erst seit Ende 1862 war es möglich, von Mitteleuropa aus sowohl das Baltikum als auch St. Petersburg auf dem Schienenweg zu erreichen.»[5] War die schweizerische Russlandemigration bis anhin hauptsächlich von Einzelauswanderern der Mittel- oder Oberschicht geprägt gewesen, so setzte mit den günstigen Transportmöglichkeiten der Eisenbahn ein regelrechter Boom der «Unterschichtenauswanderung» ein.[6]

Zum Zeitpunkt von Alfred Gysins Reise war die Dynamik der schweizerischen Auswanderung nach Russland also bereits wieder etwas abgeflacht; nichtsdestoweniger lebten und arbeiteten zu Beginn des 20. Jahrhunderts immer noch mehrere Tausend Schweizerinnen und Schweizer im Zarenreich. Der Grossteil dieser Migranten übte wie Gysin einen Beruf im Bereich der Erziehung aus → Beitrag von Sara Jevtić oder ging einer Tätigkeit im kaufmännisch-industriellen Sektor nach.[7] Die Gründe für den Entscheid einer Emigration aus der Schweiz nach Russland mögen vielfältig gewesen sein. Dennoch lässt sich festhalten, dass die Auswanderung häufig wirtschaftlich motiviert war. Auch Gysin betont in seinen Briefen mehrfach, dass er in Russland im Vergleich zur Heimat viel günstiger lebe und zudem besser verdiene: «So gern ich auch wieder heimkommen würde, muss ich vorerst auf das Verdienen sehen. Und wie ich finde, wie man mir auch sagt, ist man hier doch besser bezahlt als bei uns daheim.»[8]

Nach heutigem Forschungsstand sind bis zum Revolutionsjahr 1917 zwischen 21 000 und 23 000 Schweizer und Schweizerinnen ins Zarenreich ausgewandert, haben dort vorübergehend gelebt oder sich für immer in Russland niedergelassen.[9] Auch wenn aus Russland, so Carsten Goehrke, «kein europäisches Amerika»[10] wurde, so hat die bereits früh einsetzende Auswanderungswelle von der Schweiz ins Zarenreich die Beziehungen beider Länder doch stark geprägt. Russland war für die Schweiz aber nicht nur als Gast- und Zielland von Auswanderern von Bedeutung, sondern auch als Handelspartner und Absatzmarkt für Erzeugnisse aus der Eidgenossenschaft.[11] Mit dem Niederlassungs- und Handelsvertrag von 1872 wurde ein erster Versuch unternommen, administrative Probleme, welche die Handelsbeziehungen mit sich brachten, zu lösen.[12] Neben dem Personen- musste auch der Postverkehr – mittlerweile belief sich die Anzahl jährlich versandter Briefe zwischen der Eidgenossenschaft und dem Zarenreich auf 50 000 – geregelt werden.[13]

Die Unterzeichnung des Schweizerisch-Russischen Postvertrags am 10. Juli 1872 etablierte schliesslich direkte Postverbindungen zwischen dem Zarenreich und der Schweiz. Artikel 2 des Vertrags legt fest, dass der Korrespondenzaustausch «mittels geschlossener Briefpakete über die dazwischenliegenden Staaten» zu erfolgen habe und «die Korrespondenzen [...] über diejenige Route zu befördern [sind], über welche dieselben voraussichtlich am schnellsten an ihren Bestimmungsort gelangen».[14]

Dass die Schweiz und Russland auch auf eine lange Tradition diplomatischer und konsularischer Beziehungen zurückschauen können, wird vor dem Hintergrund der schweizerischen Russlandemigration wenig überraschen. Denn «[d]ie schweizerische Emigrationsgeschichte ist, wie die Diplomatiegeschichte und die Geschichte der Aussenhandelspolitik, aufs Engste mit der Konsulargeschichte verbunden. Schweizerische Konsulate sind daher oft auch in jenen geografischen Räumen entstanden, in die Schweizer ausgewandert sind und in denen sie sich niedergelassen haben.»[15] Mit der Ernennung des Genfer Nationalrats Edouard Odier (1844–1919) zum Ausserordentlichen Gesandten und bevollmächtigten Minister in St. Petersburg war die Schweiz ab 1906 erstmals mit einer diplomatischen Vertretung in Russland präsent. Zuvor hatte sich die schweizerische Präsenz im Zarenreich auf konsularische Vertretungen in St. Petersburg, Moskau und Odessa beschränkt.[16] Neben der Gewährleistung administrativer Hilfe und zivilrechtlicher Betreuung gehörte die politische Berichterstattung zum Tätigkeitsbereich der Schweizer Konsulate in Russland. Bis zur Errichtung der ersten ständigen diplomatischen Vertretung der Eidgenossenschaft fungierte das Generalkonsulat in St. Petersburg als diplomatische Repräsentation der Schweiz im Zarenreich. Sein Tätigkeitsbereich ging somit über die Konsulatsgeschäfte hinaus.[17]

Das Schweizer Konsulat in Odessa, das auch für Alfred Gysin zuständig war, bestand bereits seit 1820 und wurde bis 1918 unterhalten. Dann kam es aufgrund der sogenannten Conradi-Affäre zum Abbruch der diplomatischen Beziehungen zwischen der Schweiz und Russland; erst nach dem Zweiten Weltkrieg wurden sie wieder aufgenommen.[18] In der Zeitspanne von 1899 bis 1918 war Emil Wey (1854–1932) schweizerischer Honorarkonsul in Odessa und somit auch Ansprechpartner der in diesem Konsularbezirk wohnhaften Russlandschweizerinnen und -schweizer.[19] Der Konsularbezirk Odessa umfasste neben Odessa die Städte Kiew, Charkow, Rostow am Don und die Region des Kaukasus. Damit gehörte auch Alfred Gysin, der zwölf Monate im Gouvernement Jekaterinoslaw lebte und arbeitete, zu den von Konsul Wey betreuten Auslandschweizern. Gysin erwähnt Konsul Wey in mehreren seiner Russlandbriefe, so auch in seinem letzten, auf den 9./22. August 1907 datierten Schreiben: «Bis Odessa kam ich glücklich und meldete mich dort beim Konsul Wey, der mir einen Brief an den russischen Konsul mitgab, wodurch ich bei der Visierung des Passes von einer Gebühr befreit würde.»[20]

Wer heute in Alfred Gysins Fussstapfen treten und von Basel nach Lissitschansk in die heutige Ostukraine, genauer in die Region Luhansk reisen will, muss sich bewusst sein, dass in der Ostukraine seit März 2014 Krieg herrscht. Insbesondere die beiden Regionen Donezk und Luhansk sind Schauplatz bewaffneter Auseinandersetzungen. In Gedanken und auf der Landkarte lässt sich eine solche Reise dennoch unternehmen: Gemäss Google Maps führt die schnellste Route von Basel nach Lissitschansk über Berlin nach Warschau und von dort über Minsk nach Rostow am Don (Russland), von wo aus Lissitschansk ‹nur› noch eine knapp zehnstündige Busfahrt entfernt liegt. Abgesehen davon, dass ein Grenzübertritt von Russland in die ‹Volksrepublik Lugansk› für Ausländer heute nahezu unmöglich ist und man auf der Strecke von Luhansk nach Lissitschansk die Kontaktlinie zwischen dem von Separatisten und dem von der ukrainischen Armee kontrollierten Gebiet überqueren müsste, würde diese fast viertägige Reise durch fünf Länder (Deutschland, Polen, Weissrussland, Russland und die Ukraine) führen und fünf Landesgrenzen überschreiten. Eine Schweizer Staatsbürgerin könnte, da sie bei dieser Reise den Schengenraum verlassen würde, nicht mit der eigenen Identitätskarte reisen, sondern müsste zwingend über einen gültigen Reisepass und für Weissrussland und die Russische Föderation über entsprechende Transitvisa verfügen. Zudem wäre im Vorfeld abzuklären, ob spezielle Reise-Krankenversicherungen abgeschlossen werden müssten. Im Falle eines längeren Aufenthalts in der Ukraine wäre es schliesslich unerlässlich, eine Niederlassungsbewilligung und eine Arbeitserlaubnis einzuholen, da die Ukraine nicht Mitglied der EU ist und somit für dieses Land die vier Grundfreiheiten des europäischen Binnenmarkts nicht gelten.

Alfred Gysin hat seine temporäre Auswanderung in einer Zeit angetreten, als Europas Grenzen noch vergleichsweise durchlässig waren und die europäischen Staaten betreffend Reise- und Niederlassungsfreiheit eine liberale Haltung pflegten. Zwar gab es bereits zu Beginn des 20. Jahrhunderts politische Stimmen, die sich für eine stärkere Kontrolle transnationaler Migration einsetzten. Grossbritannien beispielsweise schuf mit dem ‹Alien Act› von 1905 «eine Wasserscheide für Fremde».[21] Erst mit Ausbruch des Ersten Weltkriegs wurde in Kontinentaleuropa eine restriktive Ausländerpolitik eingeleitet und grenzüberschreitende Reisen massiv erschwert.[22] Der erste offizielle Reisepass der Schweizerischen Eidgenossenschaft datiert aus dem Jahr 1915.[23] Davor wurde das Passwesen in der Schweiz auf kantonaler Ebene geregelt.

Auf das Schweizer Passwesen kommt Alfred Gysin in einem seiner letzten Russlandbriefe zu sprechen, als er seinem Vater nachdrücklich erklärt, weshalb er dringend ein sogenanntes «Supplement» für seinen Pass benötige, um sich im Falle einer neuen Anstellung ein weiteres Jahr in Russland aufhalten zu dürfen: «Mein Pass lautet bis zum 15. September nur, sodass ich mir, falls ich eine Stelle finde, eine neue Urlaubsbewilligung einholen müsste beim Kreiskommandanten. Es ist also keine Zeit zu verlieren. Willst Du so gut sein,

Vater, und persönlich beim Kreiskommandanten um eine weitere Urlaubsbewilligung um ein Jahr einkommen? Ich denke, es genügt, wenn mir zu meinem Pass ein Supplement geschickt wird: fällig für ein weiteres Jahr. (Aufenthaltsbewilligung habe ich für Russland). Ich bitte also keinen Tag zu versäumen, da es zu spät werden würde, wenn ich etwa den Pass selber einschicken sollte zum Verlängern der Frist (denn ohne Pass komme ich nicht über die Grenzen), und den Pass lasse ich nicht gerne reisen. Finde ich also bis 20. August / 2. September keine Stelle, dann ich fahre ich trotz Urlaubsbewilligung heim in den W.K. [Wiederholungskurs im Militärdienst].»[24]

Diese von Gysin erwähnten Voraussetzungen für ein längeres Verbleiben in Russland finden sich in den im Jahr 1889 festgehaltenen Vorschriften betreffend die in Russland geltenden Passbestimmungen:

Schweizer Reisepass aus dem Jahr 1918, ausgestellt vom Konsulat in Moskau

«1)   Jeder Reisepass nach Russland soll von der kaiserlich russischen Gesandtschaft in Bern visiert sein und die Unterschrift des Inhabers tragen.

2)   Jeder Passinhaber muss sich innerhalb der Frist von sechs Monaten, vom Überschreiten der Grenze an gerechnet, eine russische Aufenthaltsbewilligung verschaffen, sonst unterliegt er für jeden Tag Verspätung einer Strafe von 30 Kopeken.

3)   Die russischen Aufenthaltsbewilligungen sind für 12 Monate gültig und müssen regelmässig erneuert werden.»[25]

Da Gysin im Sommer 1907 keine neue Anstellung fand, musste er seine russische Aufenthaltsbewilligung nicht mehr verlängern: Nach einem knapp einjährigen Aufenthalt verliess er Russland. Er sollte zeitlebens nicht mehr dorthin zurückkommen.

Nicht nur Alfred Gysin kehrte bereits nach vergleichsweise kurzer Zeit wieder in die Schweiz zurück. Auch viele andere Russlandschweizer hielten sich nur temporär im Russischen Reich auf. Allerdings wussten die wenigsten schon zu Beginn ihrer Reise, ob sie permanent oder temporär auswandern würden. Vielmehr wurden Dauer und Verlauf des Aufenthalts jedes Einzelnen von verschiedenen persönlichen, wirtschaftlichen und politischen Faktoren beeinflusst. Industrielle und kaufmännische Berufsleute wie auch die Berufsgruppe der Erzieherinnen und Erzieher (darunter Privatlehrer, Gouvernanten und Kindermädchen) tendierten eher zur temporären Auswanderung, während in der Landwirtschaft tätige Emigranten (darunter Käser, Zuckerbäcker und Gastwirte) vermehrt zur permanenten Auswanderung neigten.[26] Nach einem Reglement von 1864 konnten Ausländer nach einem fünfjährigen Aufenthalt in Russland beim russischen Innenministerium einen Antrag auf Naturalisation (Aufnahme in die russische Untertanenschaft) stellen. Eine verheiratete Ausländerin konnte nur zusammen mit ihrem Ehemann naturalisiert werden, wobei mit Russen verheiratete Ausländerinnen automatisch und ohne Eid die russische Untertanenschaft erhielten. Ein Teil der nach Russland ausgewanderten Schweizerinnen und Schweizer liessen sich früher oder später ‹naturalisieren›.[27]

Auch wenn die Schweizer Russland-Emigration durch den Ersten Weltkrieg, die Revolution von 1917 und den anschliessenden Bürgerkrieg eine deutliche Zäsur erfuhr, ist die Auswanderung von Schweizerinnen und Schweizern nach Russland bis heute aktuell. Waren es in der postsowjetischen Ära unter anderem Schweizer Bauern, die ihr Know-how nach Russland

Lena Mina Friedrich

trugen und dabei halfen, die russische Landwirtschaft effizienter zu machen, so suchen bis heute immer wieder Schweizer Spezialisten und Unternehmer ihr Glück im Osten Europas. Als Gastgeberland der Fussball-WM rückte Russland 2018 vermehrt in den Fokus des Schweizer Medieninteresses. Im Schweizer Fernsehen lief im selben Jahr die Dokumentation ‹Schweizer unter goldenen Kuppeln›, die Einblick in das Leben von sechs in Moskau lebenden Schweizerinnen und Schweizern gibt.[28] Wie zu Zeiten Alfred Gysins ist die Faszination vom Abenteuer im fernen Russland bis heute ungebrochen.

1
Goehrke, Schweizer im Zarenreich, S. 350–351.

2
Biro, St. Petersburg vor 300 Jahren, S. 430–436.

3
Goehrke, Schweizer im Zarenreich, S. 40–42.

4
Ebd., S. 82–89.

5
Ebd., S. 84.

6
Collmer, Die besten Jahre, S. 12.

7
Goehrke, Auswanderung aus der Schweiz nach Russland, S. 302.

8
Brief vom 10./23. Feb. 1907.

9
Collmer, Die besten Jahre, S. 11.

10
Goehrke, Schweizer im Zarenreich, S. 128.

11
Collmer, Die Schweiz und das Russische Reich, S. 43.

12
Ebd., S. 239–246.

13
Ebd., S. 284.

14
Botschaft des Bundesrathes an die hohe Bundesversammlung, betreffend den Postvertrag mit Rußland (vom 14. Juni 1872). Digitalisat auf: https://www.amtsdruckschriften.bar.admin.ch/viewOrigDoc.do?id=10007319 (Zugriff: 30.01.2019).

15
Schnyder, Konsularwesen, S. 422.

16
Vgl. dazu Collmer, Die Schweiz und das Russische Reich, S. 44–111.

17
Ebd., S. 55.

18
Zur Conradi-Affäre vgl. Diplomatische Dokumente der Schweiz: http://www.dodis.ch/de/thematic-dossiers/e-dossier-die-conradi-affare (Zugriff: 30.01.2019).

19
Diplomatische Dokumente der Schweiz: http://dodis.ch/P21836 (Zugriff: 17.02.2019).

20
Brief vom 9./22. Aug. 1907.

21
Holenstein / Schulz / Kury, Schweizer Migrationsgeschichte, S. 227–228.

22
Ebd., S. 354.

23
Die Verwendung eines einheitlichen Passformulars wurde am 27. November 1916 im Rahmen einer vom Bundesrat erlassenen Regelung bestimmt. Vgl. https://www.fedpol.admin.ch/fedpol/de/home/aktuell/news/2016/2016-07-25.html (Zugriff: 30.01.2019).

24
Brief vom 21. Juli / 3. Aug. 1907.

25
Kreisschreiben der schweizerischen Bundeskanzlei vom 18. Juli 1889 an sämtliche Kantonsregierungen betreffend die in Russland bezüglich der Reisepässe geltenden Vorschriften. Bundesblatt (BBl) 1889 III, S. 939. Zit. nach Collmer, Die Schweiz und das Russische Reich, S. 247.

26
Goehrke, Schweizer im Zarenreich, S. 129–132.

27
Collmer, Die Schweiz und das Russische Reich, S. 234.

28
Ein Mitschnitt der Sendung findet sich in der SRF-Mediathek: https://www.srf.ch/sendungen/abenteuermoskau (Zugriff: 30.01.2019).

Sara Jevtić

Schweizer Erzieherinnen und Erzieher im Zarenreich

«Als die Zarin noch während der Anfänge ihrer Regierungszeit einem ihrer reformfreundlich gesinnten Mitarbeiter – dem
Gouverneur von Nowgorod, Jakob Johann von Sievers (1731–
1808) – klagte, ob er einen Weg wisse, wie man den Russen Ehrlichkeit, persönliche Freiheit, Rechtsgleichheit und Demokratie
als Tugend begreiflich machen könne, schlug er, der 1760 auf
einer Erholungsreise die Schweiz kennen- und schätzen gelernt
hatte, der Monarchin scherzhaft vor, sie solle doch den Russen
zum Vorbild einen ganzen Schweizer Kanton vom Landammann
bis zum letzten Hirtenknaben nach Russland verpflanzen.»[1]

Im Jahr 1765 reiste der in russischen Diensten stehende
Generalmajor Johann Albrecht von Bülow (1708–1776) im Auf-
trag Katharinas II. (auf dem Thron 1762–1796) nach Bern, um
dort Schweizerinnen und Schweizer für den Erziehungssektor
in St. Petersburg anzuwerben. Gesucht wurden Kindermädchen,
Gouvernanten, Haus- und Privatlehrer.[2] Die Schweiz genoss in
der damaligen Zeit in Russland einen sehr guten Ruf. Das Land
war ein beliebtes Reiseziel für Adelige aus dem Zarenreich.
Reiseberichte und -briefe, wie zum Beispiel jene von Nikolaj
Karamsin (1766–1826), trugen in Russland zur Verbreitung
eines «idyllischen Bild[es] von den Naturschönheiten und der
politischen Verfassung der Schweiz bei». Abgesehen von diesem
positiven Bild der Schweiz wurden die Berufsmöglichkeiten der
Schweizerinnen und Schweizer im Zarenreich zusätzlich durch
den Ruf «besonderen Arbeitseifers und aussergewöhnlicher
Zuverlässigkeit» der Eidgenossen begünstigt.[3] Auch wegen der
Bedeutung der französischen Sprache ergaben sich für Lehrerinnen und Erzieher aus der Schweiz im Zarenreich gute Be-
schäftigungsmöglichkeiten. Französisch war im 18. Jahrhundert
die Lingua franca der europäischen Adeligen und Gelehrten
und deshalb auch die Sprache des St. Petersburger Hofes. Angesichts der politischen Spannungen zwischen dem Zarenreich
und Frankreich – später auch aufgrund der Französischen Re-

volution –, bot sich pädagogisches Personal aus der kleinen und neutralen Schweiz als Alternative an.[4]

Die Nachfrage nach Schweizer Fachkräften in Russland korrespondierte mit der Bereitschaft vieler Schweizerinnen und Schweizer, ihr berufliches Glück im Ausland zu suchen. Die Romandie stellte im 18. Jahrhundert rund drei Viertel der Erzieher und Gouvernanten in Russland.[5] So wurde beispielsweise der Schweizer Frédéric-César de la Harpe (1754–1838) im Jahr 1783 von Katharina II. als Französischlehrer und Erzieher ihres Enkels, des späteren Alexander I. (auf dem Thron 1801–1825), engagiert. Zeitgleich kümmerten sich die Schweizerinnen Jeanne Huc-Mazlet (1765–1852), Esther Monod und eine Mademoiselle de Sybourg als Gouvernanten um die kaiserlichen Enkelinnen.[6] Auch die Kinder des letzten Zaren Nikolaus II. hatten mit Pierre Gilliard (1879–1962) einen Erzieher und Französischlehrer aus der Schweiz.

Die Beliebtheit von Erzieherinnen und Lehrern aus der Romandie am Zarenhof hatte Signalwirkung auf den russischen Adel. Nach St. Petersburger Vorbild wurde es in der Aristokratie Mode, den Nachwuchs durch Westschweizer Kindermädchen, Gouvernanten, Haus- und Privatlehrer erziehen, bilden und beaufsichtigen zu lassen.[7] Damit trugen Schweizer Gouvernanten und Erzieher seit dem Ende des 18. Jahrhunderts dazu bei, dass

Schule der Fabriksiedlung Tretja Rota. Fotografie aus dem Jahr 1905

Landerziehungs-
heim Schloss Glari-
segg am Bodensee.
Fotografie aus
dem Jahr 1924

russische Adelige von Kindesbeinen an mit westeuropäischer Denkweise und Bildungstradition vertraut waren. Gleichzeitig eröffnete sich für viele Schweizerinnen und Schweizer die Möglichkeit, einen Beruf auszuüben, für den in ihrer Heimat kaum Nachfrage bestand.[8] Eine erzieherische Tätigkeit im Zarenreich war mitunter lukrativ, bot soziale und finanzielle Aufstiegsmöglichkeiten und eröffnete nicht zuletzt auch ungelernten und ledigen Frauen berufliche Perspektiven.[9]

Mit Blick auf die Geschlechterverteilung wies der russische Erziehungssektor einen hohen Frauenanteil von 82 Prozent aus. In der Forschung zur Geschichte der Russlandschweizer sind diese Lehrerinnen und Gouvernanten stark unterrepräsentiert, da sie als Gesamtgruppe quellentechnisch schwer zu fassen sind. Trotzdem kann davon ausgegangen werden, dass sie wohl die grösste Auswanderergruppe aus der Schweiz stellten.[10] Auch wenn die Schweizerinnen und Schweizer ihre zu Katharinas Regierungszeit dominante Stellung nicht halten konnten, blieben sie im Zarenreich noch lange hoch angesehene und gefragte pädagogische Arbeitskräfte.[11] Erst gegen Ende des 19. Jahrhunderts änderten sich sowohl das Ansehen der Schweizer Erzieherinnen und Erzieher als auch deren Berufsmöglichkeiten. Galten die Schweizer Russlandauswanderer im Jahrhundert davor als ausgebildete, fleissige und zuverlässige Lehrkräfte, so wandelte sich das Bild zur Jahrhundertwende hin zum Image von «relativ schlecht gebildeten Gouvernanten».[12] Vor allem die Positionen als Haus- und Privatlehrerinnen wurden immer mehr durch öffentliche Schulen in der Hauptstadt und anderen städtischen Zentren zurückgedrängt; Kindermädchen und Gouvernanten wurden dagegen in den Häusern der Oberschicht weiterhin gebraucht.[13]

Als der Liestaler Alfred Gysin im Herbst 1906 eine Stelle als Hauslehrer im Donbass antrat, hatte dort das Französische seinen Ruf als Kultursprache noch nicht verloren. Dies bestätigt er in einem seiner Briefe nach der Aufkündigung seiner Hauslehrerstelle: «Ich habe in Charkow mit einem Sprachlehrer geredet, der sagte mir: Die deutsche Sprache sei in den Schulen genügend vertreten; wenn ich geläufig Französisch könnte, so könnte er mir in kurzer Zeit eine schöne Stelle verschaffen.»[14] Wie wir wissen, konnte Gysin seinen Plan,

Sara Jevtić

dauerhaft in Russland zu bleiben, nicht umsetzen. Er reiht sich ein in die Gruppe von Schweizer Russlandauswanderern, die sich gerne für immer im Zarenreich niedergelassen hätten. Allerdings bot der Erziehungssektor meist nur eine zeitlich befristete Tätigkeit und nur einen temporären Aufenthalt in Russland.[15]

Wie aus Alfred Gysins Briefen deutlich wird, war eine Anstellung an einer öffentlichen Schule in Russland für Schweizer mit hohen Hürden verbunden: «Um aber eine Stelle irgendwo, z.B. an einer Schule in Charkow zu erhalten, brauche ich Zeugnisse.»[16] Obwohl vereinzelt auch Schweizerinnen und Schweizer an russischen Gymnasien und staatlichen Lehranstalten unterrichteten, war das Haupttätigkeitsfeld doch die Betreuung in den Familien.[17] Auch Gysin packte nach einigen Monaten erfolgloser Stellensuche wohl oder übel seine Koffer. Zunächst hatte er noch versucht, sich mit Einzelstunden über Wasser zu halten, musste jedoch bald einsehen, dass ihm Russland nicht die erhofften längerfristigen Berufsperspektiven bot. Seinen Eltern schrieb er enttäuscht: «Mit meinen Stunden komme ich jetzt ganz schön aus, viel wird mir aber nicht übrig bleiben, und von einer Verlängerung meiner Heimreise wird's wohl nichts geben.»[18] Wie andere Schweizerinnen und Schweizer kehrte auch Alfred Gysin nach seiner temporären Auswanderung in die Schweiz zurück. Bald sollte er eine Stelle als Lehrer im Kanton Schaffhausen und ab 1914 an der Mädchensekundarschule in Basel antreten.

1
Vgl. Bühler, Schweizer im Zarenreich, S. 278.

2
Tosato-Rigo / Moret Petrini, L'appel de l'Est, S. 13.

3
Bühler, Schweizer im Zarenreich, S. 276ff.

4
Ebd., S. 283.

5
Collmer, Die besten Jahre, S. 11.

6
Mumenthaler, Schweizer in St. Petersburg, S. 11.

7
Bühler, Schweizer im Zarenreich, S. 282f.

8
Ebd., S. 283f.

9
Goehrke, Auswandern – Einwandern – Rückwandern, S. 16ff.

10
Mumenthaler, Schweizer in St. Petersburg, S. 11.

11
Ebd., S. 11ff.

12
Ebd.

13
Ebd.

14
Brief vom 12./25. Mai 1907.

15
Vgl. Collmer, Die besten Jahre, S. 12.

16
Brief vom 27. Jan. / 9. Feb. 1907.

17
Vgl. Bühler, Schweizer im Zarenreich, S. 282ff.

18
Brief vom 29. Apr. / 12. Mai 1907.

Oliver Sterchi

Alkoholismus und Abstinenz-bewegungen in der Schweiz und Russland um 1900

In seinen Briefen aus Russland thematisiert Alfred Gysin auf-fällig oft den Alkoholkonsum seiner Landsleute. Er wettert über die Studentenverbindungen in der Schweiz, die den uni-versitären Fächerkanon um die Disziplin des exzessiven Trin-kens erweitert hätten, und lobt demgegenüber die angebliche Enthaltsamkeit der russischen Studenten. Gysin selbst war zeitlebens ein strammer Abstinenzler, der sich auch in einer abstinenten Studentenverbindung engagierte.

Wer den Alkoholkonsum im Russischen Reich und in der Schweiz um die Jahrhundertwende rekonstruieren und ver-gleichen möchte, steht vor einem methodologischen Problem – die Quellenlage ist äusserst schwierig. Die einschlägige Literatur verweist meist auf Hochrechnungen und Schätzungen, doch verlässliche Statistiken gibt es keine. Dennoch lassen sich einige annähernde Eckwerte festhalten: So war etwa der Konsum von reinem Alkohol pro Kopf in der Schweiz damals deutlich höher als im Zarenreich. Man schätzt, dass der Pro-Kopf-Konsum im Jahr 1906 in Russland bei etwa 3,4 Liter reinen Alkohols lag, wäh-rend er in der Schweiz im selben Jahr 13,7 Liter betrug.[1] Generell wurde in Westeuropa allem Anschein nach deutlich mehr Alkohol konsumiert als im Zarenreich. Spitzenreiter war Frankreich mit über 20 Liter reinen Alkohols pro Kopf, gefolgt von Italien, Spa-nien, Griechenland, der Schweiz und Grossbritannien. Während eine Familie im vorrevolutionären Russland durchschnittlich drei Prozent ihres Haushaltseinkommens für Alkohol ausgab, betrug dieser Wert in Grossbritannien 10,5 Prozent, im Deutschen Reich 12,8 Prozent und in Frankreich 13,5 Prozent.[2] Wie schon erwähnt, beruhen diese Zahlen auf Schätzungen und sind mit Vorsicht zu geniessen. In der Tendenz zeigen sie jedoch auf, dass der Alkohol-konsum im Russischen Reich um die Jahrhundertwende signi-fikant geringer war als im Westen.

Allerdings gilt es zu beachten, dass diese Zahlen lediglich Durchschnittswerte sind. Das Zarenreich war am Vorabend des

Ersten Weltkriegs der grösste Territorialstaat der Welt, mit einem hohen Grad ethnischer Diversität und vielen Kulturen und Konfessionen. Insbesondere zwischen dem europäischen und dem asiatischen Teil Russlands bestanden erhebliche wirtschaftliche, gesellschaftliche und kulturelle Unterschiede. Hinzu kommt das Gefälle zwischen den imperialen Zentren Moskau und St. Petersburg und den Provinzen des Vielvölkerreiches. In Bezug auf den Alkohol bedeutet dies, dass der Konsum in den westlichen Regionen des Imperiums deutlich höher war als beispielsweise in den muslimisch geprägten zentralasiatischen Provinzen. Besonders hoch war er in den russischen Städten und Industriezentren, zu denen auch die Region des Donbass zählte, in die Alfred Gysin im Jahr 1906 zog. Ausserdem unterschieden sich die Trinkgewohnheiten je nach sozialer Gruppe: Während die Bauern vor allem an kirchlichen Festtagen tranken, konsumierten die Fabrikarbeiter wiederholt viel Alkohol, auch weil sie regelmässig Lohn und damit Bargeld in der Hand hatten. Die russischen Studenten scheinen dagegen vergleichsweise wenig Alkohol getrunken zu haben, was sich mit Gysins Beobachtungen deckt.[3]

Holzschnitt mit Wappen der Schweizer Studentenverbindung Libertas

In Russland wurde vornehmlich Schnaps beziehungsweise Wodka konsumiert. Dies im Gegensatz zu Westeuropa, wo sich Wein und Bier grösserer Beliebtheit erfreuten. Damit korreliert auch die höhere Rate von Alkoholmissbrauch und die daraus resultierende höhere Todesrate in Russland. Die Russen tranken mengenmässig durchschnittlich zwar weniger als die Westeuropäer, verfielen aber öfter dem exzessiven Trinken von Schnaps und starben öfter an den Folgen von Alkoholmissbrauch.[4]

Wieso aber war der Alkoholkonsum in der Schweiz um die Jahrhundertwende derart hoch? Die Forschung nennt dafür mehrere Gründe.[5] So führte der sich ausbreitende Kartoffelanbau in der Schweiz im 19. Jahrhundert dazu, dass die Preise für die gelbe Knolle stark fielen. Dies machte sie zu einem beliebten, da preiswerten Grundstoff für den Schnapsbrand. Hinzu kamen technologische Neuerungen, die eine einfachere Destillation für den Hausgebrauch erlaubten, sowie die Verankerung der Handels- und Gewerbefreiheit in der Verfassungsrevision von 1874, in deren Folge die Zahl der Schankstätten im Land stark anstieg. Dies alles führte zu einem rasch wachsenden Angebot an billigem Schnaps, der jedoch oftmals von schlechter Qualität und daher besonders gesundheitsschädigend war.

Hinzu kam die rasch voranschreitende Industrialisierung und Urbanisierung: Die Schweiz wandelte sich in der zweiten Hälfte des 19. Jahrhunderts innerhalb weniger Jahrzehnte von einem rückständigen Agrarstaat zu einer Vorreiterin der Industrialisierung mit rasant anwachsenden städtischen Zentren.[6] Die Kehrseite dieser Entwicklung war das soziale Elend, das in den Reihen der Arbeiterschaft herrschte. Für die Fabrikarbeiter, die besonders viel tranken, war der Alkohol eine Entspannungsdroge, welche die Strapazen der langen Arbeitstage vergessen liess.[7] Hier liegt wohl auch der Grund für den unterschiedlichen Alkoholkonsum in Russland und der Schweiz: Während das Zarenreich bis zum Ausbruch des Ersten Weltkriegs ein überwiegend agrarisch geprägter Staat blieb, in dem die grosse Mehrheit der Bevölkerung von der Landwirtschaft lebte, war die Schweiz um die Jahrhundertwende bereits eines der am stärksten industrialisierten Länder der Welt. Entsprechend war der Anteil der Arbeiter an der Gesamtbevölkerung signifikant höher als in Russland, was sich nicht zuletzt in einem höheren Alkoholkonsum niederschlug.

Globale Abstinenzbewegungen: ein Phänomen der Moderne

Dass Gesellschaften bestimmte Regeln und Normen für den Konsum von Rauschmitteln kennen, ist kein genuin modernes Phänomen. Im 19. Jahrhundert kam es jedoch zu einer spürbaren Intensivierung der Debatten über die Folgen von Drogenkonsum. Vor dem Hintergrund der Industrialisierung und des damit verbundenen gesellschaftlichen, ökonomischen und kulturellen Wandels in den westlichen Gesellschaften formierte sich eine Sittlichkeitsreformbewegung, die anfangs stark religiös geprägt war und in erster Linie von Frauen getragen wurde.[8] Vereine wie die ‹Women's Christian Temperance Union› in den USA (gegründet 1873) nahmen nun den Kampf gegen allerlei soziale Laster auf, darunter Alkoholgenuss, Tabakkonsum, Glücksspiel und Prostitution. Dabei verknüpften die Aktivistinnen politische, moralische, hygienische und juristische Ziele. So gilt der Kampf von Frauengruppen gegen Trunkenheit und häusliche Gewalt als entscheidender Wegbereiter für die Frauenstimmrechtsbewegung.[9] Ausgehend vom angelsächsischen Raum griffen diese Bewegungen bald auch auf Kontinentaleuropa über.

Alfred Gysin in Uniform. Fotografie aus dem Jahr 1908

Bemerkenswert ist, wie sich diese zunächst religiös motivierte Sittlichkeitsbewegung gegen Ende des 19. Jahrhunderts ‹medikalisierte› und ‹verwissenschaftlichte›. Ärzte, Psychologinnen, Chemiker, Statistikerinnen und Ökonomen entdeckten den Alkoholismus und die Bekämpfung desselben zunehmend als wissenschaftliches Betätigungsfeld. Der Diskurs wandelte sich dahingehend, dass Trunksüchtige nun nicht mehr als ‹Sünder› betrachtet wurden, sondern als ‹Kranke› beziehungsweise ‹Patienten›. Aus der biblischen Sünde der Völlerei wurde die Krankheit des Alkoholismus. Die Wissenschaft übernahm somit die Deutungshoheit über ‹normales› und ‹abnormales› Verhalten und setzte ihre Definitionsmacht sowohl in akademischen als auch politischen Institutionen durch. Eng

Alkoholismus und Abstinenzbewegungen

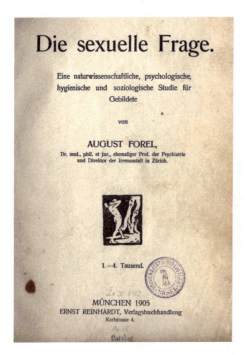

August Forel, ‹Die sexuelle Frage›, München, 1905

damit verknüpft ist auch die sogenannte Sozialhygiene: die Ansicht, dass der weit verbreitete Alkoholismus nicht nur dem einzelnen trinkenden Individuum schade, sondern der Gesellschaft als Ganzes. Die Trunkenheit, so die gängige Meinung, würde sich mit der Zeit ins Erbgut einschreiben und zur Degeneration des ‹Volkes› führen. Im Feldzug gegen den Alkoholkonsum bekämpfte man also nicht (nur) den individuellen Alkoholismus, sondern eine ‹Volkskrankheit›.

Die Anti-Alkoholbewegung des 19. Jahrhunderts war ein globales Phänomen: Sie entstand zur gleichen Zeit an verschiedenen Orten und wurde von einer heterogenen Gruppe von Akteuren getragen. Mittels Fachjournalen und auf internationalen Kongressen korrespondierten Aktivistinnen und Aktivisten über den gesamten Erdball. Es lassen sich zudem vielfältige institutionelle und personelle Verbindungslinien zwischen den einzelnen nationalen Bewegungen nachweisen. Auch in der Schweiz und im Russischen Reich entstanden zu dieser Zeit unzählige Mässigkeits- und Abstinenzvereine. So wurde etwa 1877 das ‹Blaue Kreuz› in Genf gegründet. Eine treibende Kraft hinter der wissenschaftlichen Abstinenzbewegung in der Schweiz war der Basler Physiologieprofessor Gustav von Bunge (1844–1920), von dem später noch die Rede sein wird.

Im Zarenreich wurde 1894 die Gesellschaft für den Erhalt der öffentlichen Gesundheit gegründet, aus der 1897 eine Subkommission zur Alkoholismusbekämpfung hervorging. Darin versammelten sich Vertreter aus Wissenschaft, Politik, Zivilgesellschaft und dem Klerus. Die Kommission unterbreitete der Regierung zwar Vorschläge, doch wurden diese meist nicht umgesetzt.[10] Das Problem lag unter anderem darin, dass der russische Staat auf die Einnahmen aus den Alkoholsteuern angewiesen war, die zeitweise bis zu ein Drittel der Steuereinnahmen ausmachten. Entsprechend war der Reformwille in Petersburger Regierungskreisen schwach ausgeprägt. Auch die russischen Sozialisten interessierten sich nicht sonderlich für das Thema: Für sie stand die Umwälzung der Klassen-, Besitz- und Produktionsverhältnisse mittels einer Revolution im Vordergrund.[11]

Dennoch entstand Ende des 19. Jahrhunderts im Russischen Reich eine ganze Reihe von zivilgesellschaftlichen Vereinen, die sich der Bekämpfung des Alkoholismus verschrieben hatten. Man schätzt, dass 1912 in Russland etwa 8 000 solcher Vereine mit gesamthaft über 500 000 Mitgliedern existierten.[12]

Alfred Gysin und die abstinente Studentenverbindung Libertas

In seinen Briefen nimmt Gysin an mehreren Stellen Bezug auf den Alkoholkonsum von Russen und Schweizern sowie auf die abstinente Studentenverbindung Libertas.[13] Wie bereits erwähnt, engagierte er sich in der Abstinenzbewegung und trat als Student in Basel der Libertas bei. Diese wurde 1893 unter der Mitwirkung des Basler Professors Gustav von Bunge von Studenten gegründet und war der erste abstinente Hochschulverein der Schweiz.[14] Der Zweck der Libertas war gemäss Vereinsstatuten «die freundschaftliche und gesellige Vereinigung der an der Universität Basel immatrikulierten studierenden Abstinenten, sowie die Vertretung der Grundsätze der Enthaltsamkeit unter den Studierenden».[15]

Die Mitglieder trafen sich regelmässig zu geselligen Abenden mit gemeinsamer Lektüre und erhellenden Vorträgen. Behandelt wurden in erster Linie philosophische Themen.[16] Darüber hinaus unternahmen die ‹Libertaner› Spaziergänge, Wanderausflüge und ‹Leibesübungen› wie Turnen oder Fechten. Die Libertas expandierte bald in sämtliche Schweizer Universitätsstädte, im Jahr 1900 gab es neben der Basler Sektion Ableger in Zürich, Genf, Lausanne, Freiburg und Bern. Schweizer Studenten, die für ein paar Semester an deutschen Universitäten studierten, brachten die Libertas-Idee zudem ins Deutsche Reich; es gab entsprechende Sektionen in Leipzig, München und Berlin.[17] Diese drei Vereine gründeten 1899 den Bund deutscher abstinenter Studierender. Wie die Abstinenzbewegung insgesamt wurde somit auch der studentische Aktivismus gegen den Alkoholkonsum eine internationale Angelegenheit.

An der Person Gustav von Bunges lässt sich zudem die enge Verzahnung des akademischen und gesellschaftlichen Antialkohol-Diskurses aufzeigen. Der aus einer deutsch-baltischen Adelsfamilie stammende von Bunge wurde 1885 aus dem russischen Dorpat (heute Tartu, Estland) an die Universität Basel berufen. Seine Antrittsvorlesung über ‹Die Alkoholfrage›, in der er sich gegen Alkoholkonsum und Alkoholproduktion aussprach, erregte internationales Aufsehen und wurde als gedrucktes Büchlein in mehrere Sprachen übersetzt. Von Bunge war es auch, der seine Studenten zur Gründung eines Abstinentenvereins anregte.[18] Ein weiterer wichtiger Vertreter der wissenschaftlichen Anti-Alkoholbewegung an den Schweizer Universitäten war Auguste Forel (1848–1931), von 1879 bis 1898 Professor für Psychiatrie an der Universität Zürich und Direktor der Psychiatrischen Universitätsklinik Burghölzli. Alfred Gysin hatte kurz vor seinem Russlandaufenthalt Forels Buch ‹Die sexuelle Frage› gekauft. Er erwähnt es an zwei Stellen in seinen Briefen.[19]

Gysin blieb über seine Studienzeit hinaus ein überzeugter ‹Libertaner›. Nachdem sich die Basler Sektion der Libertas 1920 aufgelöst hatte, engagierten sich die Ehemaligen weiterhin im Alumni-Verein ‹Alt-Libertas›.[20] In den Quellen, wie etwa den Jahrbüchern der ‹Schweizerischen abstinenten studierenden Jugend›,[21] begegnet uns Alfred Gysin als Präsident der Basler Sektion der ‹Alt-Libertas› sowie als Vorstandsmitglied des nationalen Zentralverbandes. In einem seiner Briefe aus Russland legt Alfred seinem Bruder Walter, der kurz vor Antritt seines Studiums stand, die Mitgliedschaft in der Libertas nahe.[22]

Alfred Gysins Beobachtungen zum Alkoholkonsum in Russland decken sich weitgehend mit den oben geschilderten Erkenntnissen der Forschung. Das Trinkverhalten der russischen Bauern beschreibt er als unregelmässiges «sich Sinnlosbetrinken» an Festtagen.[23] Dies im Gegensatz zu Westeuropa, wo die Leute offenbar regelmässiger tranken. Es ist allerdings erstaunlich, dass Gysin nie auf das Trinkverhalten der Fabrikarbeiter im Donbass zu sprechen kommt. In der stark industrialisierten Region war der Alkoholkonsum allem Anschein nach bedeutend höher als im russischen Durchschnitt. Der Alkoholmissbrauch in den Reihen der Arbeiterschaft ging teilweise so weit, dass gewisse Fabriken ihre Produktion tagelang einstellen mussten, weil ein grosser Teil der Belegschaft infolge von massloser Trinkerei nicht mehr arbeitsfähig war.[24] Dem überzeugten Abstinenzler Gysin hätten diese Zustände eigentlich auffallen müssen. Er erwähnt sie aber weder in seinen Briefen noch in seinem Tagebuch, was merkwürdig erscheint. Der Grund für das Fehlen dieser Beobachtung könnte darin liegen, dass er als Hauslehrer des Fabrikdirektorensohnes Jan Toeplitz möglicherweise wenig Berührungspunkte mit der gewöhnlichen Arbeiterschaft hatte. Dieser Frage müsste man jedoch in einer gesonderten Untersuchung nachgehen.

1
Vgl. Segal, Russian Drinking, S. 132ff.

2
White, Russia Goes Dry, S. 9.

3
Segal, Russian Drinking, S. 155.

4
White, Russia Goes Dry, S. 10.

5
Vgl. Zürcher, Frauen für die Volksgesundheit; dies., Antialkoholbewegung, S. 123–132.

6
Vgl. Wecker, Neuer Staat, neue Gesellschaft, S. 430–481.

7
Zürcher, Frauen für die Volksgesundheit, S. 133.

8
Tschurenev / Spöring / Grosse, Einleitung, S. 9.

9
Ebd., S. 11.

10
Segal, Russian Drinking, S. 341.

11
Snow, Socialism, Alcoholism, S. 243–264.

12
Segal, Russian Drinking, S. 341.

13
Vgl. Briefe vom 17. Feb. / 2. März 1907; 25. März / 7. Apr. 1907; 9./22. Apr. 1907; 29. Apr. / 2. Mai 1907; 12./25. Mai 1907; 2./15. Juni 1907; 23. Juni / 6. Juli 1907.

14
Polivka, Wider den Strom, S. 10.

15
Statuten des Akademischen Abstinenzvereins Libertas in Basel. Datum unbekannt.

16
Reimann / Jecklin, Libertas, S. 29.

17
Polivka, Wider den Strom, S. 26.

18
Ebd., S. 9.

19
Briefe vom 14./27. Jan. 1907; 10./23. Feb. 1907.

20
Mehr über die Gründe der Auflösung und die weitere Entwicklung der abstinenten Studentenverbindungen in der Schweiz in Polivka, Wider den Strom.

21
Jahrbuch der Schweizerischen abstinenten studierenden Jugend. 1909– [Datum unbekannt].

22
Brief vom 23. Juni 1907, «Wort an Bruder Walti!».

23
Brief vom 29. Apr. / 12. Mai 1907.

24
Vgl. Wynn, Worker, Strikes, and Pogroms, S. 67ff.

Oriana Fasciati und Jonas Hinck

Eine kurze Geschichte des Donbass im späten 19. und frühen 20. Jahrhundert

Alfred Gysin begab sich im Sommer 1906 auf seiner Reise in den Donbass in ein ihm unbekanntes Gebiet. Was erwartete ihn dort? Von welchen historischen Entwicklungen war der Donbass zu diesem Zeitpunkt geprägt? Und warum zog der Donbass im frühen 20. Jahrhundert so viele Menschen aus dem Russischen Reich und dem Ausland an? Gysin beschreibt den Donbass in seinen Briefen als karge, wüstenähnliche Landschaft. Dies korrespondiert mit der zeitgenössischen Wahrnehmung des Gebietes als ‹wildes Feld›.[1] Die Region war ursprünglich eine bäuerliche Gegend, die Ende des 19. Jahrhunderts von der Industrialisierung überrollt wurde. Im frühen 20. Jahrhundert waren der schlechte Lebensstandard der Arbeiterschaft, der weit verbreitete Alkoholismus, fehlende Investitionen in die regionale Infrastruktur und zunehmende, häufig inter-ethnische Gewalt nicht zu übersehen. Trotzdem hatte diese Region für das ganze Russische Reich eine nicht zu unterschätzende Bedeutung: Als aufstrebende Industrieregion zog der Donbass magnetartig arbeitende Menschen aus dem ganzen Reich und dem Ausland an und wirkte so als wichtiger Motor für die ökonomische Entwicklung des ganzen Landes.

Die Geburt einer neuen Industrieregion im Zarenreich

Durch die Entdeckung von Kohle und Eisenerz in der zweiten Hälfte des 19. Jahrhunderts erlebte der Donbass einen ökonomischen Boom, in dessen Folge er zu einem der wichtigsten industriellen Zentren des Zarenreiches aufstieg. Die rasant wachsende Wirtschaft benötigte viele Arbeitskräfte, und wie in anderen russischen Industriegebieten war die Lebenssituation der Arbeiter hier mitunter äusserst prekär und die Arbeit in den Minen schwer und gefährlich.[2] Der Staat kümmerte sich kaum

Kohlebergbaufabrik
Donetzk. Fotografie
aus dem Jahr 1913

um den Schutz der Arbeiter, Unfälle in den Minen und Fabriken waren an der Tagesordnung. Neue Technologien wurden vor allem zur Ressourcengewinnung und Produktionssteigerung und letztlich zur Erhöhung des Gewinns der Unternehmen eingesetzt.

Die rasche Industrialisierung veränderte die Bevölkerungszusammensetzung des Donbass nachhaltig. Der Bedarf an Arbeitskräften führte zu einer erhöhten Landflucht. Bauern aus dem gesamten Russischen Reich zogen auf der Suche nach Arbeit in die südrussischen Industriezentren.[3] Die Städte des Donbass wuchsen Ende des 19. Jahrhunderts sprunghaft, insbesondere die Gouvernements-Hauptstadt Jekaterinoslaw (das heutige Dnipro). An anderen Orten entstanden um Fabriken herum gänzlich neue Städte, wie beispielsweise in Jusowka, aus der später die Stadt Donezk erwachsen sollte. → Beitrag von Luca Thoma Auch die Stadt Lissitschansk, an dessen Rand sich die Soda-Fabrik des belgischen Solvay-Konzerns befand, entwickelte sich in dieser Zeit dynamisch.

Fabriken prägten in der ganzen Region das Stadt- und Landschaftsbild. Die bäuerlichen Arbeitsmigranten brachten ihre teilweise noch ländlichen Verhaltensmuster und ihre Kultur in die städtischen Lebensräume mit. Der Wohnraumbedarf war riesig. Also zogen die Zuwanderer in schnell und billig gebaute

Häuser an den Rändern der Städte und lebten in Aussenquartieren. Der Aufbau und die Erweiterung der Infrastruktur konnte in keiner Weise mit dem Bevölkerungswachstum mithalten. Es gab weder Kanalisation oder fliessendes Wasser noch gepflasterte Strassen oder Strassenbeleuchtung. Wege entstanden zufällig durch die Nutzung der Bewohnerinnen und Bewohner; die meist unbefestigten Strassen waren bei Regen schlammig und schwer begehbar. So blieben die Aussenbezirke der Städte meist arm, unterentwickelt und schwer erreichbar.[4] Mehrfach kam es im Donbass im frühen 20. Jahrhundert zu Typhus- und Cholera-Epidemien. Die schlechte Infrastruktur der Region begünstigte eine schnelle Verbreitung von Krankheitserregern. Das Wasser aus Flüssen oder Brunnen war oftmals durch die Fabriken verschmutzt. Alfred Gysin konnte von Glück reden, dass er im Donbass nicht Opfer einer der zahlreichen Epidemiewellen Anfang des 20. Jahrhunderts wurde.

Aufgrund der Arbeitsmigration war der Donbass um die Jahrhundertwende ethnisch stark durchmischt. → Beitrag von Jorian Pawlowsky Die Fabrikbesitzer kamen oft aus Westeuropa und brachten Facharbeiter aus ganz Europa mit. Als Schweizer Hauslehrer, der in der Familie des Fabrikdirektors Zygmunt Toeplitz tätig war, ist Alfred Gysin dieser letztgenannten Gruppe zuzurechnen. Die Arbeit in den Stahlwerken und Kohleminen wurde vor allem von zugewanderten Russen ausgeführt. Die ukrainische bäuerliche Bevölkerung arbeitete seltener in der neuen Industrie. Der Handels- und Dienstleistungssektor zog

Oriana Fasciati und Jonas Hinck

Juden aus den anderen Gebieten des ‹Ansiedlungsrayons›[5] an. So entstand im Donbass ein Schmelztiegel verschiedener Sprachen, Kulturen, Konfessionen und Nationen,[6] was auch Alfred Gysin in seinen Briefen eindrucksvoll schildert: «Es sind hier überhaupt alle Nationalitäten vertreten: Deutsch- und Kleinrussen [Ukrainer], Grossrussen, Polen, Tschechen, ein Belgier (reformiert), Schweizer (Dr. med. Métraux, Monsieur Frey, Techniker Trümpy mit Vater), Deutsche und Österreicher.»[7]

Der rasche Ausbau der Minen und Bergwerke bedeutete für die Besitzer schnellen Reichtum, für die Arbeiter einträgliche aber gesundheitsgefährdende Schwerarbeit. Unter diesen Bedingungen boten Alkohol, Glücksspiel, Prostitution und Gewalt Fluchtmöglichkeiten aus dem harten Alltag.[8] Zwar gab es auch in anderen russischen Gebieten exzessiven Alkoholkonsum, doch Quellen deuten darauf hin, dass die Industriezentren des Donbass hiervon besonders betroffen waren. Jeweils freitags erhielten die Arbeiter ihren Wochenlohn und begannen diesen, sobald sie in den Feierabend entlassen waren, in Alkohol umzusetzen. Kneipen und Schänken in Fabriknähe sorgten dafür, dass keiner seinen Lohn lange mit sich herumtragen ‹musste›. Viele Arbeitgeber klagten darüber, dass ihre Arbeiter zu Wochenbeginn nicht zur Arbeit erschienen, da sie noch ihren Alkoholrausch ausschlafen mussten.[9]

Mit dem Alkoholismus stieg auch die Gewaltbereitschaft. Die Strassen der Arbeiterquartiere waren vielfach ein gefährliches Pflaster: Mord und Diebstahl prägten hier den Alltag der Bevölkerung. Oft kam es zu Massenschlägereien. Teilweise waren diese als Kämpfe zwischen verschiedenen ethnischen Gruppen organisiert. An arbeitsfreien Tagen konnten solche ‹Wettkämpfe› unter Alkoholeinfluss zu Strassenschlachten und antijüdischen Pogromen ausarten.[10]

Der Staat hatte auf diese Probleme keine Antworten, weder zur Armut und den desolaten Lebensumständen noch zu Alkoholismus und Gewalt. Die Polizisten waren schlecht ausgebildet und wurden nicht ausreichend bezahlt. Folglich waren sie leicht empfänglich für Bestechung. Die Polizei konzentrierte ihre Kräfte zudem auf das Zentrum und die wohlhabenden Stadtteile. In den Arbeitersiedlungen und Aussenbezirken war sie oftmals nicht präsent. Daher wurden die zentrumsfernen Quartiere teilweise zu rechtsfreien Räumen, in denen gewaltbereite Gruppen das Sagen hatten.[11] Die einzige Initiative zur Verbesserung der Arbeits- und Lebensbedingungen der Arbeiter kam oftmals von den Unternehmern selbst. Der Fabrikdirektor Zygmunt Toeplitz, für den Alfred Gysin arbeitete, ist hier ein

→ **Fotografie der Donetzker Soda-Fabrik (vor 1914)**

gutes Beispiel. → **Beitrag von Maria Stikhina** Vereinzelt kümmerten sich Fabrikherren um den Bau einfacher Arbeitersiedlungen, die Einrichtung von Schulen für Arbeiterkinder oder um die Einrichtung von Bibliotheken oder Konzertsälen auf dem Fabrikgelände als Orte kultivierter Freizeitbeschäftigung. Doch diese Initiativen waren vom individuellen Engagement und von der Konjunktur abhängig und nicht flächendeckend. Zudem machten sie die Arbeiterschaft abhängig vom Wohlwollen oder Desinteresse der jeweiligen Arbeitgeber.

Der Donbass und die erste Russische Revolution von 1905

Das Jahr 1905 war in Russland geprägt von Arbeiterstreiks und gewalttätigen Auseinandersetzungen. Auch im Donbass wurde mehrfach die Arbeit niedergelegt. Die Situation war angespannt; die Behörden und die Bevölkerung fürchteten eine Eskalation. Dann reagierte am 17. Oktober 1905 die Zarenregierung in St. Petersburg auf den Druck der Strasse: Erstmals in der Geschichte des Russischen Reiches wurden der Bevölkerung im sogenannten Oktobermanifest Grundrechte wie die Versammlungs-, Vereinigungs- und Meinungsfreiheit gewährt und Vorbereitungen für die Wahl einer demokratisch legitimierten Volksvertretung auf Reichsebene (Duma) getroffen.
→ **Beitrag von Marcel Zimmermann**

Nach der Veröffentlichung des Oktobermanifests im fernen St. Petersburg zog am 20. Oktober 1905 im Anschluss an den Gottesdienst ein Demonstrationszug durch die Strassen von Jekaterinoslaw. Die Menschenmenge war gegen die Neuerungen aus der Hauptstadt und trug Nationalfahnen und Bilder des Zaren durch die Stadt. Es kam zu Zusammenstössen mit Sympathisanten der Reformen und zu Strassenkämpfen.[12] Die Situation explodierte, Geschäfte wurden geplündert, und es ereignete sich eines der schwersten antijüdischen Pogrome in der Geschichte der Region. Dutzende Menschen kamen dabei ums Leben und Hunderte wurden verletzt. In Jekaterinoslaw herrschte für mehrere Tage Ausnahmezustand; die Häuser und Geschäfte von Juden wurden in der ganzen Stadt zerstört und geplündert. Die Polizei und Behörden versuchten nicht, die Lage zu beruhigen, im Gegenteil: Sie schützten den antijüdischen Mob und bekämpften jüdische Selbstverteidigungsversuche mit Waffengewalt. Jekaterinoslaw versank in einer Spirale der Gewalt.[13]

Oriana Fasciati und Jonas Hinck

Jekaterinoslaw (»Katharinas Ruhm«), Gouvernement in Südrußland, grenzt im W. an das Gouv. Cherson, im N. an Poltawa und Charkow, im O. an das Donische Gebiet, im SO. an das Asowsche Meer, im S. an Taurien und hat ein Areal von 63,395 qkm (1151,3 QM.). Das Gouvernement wird vom Dnjepr, der sich hier nach S. wendet und mehrere gefährliche Stromschnellen (Porogen) bildet, bewässert; im NO. wird es vom Donez begrenzt, dem hier der Bachmut und die Luganj zufließen. Es bildet eine ausgedehnte Ebene, die im NO. in die Donezsche Höhenkette (s. d.) übergeht und von Steppen durchzogen wird. Der Boden ist Schwarzerde, nur im Süden herrscht Sandboden vor. Dank der Verschiedenartigkeit der geologischen Formationen ist das Gouvernement außerordentlich reich an natürlichen Bodenschätzen. Man findet Sand- und Kalkstein, Graphit, Schiefer, Zinnober, Kupfer, Kaolin, Ocker, feuerfeste Tone, Bergkristall, Basalt, Amethyst, Auerbachit und Granaten, vor allem aber mächtige Lager von Steinkohle und Anthrazit (im O. im Donezbassin), von Eisen- und Manganerzen (im N. sowie im SW.: Fundstätte von Kriwoj Rog [s. d.]) und von Steinsalz (Kreis Bachmut). Das Klima ist trocken und der Vegetation nicht günstig. Die mittlere Jahrestemperatur beträgt +8,2°, die mittlere Niederschlagsmenge nur 373 mm. Die Bevölkerung, (1897) 2,112,651 an Zahl (33 auf 1 qkm), besteht vorzugsweise aus Kleinrussen (die etwa 75 Proz. ausmachen), her Deutschen, Juden, Großrussen, Griechen, Armeniern, Serben, Zigeunern. Nach dem Religionsbekenntnis gab es 92 Proz. Griechisch-Katholische, 3,3 Juden, 2,3 Lutheraner, 1,7 Katholiken, 0,5 Sektierer (darunter zahlreiche Stundisten) und 0,2 Proz. Mennoniten. Durch die natürlichen Schätze des Bodens ist der wirtschaftliche Charakter des Gouvernements bedingt. Die weitaus wichtigste Rolle spielt der Bergbau, die Hütten- und Eiseninstustrie, und J. hat vor allen russischen Gouvernements die größte Produktion an Kohle, Erzen und Salz, nämlich 1897: 3,899,100 Ton. Kohlen, 682,645 T. Eisenerze, 163,344 T. Manganerze, 334,593 T. Steinsalz, 616,6 T. Quecksilber. Daneben ist jedoch auch der Ackerbau von ansehnlicher Bedeutung. J. produziert namentlich viel Weizen (Girka und Arnautka) und Leinsaat, auch Zuckerrüben. Die Ernte ergab 1902: 1,321,800 Ton. Weizen, 351,400 T. Roggen, 837,500 T. Gerste, 86,400 T. Hafer und 55,400 T. Mais. Der Wald bedeckt nur etwa 1¼ Proz. des Areals und beschränkt sich auf die Flußtäler, wo besonders Eichen gedeihen. Die früher bedeutende Schafzucht ist neuerdings, infolge der Abnahme der jungfräulichen Steppen, sehr zurückgegangen. Man zählt etwa 1,665,000 Schafe, daneben 628,000 Stück Rindvieh, 364,000 Pferde, 180,000 Schweine, 14,000 Ziegen. Die Pferdezucht wird in 25 Gestüten betrieben. Von einiger Bedeutung ist ferner der Gemüse- und Gartenbau (Melonen, Gurken, rote Rüben), wogegen Jagd und Fischfang nur noch eine geringe Rolle spielen. Die Industrie ist in rascher Entwickelung begriffen. Einschließlich der bergbaulichen Betriebe zählt man etwa 3500 gewerbliche Anlagen mit 33,000 Arbeitern und einem Produktionswert von 40—50 Mill. Rubel. An erster Stelle steht die metallurgische Industrie im 1897: 38,163 Ton. Eisen und 475,092 T. Stahl lieferte, dann folgt die Mühlen-, die Tabakindustrie, der Maschinenbau, die Industrie der Erden und Tone, die chemische Industrie rc. Von Bedeutung für die Kultur sind die deutschen Kolonien, deren erste vom Grafen Rumjanzow 1788 hier angelegt wurde. Jetzt gibt es deren 134 mit 64,354 Einw. Sie bilden 4 römischkatholische, 5 protestantische und 5 mennonitische Kirchspiele. Die bedeutendern sind: Neudorf (1500 Einw.), Josephthal (1850 Einw.), Kronsweide (1230 Einw.), Jamburg (1500 Einw.), Chortitza (s. d.). Eingeteilt ist das Gouvernement in 7 Kreise: Alexandrowsk, Bachmut, J., Nowomoskowsk, Pawlograd, Slawjanoserbsk und Werchne-Dnjeprowsk. — J. ist seit 1572 mit Kolonisten bevölkert und wurde anfangs Neuserbien, seit 1764 Neurußland und 1783 mit dem jetzigen Namen benannt.

Jekaterinoslaw, Hauptstadt des gleichnamigen russ. Gouvernements (s. oben), am Dnjepr oberhalb der Stromschnellen und an der Jekaterinenbahn, hat 6 griechisch-katholische, eine lutherische, eine römischkath. Kirche, 12 jüdische und eine karaitische Synagoge, ein geistliches Seminar, eine höhere Bergschule, 2 Gymnasien, eine Realschule, eine öffentliche Bibliothek, ein Denkmal der Kaiserin Katharina II. (bei der Kathedrale), einen schönen Park, ein Theater, Filialen der kaiserlichen und mehrerer Privatbanken, eine elektrische Straßenbahn und (1897) 135,552 Einw. J. ist seit etwa 1895 das Zentrum der zahlreichen belgisch-französischen Industrieunternehmungen im Süden Rußlands geworden und seine wirtschaftliche Bedeutung außerordentlich gestiegen. Sein Wachstum wird mit denjenigen amerikanischer Städte verglichen. Neben mehreren großen Hüttenwerken und Maschinenfabriken gibt es zahlreiche Mühlen, Tabakfabriken, Brauereien. J. ist Sitz eines deutschen Vizekonsuls. Es wurde 1787 als Sommerresidenz der Kaiserin Katharina II. von Potemkin gegründet.

In den Monaten vor dem Pogrom war es in Jekaterinoslaw und im ganzen Donbass zu Generalstreiks gekommen, die von Polizei und Armee mit Waffengewalt bekämpft wurden. Es gab zahlreiche Tote und Verletzte. Die Arbeiter der Stahlwerke und der Kohleminen hatten sich für höhere Löhne und bessere Lebens- und Arbeitsbedingungen eingesetzt. In den Führungskomitees der Streiks waren häufig Mitglieder sozialistischer Gruppierungen vertreten. Die Erwartungen der Arbeiter wurden von der

Eintrag aus
‹Meyers Grosses
Konversations-
Lexikon›, 1907

Regierung jedoch nicht erfüllt, und das Oktobermanifest sowie die Aussicht auf Wahlen änderten nichts an ihrer prekären Situation. Sie hatten in den Streiks einiges auf Spiel gesetzt: Solange sie streikten, erhielten sie keinen Lohn, sie hungerten, weil die Lebensmittellieferungen gestoppt wurden, und sie riskierten, festgenommen oder gar erschossen zu werden.

Die nach der Ankündigung von Reformen sich ausbreitende Gewalt ging zunächst von konservativen Unterstützern des Zaren aus. Diese Eskalation bot jedoch auch den Arbeitern eine Möglichkeit, ihrer Wut über die unverändert schlechten Lebensbedingungen freien Lauf zu lassen. Ihre Enttäuschung entlud sich gewaltsam gegen die vermeintlichen Schuldigen: Juden, Studenten und Angehörige des gebildeten Bürgertums.[14]

Das Pogrom in Jekaterinoslaw im Oktober 1905 wütete drei Tage lang. Bei den Unruhen wurden 67 Juden und 30 Russen getötet sowie 189 Menschen verletzt.[15] Da der Staat dem Gewaltausbruch nichts entgegensetzen konnte, entstand in der Folge ein Machtvakuum, das von verschiedenen revolutionären Gruppierungen und Bürgerwehren gefüllt wurde. Als im Dezember 1905 die Eisenbahnarbeiter zu streiken begannen, waren Armee und Polizei paralysiert. Die Eisenbahn verweigerte die Beförderung von Armeeangehörigen. Nun standen in der Region zu wenige Soldaten zur Verfügung, um die Lage unter Kontrolle zu bringen. Die Eisenbahnarbeiter begannen mit den Bürgerwehren in den Städten mit Bahnanschluss zusammenzuarbeiten und ihre Interessen durchzusetzen. Auf dem Land plünderten die Bauern die Gutshäuser und vertrieben ihre Herren. Revolutionäre Ideen stiessen in dieser Situation auf grossen Anklang, und die Bürgerwehren griffen an manchen Orten Soldaten an und entwaffneten sie.[16]

Ende Dezember wurde eine Kosakenarmee in den Donbass entsandt, um die staatliche Ordnung wiederherzustellen. In dieser Situation fühlten sich die Streikenden und Bürgerwehren stark genug, ihr entgegenzutreten. Die Bürgerwehren waren in der Überzahl, aber schlechter ausgebildet und mit mangelhaften Waffen ausgestattet. So schlugen etwa dreihundert Kosaken ungefähr fünftausend Revolutionäre nach stundenlangen, blutigen Kämpfen. Die Niederlage demoralisierte die revolutionäre Bewegung im Donbass, und die Armee übernahm bald wieder die Kontrolle in der Region. Die Regierung verhängte das Kriegsrecht und entsandte weitere Soldaten. Die Anführer der Bewegung wurden, wenn sie nicht schon tot waren, verurteilt oder flohen. Trotzdem blieb die Lage in der Region angespannt und die Militärpräsenz hoch.[17] Im Oktober 1905 kamen in Jekateri-

Oriana Fasciati und Jonas Hinck

noslaw mehr Menschen ums Leben als in jeder anderen Stadt des Reiches. Der Donbass war im Jahr 1905 geprägt von einer Gewalt, deren Spuren Alfred Gysin nicht übersehen konnte, als er ein Jahr später in der Region ankam.

1
Wynn, Workers, Strikes, and Pogroms, S. 15.

2
Friedgut, Iuzovka and Revolution 2, S. 31–32.

3
Schlögel, Entscheidung in Kiew, S. 221–222. Vgl. auch: Schnell, Räume des Schreckens, S. 47.

4
Schnell, Räume des Schreckens, S. 49.

5
Zwischen Ende des 18. Jahrhunderts und dem Ersten Weltkrieg durften sich Juden nur in den westlichen Gouvernements des Zarenreiches niederlassen. Ausnahmen galten seit der Regentschaft Alexanders II. (1855–1881) nur für jüdische Untertanen mit einem Hochschulabschluss. Das Gouvernement Jekaterinoslaw und somit auch die Region Donbass lagen innerhalb des sog. jüdischen Ansiedlungsrayons.

6
Wynn, Workers, Strikes, and Pogroms, S. 40ff.

7
Brief vom 7./20. Okt. 1906.

8
Wynn, Workers, Strikes, and Pogroms, S. 67.

9
Ebd., S. 78–84.

10
Ebd., S. 86–94.

11
Schnell, Räume des Schreckens, S. 48.

12
Ebd., S. 149–151.

13
Ebd., S. 105.

14
Wynn, Workers, Strikes, and Pogroms, S. 219–220.

15
Surh, Ekaterinoslav City in 1905, S. 151.

16
Schnell, Räume des Schreckens, S. 108.

17
Wynn, Workers, Strikes, and Pogroms, S. 243–252.

Jorian Pawlowsky

Westliche Unternehmer, ukrainische Bauern, russische Arbeiter und jüdische Händler
Ethnische und konfessionelle Vielfalt im Donbass um 1900

Russische Postkarte mit Informationen zum Gouvernement Jekaterinoslaw aus dem Jahr 1856

Als Alfred Gysin 1906 in die Gegend des Donbass im Südwesten des Zarenreiches reiste, traf er auf eine Gesellschaft, die noch spürbar von den politischen Spannungen, der Gewalt und der Unsicherheit der ersten Russischen Revolution geprägt war. → Beitrag von Oriana Fasciati und Jonas Hinck Schon bei der Anreise bemerkt er eine sehr angespannte Stimmung und berichtet, dass bereits ab Warschau überall russische Soldaten in kleinen und grösseren Truppenverbänden anzutreffen waren.[1] Die von ihm detailliert beschriebene Siedlung Tretja Rota rund um die Solvay-Fabrik in Lissitschansk stellte in vielerlei Hinsicht einen sozialen Mikrokosmos dar, der vom umliegenden Land und seinen Bewohnern abgegrenzt existierte und von den revolutionären Unruhen offenbar weitgehend unberührt geblieben war. → Beitrag von Luca Thoma

Welches Bild zeichnet Gysin vom Zusammenleben von Kleinrussen (Ukrainern), Russen, Polen, Juden und westlichen Ausländern? Bestätigen seine Schilderungen das Bild einer Gesellschaft, die zu Beginn des 20. Jahrhunderts geprägt war von interethnischer Gewalt und Antisemitismus? Gysin blickte fasziniert auf die Vielfalt ethnischer und konfessioneller Gruppen, die den Donbass und die Fabriksiedlung am Fluss Donez bevölkerten; in seinen Briefen ist von «kleinrussischen Bauern», «zerlumpten Polen» und «Trödlerjuden» zu lesen.[2] Dabei war seine Wahrnehmung nicht frei von zeitgenössischen Klischees und nationalen Vorurteilen. So zeigt sich Gysin beispielsweise überrascht darüber, dass sich Zygmunt Toeplitz, sein Arbeitgeber, gar nicht «jüdisch» verhielt und auch nicht als «Jude» angesehen wurde.[3]

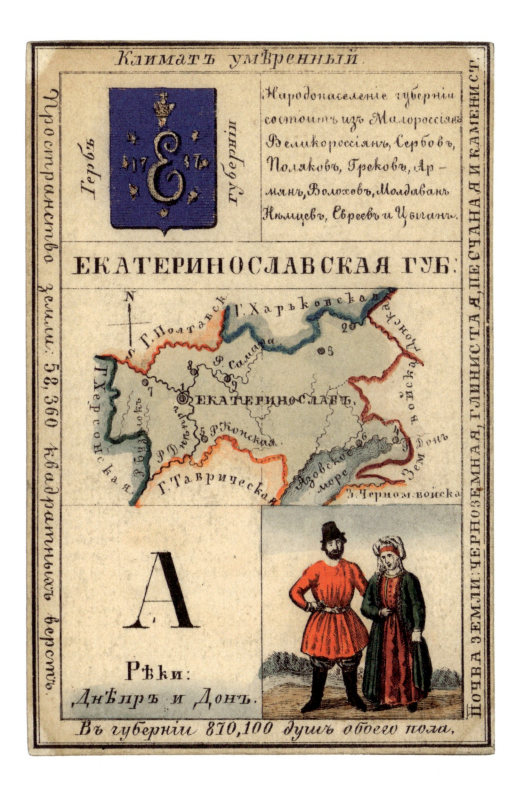

Климатъ умѣренный.

Гербъ губерніи

Народонаселеніе губерніи состоитъ изъ Малороссіянъ, Великороссіянъ, Сербовъ, Поляковъ, Грековъ, Армянъ, Волоховъ, Молдаванъ, Нѣмцевъ, Евреевъ и Цыганъ.

ЕКАТЕРИНОСЛАВСКАЯ ГУБ:

Пространство земли: 58,360 квадратныхъ верстъ.

Почва земли: черноземная, глинистая, песчаная и каменист.

А.

Рѣки:
Днѣпръ и Донъ.

Въ губерніи 870,100 душъ обоего пола.

Westliche Ausländer – Unternehmer, Ingenieure und Spezialisten

Der Donbass war eine rasch wachsende Industrieregion im Zarenreich, die hauptsächlich von der Schwerindustrie, dem Erz- und Kohlebergbau sowie der industriellen Produktion von Zucker geprägt war.[4] Fabriksiedlungen wie Tretja Rota waren semi-autonome Rechtssphären mit eigener Verwaltung, Polizeigewalt und Infrastruktur. Verantwortlich für diese Räume und die in ihnen lebenden und arbeitenden Menschen waren Fabrikbesitzer wie Zygmunt Toeplitz. Investoren kamen ins Land, als nach der Bauernbefreiung von 1861 zahlreiche Adelige im Zarenreich gezwungen waren, ihre Güter zu verkleinern und einen Teil ihres Grundbesitzes zu verkaufen. Die Käufer, häufig ausländische Unternehmer, wollten auf den erworbenen Ländereien Landwirtschaftsbetriebe errichten oder Bodenschätze ausbeuten. Von diesen Männern waren bis in die zweite Hälfte des 19. Jahrhunderts die meisten Deutsche, Polen, Ukrainer und Russen.[5] Unter den nichtrussischen Vertretern dieser Gruppe zeigten sich in der Zeit vor der Jahrhundertwende klare Tendenzen zur Akkulturation, das heisst zur Anpassung an die Kultur der russischen Gesellschaft und Lebensart.[6] Auch Fabrikdirektor Toeplitz entsprach offenbar diesem Typus.

Angesichts der Industrialisierung des Donbass waren viele ausländische Geldgeber und Unternehmer gewillt, in der Region zu investieren. Bis 1900 wurden rund neunzig Prozent des Stahls und Eisens im Gebiet um den Fluss Donez von ausländischen Firmen abgebaut und verarbeitet.[7] Weil es im Donbass wie generell in Russland an ausgebildeten Fachkräften fehlte, boten Fabrikdirektoren oft drei- bis vierfach überhöhte Löhne, um entsprechende Spezialisten aus Westeuropa ins Land zu bringen.[8] Deshalb kam die überwiegende Mehrheit der ausgebildeten Vorarbeiter und Ingenieure aus den Herkunftsländern der jeweiligen Unternehmen, das heisst aus west- und ostmitteleuropäischen Ländern, und viele von ihnen traten die Reise ins Zarenreich gemeinsam mit ihren Familien an.[9] Sie liessen sich in neuen Industriesiedlungen nieder, die in der leeren Steppe aus dem Boden wuchsen, oder in ehemals winzigen Dörfern in der Nähe von Rohstoffvorkommen. Besitz und Wohlstand in diesen Siedlungen konzentrierten sich in den Händen ausländischer Unternehmer. Die administrativen und spezialisierten Aufgaben wurden von westeuropäischen Fachkräften erledigt, während Kleinrussen (Ukrainer) und Russen schwere körperliche Arbeit verrichteten und die ungeschulte sowie meist verarmte Arbeiterschaft bildeten.

Jorian Pawlowsky

Малороссійскіе типы
Types de Petite Russie.
№ 38.

Kleinrussen (Ukrainer) und Russen – Arbeiter, Bauern und Bergwerker

Der Donbass war um 1900 noch vergleichsweise spärlich besiedelt. Oft als ‹leeres› oder ‹wildes Feld› bezeichnet, bestand die Landschaft hauptsächlich aus karger Steppe mit wenig Vegetation und praktisch ohne Infrastruktur.[10] Alfred Gysin beschreibt in seinen Briefen immer wieder den schlechten Zustand der Verkehrswege: «eigentliche Strassen sieht man hier kaum».[11] Die lokale Bevölkerung, Ukrainer beziehungsweise im damaligen Verständnis Kleinrussen → Beitrag von Magdalena Polivka, waren fast ausschliesslich Bauern, die meist weder lesen noch schreiben und keine spezialisierten Tätigkeiten ausführen konnten. Obwohl (ausländische) Unternehmen vergleichsweise hohe Löhne bezahlten, waren viele ukrainische Bauern nicht gewillt, in diesen Betrieben zu arbeiten.[12] Industriearbeit galt vielen als eine fremdartige und unnatürliche Erfindung ausländischer Eindringlinge. Minenarbeit unter Tage hatte aufgrund der extrem harten Arbeitsbedingungen einen schlechten Ruf, eine Arbeit nur für Sträflinge.[13] Somit blieben die Ukrainer zumeist im landwirtschaftlichen Sektor tätig.

Um den stetig wachsenden Bedarf an Arbeitskräften in der boomenden Industrie zu decken, warben Minen und Fabriken

‹Kleinrussische Typen›. Russische Postkarte, Anfang 20. Jahrhundert in grosser Zahl (Gross-)Russen aus den zentralen Provinzen des Zarenreichs an. So bildete sich eine mehrheitlich ethnisch russische Arbeiterschaft in der Metallindustrie und im Bergbau des Donbass. Bereits um 1879 waren 79 Prozent der Industrie- und Minenarbeiter in der Region (Gross-)Russen.[14] Viele von ihnen reisten als Saison- oder Wanderarbeiter in der Hoffnung auf eine Anstellung zu den verschiedenen Industriezentren und Fabriksiedlungen. Häufig waren sie nicht besser ausgebildet als die örtliche bäuerliche Bevölkerung, fanden aber dennoch Arbeit, da der Bedarf an Arbeitskräften die Zahl der verfügbaren Kräfte häufig überstieg. Viele Betriebe akzeptierten praktisch jeden, der für sie arbeiten wollte – auch Menschen mit kriminellem Hintergrund und ohne gültige Papiere, die in den zentralen Provinzen bei der Arbeitssuche Schwierigkeiten gehabt hätten.[15]

Vor diesem Hintergrund ist zu betonen, dass abgeschlossene Fabrikgelände wie jenes, welches Alfred Gysin in seinen Briefen beschreibt, nicht repräsentativ für die Lebensumstände der Arbeiter im Donbass waren. Vor allem im Bergbau und bei den grossen Hüttenwerken bestanden die Arbeitersiedlungen häufig nur aus Holzverschlägen und Erdhütten ohne jede soziale oder sanitäre Infrastruktur.[16] Die Masse der einfachen russischen Arbeiter wohnte in solchen von Gewalt und Schmutz geprägten Orten. In vielen dieser Siedlungen überwog die männliche Bevölkerung. Aufgrund der harten und gefährlichen Natur der Minenarbeit betrug der Männeranteil der hier lebenden Bevölkerung häufig über neunzig Prozent.[17] Nur eine Minderheit der Männer lebte mit ihren Familien, und die Mehrzahl der wenigen Frauen in diesen Arbeiterorten waren Prostituierte.

Die jüdische Bevölkerung – Handwerker und Händler

Die letzte wichtige Gruppe innerhalb der multiethnischen Gesellschaft des Donbass um die Jahrhundertwende waren die Juden. Die Region war Teil des sogenannten jüdischen Ansiedlungsrayons, das heisst jenes Gebiets des Russischen Reiches, in dem sich Juden legal niederlassen durften. Dementsprechend hoch war der jüdische Bevölkerungsanteil. Die überwiegende Mehrheit der in der Region tätigen Handwerker (Schneider, Schuhmacher, Bäcker und Schlosser) und Detailhändler war jüdisch.[18] In den Industrie- und Arbeitersiedlungen stellten Juden im Schnitt zwanzig Prozent der Bevölkerung. Auch der Grossteil der Tavernen, Gasthäuser und Läden war in jüdischer Hand.

Ochsen bei der Arbeit. Szene aus der Serie ‹Donetzker Soda-Fabrik›. Postkarte (mit Rückseite), Anfang 20. Jahrhundert

Die von jüdischen Handwerkern hergestellten Produkte fanden regen Absatz bei der Arbeiterschaft, vor allem bei den besser bezahlten Industriearbeitern. Schuhe und gute Arbeitskleidung waren besonders beliebte Waren. Produktion und Handel waren oft durch gut organisierte Netzwerke verbunden, bestehend aus meist familiär geführten jüdischen Kleinmanufakturen, welche die Produkte herstellten, und jüdischen Händlern, die diese an die überwiegend nicht-jüdische Arbeiterschaft verkauften. In diesen Betrieben waren oft alle Familienmitglieder beschäftigt, inklusive Frauen und Kinder. Somit unterschied sich die Arbeitsverfassung der jüdischen Bevölkerung von derjenigen der ukrainischen und russischen Arbeiterschaft, wo in der Regel

Oscar Lieven ca. 1900

Oskar Karl Joseph von Lieven (1852–1912), ehemaliger Direktor der Schwarzmeer-Zementfabrik in Lissitschansk, den Alfred Gysin in seinem Brief vom 26. Mai / 7. Juni 1907 erwähnt

ausschliesslich die Männer ein Einkommen erwirtschafteten.

Ähnlich wie die ukrainischen Bauern zeigten auch die Juden nur eine geringe Bereitschaft, in Industriebetrieben zu arbeiten. Dies hatte auch zur Folge, dass die jüdische Bevölkerung im Vergleich zu den Industriearbeitern relativ arm war. Der Erlös aus Handwerksbetrieben war in der Regel niedriger als die Löhne in Fabriken und Minen. Jüdische Handwerker lebten oft in ihren Werkstätten und arbeiteten bis zu sechzehn Stunden am Tag. Viele von ihnen waren weniger religiös als Juden in anderen Provinzen des Zarenreichs. Allerdings wurde auch hier meist die traditionelle Tracht mit Hut und langen Bärten und Mänteln getragen. Alfred Gysin beschreibt in seinen Briefen die Juden, denen er in der Stadt begegnet, als «schmutzig, fettig [und] zerlumpt»,[19] was sich mit dem damals im westlichen Europa weit verbreiteten Bild des ärmlichen ‹Ostjuden› deckt. Gleichzeitig lässt sich das Erscheinungsbild dieser Menschen auf die spezifischen Lebensumstände der verarmten jüdischen Bevölkerung in dieser Industrieregion zurückführen.

Der Donbass als Schmelztiegel

Die Gesellschaft des Donbass zu Beginn des 20. Jahrhunderts setzte sich aus verschiedenen Ethnien und Konfessionen zusammen. Die einzelnen Gruppen übernahmen innerhalb dieser Ordnung klar definierte Funktionen und Rollen. An der Spitze standen die meist ausländischen Unternehmer und Fabrikanten, welche die Rohstoffe der Region ausbeuten liessen und zu diesem Zweck Industrieanlagen, Bergwerke und ganze Städte in der Steppe errichteten. Auch als qualifizierte Arbeitskräfte (dazu gehörten Ärzte, Buchhalter oder eben Lehrer wie Alfred Gysin) waren Ausländer tätig, da es vor Ort nicht genug ausgebildetes Personal gab. So entstanden ‹Kolonien› europäischer Arbeiter, die mit ihren Familien in speziell gebauten Fabriksiedlungen wohnten. Der rasant steigende Bedarf nach Arbeitskräften konnte nur durch den Zuzug von Arbeitern aus anderen Provinzen des Russischen Reiches gedeckt werden, die meist in schlecht organisierten, unhygienischen und chaotischen Hüttensiedlungen lebten. Industriearbeiter genossen einen höheren Lebensstandard als Minenarbeiter, doch war der Arbeitsalltag beider Gruppen gefährlich und kräfteraubend. Die Sterblichkeitsrate war vor allem bei den Minenarbeitern hoch. Eine wichtige Mittlerfunktion übernahmen in dieser Industriegesellschaft die Juden, die sowohl die Arbeiter mit handwerklich gefertigten Gütern und Alkohol versorgten als auch den Handel organisierten. Dabei war die Mehrheit der jüdischen Bevölkerung arm und meist sehr viel sesshafter als die von einer hohen Migrationsrate geprägte Arbeiterschaft.

Obwohl sich die verschiedenen Bevölkerungsgruppen sozial und kulturell voneinander unterschieden und es in dieser Gesellschaft unweigerlich auch zu Spannungen kam, funktionierte das Zusammenleben der verschiedenen Kulturen bis zur Revolution von 1905 jahrzehntelang erstaunlich friedlich und effizient. Dass diese gesellschaftliche Ordnung im Zeitalter der sprunghaften Modernisierung aber auch erhebliches Konfliktpotential in sich trug, wurde spätestens in der Revolution von 1905 deutlich.

1
Brief vom 13./26. Sept. 1906.

2
Ebd.

3
Ebd.

4
Lindner, Unternehmer und Stadt, S. 97f., 103f.

5
Ebd., S. 129.

6
Ebd., S. 134f.

7
Wynn, Workers, Strikes, and Pogroms, S. 21.

8
Ebd., S. 40.

9
Ebd., S. 21.

10
Friedgut, Iuzovka and Revolution I, S. 3.

11
Brief vom 29. Okt. / 12. Nov. 1906.

12
Wynn, Workers, Strikes, and Pogroms, S. 42.

13
Friedgut, Iuzovka and Revolution I, S. 3f.

14
Wynn, Workers, Strikes, and Pogroms, S. 47.

15
Ebd., S. 43f.

16
Ebd., S. 30f.

17
Lindner, Unternehmer und Stadt, S. 128f.

18
Für dieses Kapitel: Wynn, Workers, Strikes, and Pogroms, S. 59ff.

19
Brief vom 13./26. Sept. 1906.

Maria Stikhina

Die Firma Solvay und ihr Engagement in Russland um 1900

«Hier sind alle Voraussetzungen vorhanden, um
billig Soda und alle Arten von Salzen und Säuren
in Fabriken herzustellen. Man muss die Sache
nur in Angriff nehmen. Die Naturschätze der Region
Donezk rufen nach russischen Entrepreneuren.»

Dmitrij Mendeleev[1]

Der Arbeitgeber von Alfred Gysin in Tretja Rota war Zygmunt
Toeplitz, Direktor der Solvay-Soda-Fabrik in Lissitschansk
im Donbass. Die Anfänge der Sodaproduktion des belgischen
Solvay-Konzerns in Russland reichen ins späte 19. Jahrhundert
zurück, als russische Forscher die Möglichkeit der Herstellung
von mineralischem Soda in der Region entdeckten. Soda wird
als Grundstoff für Glas, Farbstoffe, Seife und Kunstdünger
verwendet. Im Jahr 1874 hatte Konon Lisenko (1836–1903), Professor am Petersburger Bergbauinstitut, eine Studie über den
wirtschaftlichen Nutzen der Entwicklung der Sodaherstellung
im Donbass veröffentlicht. Der Artikel erschien in der Zeitschrift ‹Gornyj Zhurnal› (Bergbau-Journal) unter dem Titel
‹Über die Möglichkeit der Herstellung von Soda im Süden Russlands›. Vom Potential dieser Region erfuhr auch die Leitung
des belgischen Solvay-Konzerns, die 1887 die Gründung einer
belgisch-russischen Aktiengesellschaft zur Sodaherstellung im
Donbass in die Wege leitete.

Die wirtschaftliche und politische Situation im späten Zarenreich begünstigte die Ansiedlung ausländischer Firmen, die der
Mineraliengewinnung nachgingen. Vor allem im Donbass-Ge-
biet, das sich in diesen Jahren zu einem wichtigen Zentrum der
russischen Schwerindustrie entwickelte, wurden zahlreiche
ausländische Investoren aktiv. → **Beitrag von Luca Thoma** Eine
wichtige Rolle bei der Wahl des Ortes der Niederlassung spielte
die Anbindung an das russische Eisenbahnnetz. Da im Fall der
Solvay-Fabrik die nächstgelegene Bahnstation Lissitschansk

drei Kilometer entfernt war, veranlasste die belgisch-russische Aktiengesellschaft den Bau einer Verbindungsbahn. Dies war die 1884 eröffnete Bahnstation Ljubimowskij Post (bzw. Ljubimowskij), die im Jahr 1902 in ‹Perejesdnaja› umbenannt wurde. Anscheinend waren jedoch weiterhin beide Namen (‹Ljubimowskij› und ‹Perejesdnaja›) in Gebrauch, worauf auch Gysins Briefe hindeuten.[2]

Die Geschichte des belgischen Solvay-Konzerns in Russland

Im Jahr 1860 entwickelte der belgische Forscher Ernest Gaston Solvay (1838–1922) ein chemisches Verfahren, in dem in einer Reaktion aus Kalk (Kalziumcarbonat), Natriumchlorid und Ammoniak Natriumbikarbonat erzeugt wurde, das in Soda umgewandelt werden kann (Solvay-Verfahren). Schon drei Jahre später errichtete er mit Geld aus seinem Familienvermögen eine erste Soda-Fabrik. 1872 liess er die nach ihm benannte Methode der Sodagewinnung patentieren. Das Solvay-Verfahren fand schnell Verbreitung, weil es einfacher und billiger war als die lange gebräuchliche, Ende des 18. Jahrhunderts von Nicolas Leblanc erfundene Methode. Die Hauptabnehmer von Soda waren die Textil- und Glasindustrie sowie Seifensiedereien; besonders wichtig ist Soda für die Verarbeitung von Nichteisenmetallen. Bis 1890 gründete Ernest Solvay Soda-Fabriken in den meisten europäischen Ländern und in den USA. Der Solvay-Konzern ist heute noch weltweit tätig.

In Russland ging der belgische Unternehmer im Jahr 1881 mit dem Permer Kaufmann und Industriellen Iwan Iwanowitsch Ljubimow (1838–1899) unter dem Namen ‹Ljubimow und Co.› eine Partnerschaft für den Bau einer Soda-Fabrik in Beresniki im Ural ein. Nach Ljubimow wurde später offenbar auch die Bahnstation ‹Ljubimowskij Post› im Donbass benannt. Sechs Jahre später ging daraus unter dem Firmennamen ‹Ljubimow, Solvay & Co.› eine Aktiengesellschaft für Sodaherstellung in Russland und Tochtergesellschaft des belgischen Solvay-Konzerns hervor. Ernest Solvay, der die Schlüsselpositionen in der Aktiengesellschaft innehatte, setzte sich zum Ziel, auch den Donbass für die Sodaherstellung erschliessen. Am 27. April 1889 beschloss die Hauptversammlung, eine Soda-Fabrik im Dorf Verchnee (heute Lissitschansk) im Gouvernement Jekaterinoslaw zu bauen.[3] Die Unternehmensführung leitete den Kauf von Land ein und schloss mit dem Dorfverband von Verchnee

Anleiheschein (Obligation) der Firma Ljubimow, Solvay & Co. aus dem Jahr 1900

einen Vertrag über den Abbau von Kohle, Kreide, Kalkstein und anderen Rohstoffen ab. Nach Baubeginn 1890 lief hier bereits 1892 die Produktion von mineralischem Soda an. Mit der Fabrik, die bis 2009 Bestand hatte, war ein wichtiger Grundstein für die Entwicklung der chemischen Industrie im Donbass gelegt.

Der Standort für den Bau der Soda-Fabrik war günstig, da sich der Fluss Donez in der Nähe befindet und es grosse Kreidevorkommen gibt. Reiche Kohlevorkommen in der Region garantierten den Nachschub an Energieträgern. Salz (Natriumchlorid) bezog man aus dem nahe gelegenen Bergwerk bei Bachmut. Dank der sprunghaften Industrialisierung des Donbass war die Nachfrage nach Soda gross.[4] Bis in die Sowjetzeit hatte das Unternehmen, das nach der Oktoberrevolution 1917 verstaatlicht und 1923 nach dem Revolutionsführer Lenin benannt wurde, für die chemische Industrie im Donbass eine grosse Bedeutung. Drei Jahre nach Eröffnung beschäftigte die Fabrik bereits mehr als 500 Arbeiter, 1916 waren es 1545 Arbeiter, hinzu kamen zahlreiche Tagelöhner und Saisonarbeiter. Infolge dieses Zustroms nahm auch die Zahl der Einwohner und Einwohnerinnen der Stadt Verchnee zu, von 2534 im Jahr 1885 auf über 11 000 im Jahr 1917.[5] Eine kleine Anzahl von Fachkräften der neuen Fabrik im Donbass kam aus der Soda-Fabrik des Solvay-Konzerns in Beresniki im Ural. In der Arbeiterschaft waren gleichermassen Ukrainer wie Russen vertreten.

Die Arbeiter der Soda-Fabrik von Lissitschansk waren in ihren Lebens- und Arbeitsbedingungen etwas besser gestellt als ihre Kollegen in den Bergwerken und der Schwerindustrie des Donbass, welche zum Teil in Erdhütten wohnten. → **Beitrag von Oriana Fasciati und Jonas Hinck** Oft war die ganze Familie mit den Kindern in die Fabrikarbeit involviert. Viele Arbeiterfamilien unterhielten Gärten und bauten dort für den Eigenbedarf Gemüse an. Die Selbstversorgung war eine Ergänzung zum Lohn und ermöglichte ein einfaches Leben. An den Unruhen der ersten Revolution von 1905 waren die Arbeiter der Solvay-Fabrik offenbar nicht beteiligt.

Maria Stikhina

Interessant sind auch die Architektur der Fabrikgebäude und die Anlage der Fabrik. Die Solvay AG errichtete einen Fabrikkomplex, der sowohl industrielle als auch soziale Einrichtungen umfasste. Neben der Soda-Fabrik wurde eine komplette Infrastruktur für die Arbeiter und Angestellten aufgebaut, die ein Krankenhaus, eine Schule sowie einfache Unterkünfte und Häuser für Arbeiter, Bauarbeiter und Ingenieure umfasste. → Plan der Fabrik, S. 32 Insgesamt entstanden neben der Fabrik 33 Bauten. In der Nähe der Anlage gab es einen Park und ein kleines Zentrum für Theateraufführungen und musikalische Anlässe, an denen auch Alfred Gysin mitwirkte. Bis heute haben sich einige der Gebäude aus dem späten 19. und frühen 20. Jahrhundert erhalten. 2017 wurden sie in die Liste des belgischen Kulturerbes im Ausland aufgenommen. Die Stadt Lissitschansk liegt heute im Konfliktgebiet in der Ostukraine und war 2014 Schauplatz von Kriegshandlungen. Seit Juli 2014 wird die Stadt wieder von ukrainischen Regierungstruppen kontrolliert.

Fabrikdirektor Zygmunt Toeplitz

Die Hauptinhaber der Solvay-Soda-Fabrik waren Belgier. Auch die Fabrikleitung und hohe Verwaltungsposten wurden, wie in vergleichbaren Fällen, mit ausländischen Ingenieuren besetzt.[6] Sie bildeten im polyethnischen Gefüge des Donbass im späten 19. und frühen 20. Jahrhundert eine eigene soziale Gruppe. → Beitrag von Jorian Pawlowsky Technischer Direktor der Fabrik war Zygmunt Toeplitz (1864–1934), dessen Sohn Jan Alfred Gysin ab Ende September 1906 unterrichtete. Bei Ausbruch des Ersten Weltkrieges stieg Toeplitz aufgrund der Krankheit von Wladimir Orlow, dem Direktor der Aktiengesellschaft Ljubimow, Solvay & Co., zum Exekutivdirektor des gesamten russischen Solvay-Zweiges auf.[7]

Alfred Gysin erwähnt in seinem Briefen die jüdische Herkunft von Toeplitz.[8] Er war eines von elf Kindern von Bonaventure und Rebeka (Regina) Toeplitz und kam aus einer ursprünglich böhmisch-jüdischen Familie, die sich Ende des 18. Jahrhunderts in Warschau niedergelassen hatte. Zygmunt Toeplitz war zweimal verheiratet, in erster Ehe mit Amelia (Dorota) Hertz (1871–1907), mit der er vier Kinder hatte: Jan (geb. 1894), Kazimierz (geb. 1895), Hanna Alina (geb. 1896) und Barbara (geb. 1899). Alfred Gysin wurde für die Ausbildung des ältesten Sohnes Jan, in den Briefen Janek genannt, angestellt. Er berichtet in seinem Tagebuch, dass am 22. Juli 1907 in der Fabrik ein Telegramm

Zygmunt Toeplitz
(erste Reihe, zwei-
ter von rechts) mit
Führungskräften
des Solvay-Kon-
zerns, Polen 1921

eingetroffen sei mit der Nachricht, dass Frau Toeplitz in der
Schweiz (in Grindelwald) verunglückt sei und in der Folge verstarb.[9] – In zweiter Ehe war Toeplitz mit Olga Poznanska verheiratet, für die es ebenfalls die zweite Ehe war.

Der Fabrikleiter Zygmunt Toeplitz wird in den Quellen und
in der Sekundärliteratur unterschiedlich beschrieben. Die sowjetische Forschung der 1930er-Jahre betonte seine Zugehörigkeit zu den ‹kapitalistischen, antibolschewistischen Kräften›.
Zeitgenössische westliche Forscher sehen ihn hingegen eher als
sozial verantwortlichen und innovativen Manager und führen
als Beispiel die Einführung der Begrenzung der Arbeitszeit in
dem von ihm geleiteten Werk an.

Die revolutionären Ereignisse von 1905 trafen die Fabrik unerwartet. Vor der Revolution gab es hier keine politische Untergrundorganisation. Sowjetische Historiker führen dies – ideo-
logisch voreingenommen – nicht nur auf die vergleichsweise
bessere materielle Versorgung der Arbeiter zurück, sondern
auch auf die Personalführung der Fabrik: «Die Bespitzelung hat
der Fabrikdirektor Toeplitz auf ‹europäische Art› organisiert.
Nach 1905, wenn eine unzuverlässige Person in die Fabrik kam,
versuchte man sofort mit allen Massnahmen und wenn möglich
ohne weiteres Aufsehen die Person abzuschieben, ohne dabei
Wut bei den anderen Arbeitern auszulösen.»[10]

Westliche historische Forschungen zur Geschichte des belgischen Solvay-Konzerns berichten indes von der Einführung
des Achtstundentages und der Einteilung der Arbeitsabläufe
in den Solvay-Fabriken in drei Schichten seit 1866. Diese Rege-
lungen waren im Vergleich mit anderen Unternehmen der Zeit
äusserst fortschrittlich. Auch Toeplitz setzte 1897 – als erster

Maria Stikhina

Fabrikherr im Donbass und ohne vorherige Benachrichtigung des Unternehmensvorstandes in Moskau – die Begrenzung der Arbeitszeit um. Als Begründung versuchte er nachzuweisen, dass eine Verkürzung der Arbeitszeit zu einer Steigerung der Produktivität der Arbeiter führen und mögliche Verluste ausgleichen würde. Es dauerte zehn Jahre, bis diese Massnahme bei gleichbleibenden Löhnen in der ganzen Fabrik umgesetzt werden konnte. Am 1. April 1907 wurden die Arbeiter der Soda-Fabrik in drei Schichten von jeweils acht Stunden aufgeteilt. Am Sonntag wurden zwei Schichten à zwölf Stunden eingeführt, sodass die Arbeiter einer Schicht 24 Stunden ruhen konnten.[11]

Nachdem die Bolschewiki die Fabrik in Tretja Rota verstaatlicht hatten, arbeitete Toeplitz weiter im belgischen Mutterkonzern und gründete später mehrere Soda-Werke in Polen. Nach Quellenaussagen war Toeplitz Direktor aller Soda-Anlagen in Polen,[12] ausserdem Präsident des Aufsichtsrates der Poznanski-Fabrik in Lodz und Vorstandsmitglied der Fabrik ‹Sztucznego Jedwabiu› in Tomaszów Mazowiecki.

Gysins Bild von Zygmunt Toeplitz als Willensmensch stimmt mit den Beschreibungen anderer Zeitzeugen überein. Überliefert ist die Aussage von Wladimir Ipatiew (1867–1952), einem bekannten russischen General und Professor für organische Chemie: «Toeplitz machte den Eindruck einer sehr sachlichen und fähigen Person, die es versteht, ein riesiges Unternehmen zu führen».[13] Ipatiew und Toeplitz hatten Bekanntschaft geschlossen, als die Soda-Fabrik im Donbass während des Ersten Weltkriegs Sprengstoff produzierte. Laut Ipatiews Memoiren bedauerte Toeplitz «sehr, dass er seine Fabrik in Russland, die er sehr liebte, verlassen musste».[14] Zygmunt Toeplitz starb 1934 und wurde auf dem jüdischen Friedhof an der Okopowa-Strasse in Warschau begraben.

1
Zitiert nach Podov, Put', ravnyj veku, S. 27.

2
Brief vom 13./26. Sept. 1906.

3
Verchnee hiess früher Tretja Rota, ein Name, der auch in Gysins Briefen auftaucht.

4
Podov, Put', ravnyj veku, S. 29.

5
Ebd.

6
Zvonarev, Meždu fevralëm i oktjabrëm, S. 228.

7
Bertrams et al., Solvay, S. 107.

8
Brief vom 22. Okt. / 4. Nov. 1906.

9
Abschrift des Tagebuchs von Alfred Gysin, S. 24.

10
Zvonarev, Meždu fevralëm i oktjabrëm, S. 229.

11
Bertrams et al., Solvay, S. 107.

12
Ipat'ev, Žizn' odnogo chimika, S. 309.

13
Ebd.

14
Ebd., S. 308.

Luca Thoma

Mikrokosmos Fabriksiedlung
Unternehmer und Werkstädte im Zarenreich um 1900

Im Spätsommer 1906, als der Schweizer Lehrer Alfred Gysin in den Donbass reiste, befand sich die Region im Umbruch. Das ehemalige ‹Niemandsland› im Südwesten des Zarenreiches hatte im ausgehenden 19. Jahrhundert einen rapiden wirtschaftlichen Aufschwung erlebt.[1] Die Industrialisierung veränderte die Region fundamental.[2] → Beitrag von Oriana Fasciati und Jonas Hinck Trotz Kapitalzufluss, massiver Zuwanderung und Eisenbahnbau bildeten sich jedoch zunächst kaum Zentren mit städtischen Strukturen und angemessener Infrastruktur. Ungeachtet der zahlreichen Fabriken blieb der Donbass bis weit ins 20. Jahrhundert hinein eine ländlich geprägte Industrieregion. Als der deutsche Geograph Erich Obst (1886–1981) im Jahr 1924 mit dem Zug durch die Stadt Stalino (das frühere Jusowka und spätere Donezk) fuhr, beobachtete er «Rinder-, Schaf- und Schweinherden [...] gemächlich zu beiden Seiten der Bahn» und erschrak über das «Schnattern aufgescheuchter Gänse».[3]

Der Donbass, den Alfred Gysin rund zwanzig Jahre früher bereiste, glich Anfang des 20. Jahrhunderts einer dünn besiedelten Steppe mit einem Archipel von isolierten Fabrik- und Bergbausiedlungen. Ein Grossteil der Arbeiter, die der wirtschaftliche Boom in die Region gelockt hatte, lebte in Fabriksiedlungen, das heisst in Wohnquartieren in der Nähe der Produktionsstätten. Diese verfügten oftmals über eine eigene Infrastruktur, wie Krankenstationen, Schulen und Kantinen, und hoben sich dadurch klar von den dörflichen Siedlungen der Umgebung ab. Gysin beschreibt die Fabriksiedlung des Solvay-Konzerns im Donbass detailliert in seinen Briefen.

Die staatlich forcierte Industrialisierung und der Ausbau des Eisenbahnnetzes in der zweiten Hälfte des 19. Jahrhunderts trieben die ökonomische Entwicklung des Zarenreiches voran. Trotz Industrialisierung und Urbanisierung blieb Russland jedoch bis zum Ausbruch des Ersten Weltkriegs im Grossen und Ganzen ein bäuerlich geprägtes Land. Auch wenn städ-

tische Zentren wie St. Petersburg, Moskau, Riga oder Odessa um die Jahrhundertwende einen wahren Boom erlebten, kam der Verstädterungsprozess im ganzen Land nur schleppend voran.[4] Periphere und traditionell dünn besiedelte Gebiete wie der Donbass wurden zwar an das Eisenbahnnetz angeschlossen, urbane Ballungszentren entstanden hier jedoch nur punktuell. Zudem konnte man Siedlungen wie Charkow oder Jusowka (das heutige Donezk), die in der Forschung als «moderner Moloch» bezeichnet werden,[5] nicht mit imperialen Zentren wie Moskau, Warschau oder Riga vergleichen – die sanitären Bedingungen und die Infrastruktur waren hier weitaus schlechter. Selbst in den bedeutendsten Städten der Region gab es keine gepflasterten Strassen und keine Kanalisation, und es herrschten vielfach prekäre Lebensbedingungen.[6] Die Arbeiter sahen sich mit einer «Lebenswelt aus Arbeit, Unfällen, Alkoholismus, Schmutz und Gewalt»[7] konfrontiert. So zogen viele dem Leben im «urbanen Moloch» eine Beschäftigung in einer Fabriksiedlung vor.

Unternehmer als Akteure des sozioökonomischen Wandels

Die Unternehmer im Zarenreich bildeten eine heterogene soziale Gruppe. Die kapitalstärksten Magnaten, die Grosskaufleute mit guten Beziehungen zum Zarenhof, begegneten der Industrialisierung zunächst mit Skepsis. Pioniere der industriellen Entwicklung waren Mitte des 19. Jahrhunderts häufig Aufsteiger aus dem bäuerlichen Milieu, getrieben von der Hoffnung, sich aus der Leibeigenschaft freikaufen zu können. Das führte dazu, dass auf den Gütern von Grossgrundbesitzern vielerorts Leicht-industrie-Unternehmen entstanden.[8] Ein weiterer wichtiger Motor dieser Proto-Industrialisierung und des ökonomischen Wandels im Zarenreich war die Gruppe der Raskolniki, der Altgläubigen, welche sich im 17. Jahrhundert gegen Kirchen-reformen positioniert hatte. Stigmatisiert und zur Abwanderung in periphere Gebiete des Reiches gedrängt, nahmen viele Mit-glieder dieser heterogenen religiösen Gruppierung Kaufmanns-berufe an. Als der staatliche Verfolgungsdruck nachliess, kam den Raskolniki ihre Mobilität und internationale Vernetzung bei der Gründung von Industriebetrieben zugute.[9] So wurde etwa das «russische Manchester» Iwanowo massgeblich von alt-gläubigen Industriellen geprägt.[10]

Gegen Ende des 19. Jahrhunderts waren die Unternehmer im Zarenreich bereits gut vernetzt und mobil. Sie sahen sich zudem in der Lage, Aktiengesellschaften zu gründen, um auf diese Art Kapital für Unternehmungen in der Schwerindustrie zu akkumulieren. So verschob sich der Fokus vieler russischer Unternehmer weg von der Leichtindustrie hin zur kapital-intensiveren Stahl- und Kohleindustrie. Diese bedurfte auch einer neuen Expertise: Techniker, Ingenieure und ehemalige Beamte wurden in leitende Positionen versetzt und bildeten im Donbass und anderen Boom-Regionen des Zarenreiches eine neue Schicht von mittleren Beschäftigten.[11] Für die Nachfrage nach den industriell gefertigten Gütern sorgten staatliche Auf-träge, zum Beispiel im Eisenbahnbau.

Ein Problem der Industrialisierung Russlands war der no-torische Kapitalmangel des Landes. Eine Lösung dafür bot die Anwerbung ausländischer Investitionen. In der Folge wurde Kapital aus dem Ausland zu einem wichtigen Motor der rus-sischen Industrialisierung.[12] Viele ausländische Firmen und Unternehmer siedelten sich im Donbass an, auch die belgische Firma Solvay errichtete in Lissitschansk eine Soda-Fabrik und vertraute diese der Leitung des Ingenieurs Zygmunt Toeplitz an. Dessen Sohn sollte der junge Alfred Gysin aus Liestal als Hauslehrer erziehen und unterrichten.

Einer der ausländischen Investoren, die im Süden Russlands ihr Glück suchten, war der legendäre Brite John James Hughes (1815–1889), Gründer der ‹New Russia Factory› in Jusowka und inoffizieller ‹Vater› des modernen Donbass.[13] Er trieb die Industrialisierung der Region mit grosser Energie voran, erkannte aber auch die Probleme, die eine ausbleibende Urba-nisierung mit sich brachte. Hughes baute als Erster eine Sied-lung für die Arbeiter seiner Betriebe, einschliesslich Schulen,

Kantinen und Krankenhaus. Er etablierte jedoch auch einen autoritären Führungsstil und versuchte, alle Bereiche des Lebens seiner Untergebenen zu kontrollieren. Gleichzeitig kümmerte er sich um ihre Bedürfnisse: Als Unternehmer-Patriarch besuchte Hughes ‹seine› Arbeiter in ihren Baracken, zur Hochzeit und Geburt wurden Geschenke gebracht.[14] Hughes' Führungsstil war im

Ansicht der Donetzker Soda-Fabrik aus dem Jahr 1912

inner-imperialen und internationalen Vergleich kein Novum – jüdische und deutsche Unternehmer im zaristischen Lodz vertraten beispielsweise ein ähnliches Ethos.[15] In der Region diente er vielen anderen Industriellen und Fabrikleitern, die während und nach seiner Zeit die Entwicklung des Donbass vorantrieben, als Vorbild. Aufgrund mangelhafter staatlicher und fehlender urbaner Strukturen sorgten Industrielle häufig als Patrone selbst für das Wohl ‹ihrer› Arbeiter und boten ihnen neben der Unterkunft die nötige Infrastruktur für die Bewältigung ihres Alltags und die Gestaltung ihrer Freizeit.

Mikrokosmos Fabriksiedlung

Mit der Gründung einer Fabrik entstanden vielerorts im Donbass ganze Fabriksiedlungen. Solche Orte boten ihren Bewohnern und Bewohnerinnen nicht nur einen Arbeitsplatz in den Fabrikgebäuden. Sie umfassten auch Unterkünfte und unterschiedlichste Einrichtungen für Bildung, Hygiene und Freizeitgestaltung, kurzum eine Lebenswelt, die in der Forschung vielfach als «Mikrokosmos» bezeichnet wird.[16] Carsten Goehrke etwa schreibt von Fabriktheatern, Kirchen, Hospizen und Teestuben in russischen Fabriksiedlungen. Besonders die hygienische Versorgung genoss hohe Priorität. Viele Arbeiter, die aus dem bäuerlichen Milieu in die Fabriksiedlungen kamen, sahen zum ersten Mal in ihrem Leben Toiletten und Waschräume.[17] Auch Alfred Gysin scheint ob der Infrastruktur der Solvay-Fabriksiedlung in Tretja Rota erstaunt und beeindruckt gewesen zu sein: «Arbeiterhäuser mit Gärtchen, Promenade, Spital, Witwenpensionen, Schule, Bibliothek, Orchester, Theatersaal», zählt er seinen Verwandten in einem Brief auf.[18]

Auf einer Zeichnung, die Gysin seiner Familie am 1. Oktober 1906 zukommen liess, skizziert er den Plan der Fabriksiedlung des Solvay-Konzerns. → **Plan der Fabrik, S. 32** Das Fabrikgebäude befindet sich auf diesem Bild in einem umzäunten Areal. Die Arbeiterhäuser sind ausserhalb der Fabrikzone entlang eines Weges dargestellt. Räumlich getrennt von den Arbeiterunterkünften befinden sich der Wohnbereich der Angestellten sowie Stallungen und die Villa des Fabrikleiters Toeplitz. Die Anordnung der Gebäude wirkt geplant und symmetrisch. Architektur und Aufbau der Siedlungen widerspiegeln den modernen Anspruch an Ordnung und Kontrolle. Abgesehen von der Poststation und einigen Mühlen sind auf der Karte keine weiteren Häuser oder Siedlungen ausserhalb des Fabrikkosmos zu erkennen. Die Solvay-Siedlung bei Lissitschansk ist an das Eisenbahnnetz (Station Perejesdnaja) angeschlossen, ansonsten aber von ihrer Umwelt isoliert – eine Insel im «Archipel Donbass».[19] Die Isolation des abgeschotteten Fabrikkosmos lässt sich auch aus Gysins Briefen herauslesen: Nur selten geht er auf Ereignisse in seiner nahen Nachbarschaft im krisengeschüttelten post-revolutionären Donbass ein. Es überwiegen Erzählungen aus seinem eng getakteten und von der Fabrikordnung und dem Fabrikleben strukturierten Alltag.

Anspruch und Realität: die Lebensbedingungen der Arbeiter

Erklärter Zweck der Fabriksiedlungen war es, für das Wohlbefinden der Arbeiter zu sorgen. Gleichzeitig ermöglichten solche isolierten und abgeschlossenen Räume auch eine umfassende Kontrolle aller Lebensbereiche der Bewohner und, damit verbunden, eine Disziplinierung der Arbeiter.[20] Auch wenn offensichtlich der Wunsch der Unternehmer bestand, die Fabriksiedlungen nach den modernsten Visionen und Standards zu bauen, klafften Anspruch und Realität des Lebens an diesen Orten oft weit auseinander. Das Leben mag sicherer und weniger turbulent gewesen sein als in Jusowka, Charkow oder in den Minensiedlungen, in denen Streiks und Aufruhr keine Seltenheit waren. Die hygienische Versorgung blieb jedoch mangelhaft und die Arbeitsbedingungen prekär. Der russische Wirtschaftswissenschaftler Peisach Meschewelski, der 1911 seine Dissertation an der Universität Bern veröffentlichte, berichtet von widrigen Arbeitsbedingungen in den Fabriken des Imperiums. So zitiert er einen Bericht des Fabrikinspektors

Swjatlowskij, welcher nach der Besichtigung einer Fabrik in der Region Charkow berichtete: «Die Arbeiter waschen sich aus einer übelriechenden Pfütze, die sich vor dem Fabriktor befindet und wohin alle Abwässer der Fabrik, allerlei Kehricht und Unrat gelangen.»[21] Die mangelhafte Hygiene führte nicht selten zum Ausbruch von Krankheiten und Epidemien. Zudem litten die Arbeiter, die oft von den überhöhten Preisen in den Fabrikläden abhängig waren, oftmals unter unregelmässigen Lohnzahlungen, was sie häufig zur Aufnahme von Krediten zwang.[22]

Der Widerspruch zwischen den Visionen der Fabrikherren und den Lebensbedingungen der Arbeiter kann als exemplarisch für Russlands Weg in die Moderne angesehen werden. Der Mikrokosmos Fabriksiedlung gibt Einblick in die Denkmuster und die Lebenswirklichkeit einer Gesellschaft im Umbruch. Fortschrittsglaube und das Vertrauen in die Errungenschaften der Moderne standen im Kontrast zu einer starken Polarisierung der Gesellschaft. Die Fabriksiedlungen waren Orte, an denen die Modernisierung Russlands konkret erfahrbar wurde. Man kann sie auch als ikonische Zeichen der turbulenten Jahre der Industrialisierung des Zarenreiches betrachten, als Zeichen einer Epoche, die durch den Ausbruch des Ersten Weltkriegs und die Revolutionen von 1917 ein abruptes Ende fand. Rapide, staatlich gelenkte Industrialisierung und sozioökonomische Verwerfungen sollten erst in den späten 1920er- und frühen 1930er-Jahren der Sowjetzeit ihren nächsten Höhepunkt erreichen.

1
Schlögel, Entscheidung in Kiew, S. 217–222.

2
Kulikov, Industrialisation and Transformation, S. 57ff.

3
Obst, Russische Skizzen, S. 112ff.

4
Ebd., S. 290.

5
Goehrke, Russischer Alltag, S. 292.

6
Ebd., S. 300–303.

7
Schlögel, Entscheidung in Kiew, S. 223.

8
Haumann, Unternehmer, S. 145–148.

9
Hildermeier, Alter Glaube und neue Welt, S. 513ff.

10
Gestwa, Proto-Industrialisierung, S. 179–188.

11
Ebd., S. 152–159.

12
Kappeler, Russland als Vielvölkerreich, S. 250.

13
Friedgut, Iuzovka and Revolution I, S. 6–8.

14
Ebd., S. 41.

15
Guesnet, Das Verhältnis von Juden und Deutschen, S. 144–145.

16
Goehrke, Russischer Alltag, S. 297.

17
Ebd., S. 298.

18
Brief vom 19. Mai / 1. Juni 1907.

19
Brief vom 1./14. Okt. 1906.

20
Goehrke, Russischer Alltag, S. 297.

21
Meschewelski, Fabrikgesetzgebung, S. 12.

22
Ebd., S. 7–9.

Magdalena Polivka

Sprache, Kultur und nationale Identität in der Ukraine im 19. und frühen 20. Jahrhundert

«In jedem dieser kleinrussischen Stücke (Kleinrussisch
steht zwischen dem Polnischen und dem Grossrussischen,
dem letzten aber bedeutend näher) kommen Lieder vor;
gewöhnlich auch ein Tanz: Kasatschok (Kosakentanz).»[1]

Alfred Gysin benennt in dieser kurzen Briefpassage fast beiläufig gleich drei Punkte, die für das ‹nationale Erwachen› in
Kleinrussland (Ukraine) im 19. und frühen 20. Jahrhundert
eine zentrale Rolle spielten: zum einen die ‹kleinrussische› –
im heutigen Sprachgebrauch ukrainische – Sprache, deren
Eigenständigkeit im 19. Jahrhundert noch umstritten und die
bis ins frühe 20. Jahrhundert im Zarenreich als Schriftsprache
verboten war. Zum anderen erwähnt Gysin Aufführungen
«kleinrussischer [Theater-]Stücke» in seiner Umgebung. Das
heisst, er wurde Zeuge von Bestrebungen, das Kleinrussische
im Russischen Reich zu Beginn des 20. Jahrhunderts als eigen-
ständige Kultursprache zu etablieren. Und nicht zuletzt kann
der Verweis auf die Kosaken auch im Zusammenhang mit diesen
Versuchen kleinrussischer/ukrainischer nationaler Emanzipa-
tion gegenüber den ‹Grossrussen› gelesen werden. Schliesslich
spielte (und spielt) der Kosakenmythos eine Schlüsselrolle bei
der Abgrenzung eines ‹ukrainischen› Sprach- und Kulturerbes
gegenüber dem der Grossrussen. – Was verstand man im 19. und
frühen 20. Jahrhundert unter ‹kleinrussisch›, ‹Kleinrussland›
und ‹Kleinrusse› und wie kam es zu den Begriffen ‹ukrainisch›,
‹Ukraine› und ‹Ukrainer› als nationale Bezeichnungen? Welche
Prozesse des ‹nation building› lassen sich für Kleinrussland bzw.
die Ukraine im 19. und frühen 20. Jahrhundert beschreiben?
   Während bei der Sprache oder auch bezüglich kultureller
Aspekte Kleinrussisch mit dem heute verwendeten Ukrainisch
gleichgesetzt werden kann, bedarf die geographische Bezeichnung ‹Kleinrussland› einer genaueren Betrachtung. Kleinrussland umfasste in der hier behandelten Zeitspanne die so-

genannte linksufrige Ukraine, das heisst die östlich des Dnjepr gelegenen Gouvernements Poltawa, Tschernigow und Charkow und die westlich des Dnjepr gelegenen Gouvernements Kiew, Podolien und Wolhynien. Die Richtung Schwarzes Meer gelegenen südlichen Regionen der heutigen Ukraine – Jekaterinoslaw, Taurien (Krim) und Cherson – wurden bis zum Ende des Zarenreiches (1917) hingegen ‹Neu- oder Südrussland› genannt.[2] Im 19. Jahrhundert bezeichnete nicht nur die Zarenregierung die Bevölkerung Kleinrusslands als ‹Kleinrussen›. Vielmehr war es auch eine Selbstbezeichnung der hier lebenden Menschen, um ethnische und/oder regionale Zugehörigkeit auszudrücken.[3] Erst gegen Ende des 19. Jahrhunderts und beeinflusst durch zunehmend auch national-emanzipative Bestrebungen in Kleinrussland bekam die Bezeichnung ‹Kleinrussland› eine negative Färbung als das ‹kleine› Russland, das vom ‹grossen› Russland dominiert wird.[4]

Der Begriff ‹Ukraine› (eigentlich Grenzland) bezog sich im 17. Jahrhundert auf das auf der linken (östlichen) Dnjepr-Seite gelegene Kosaken-Hetmanat.[5] Mit der Auflösung des Hetmanats durch Katharina die Grosse (auf dem Thron 1762–1796) und dessen Eingliederung in das russische Verwaltungssystem (1775) hiess die Gegend dann nicht mehr ‹Ukraine›, sondern ‹Kleinrussland›.[6] Als das Zarenreich 1793 im Zuge der zweiten Teilung Polens das bis anhin polnische, rechtsufrige (westliche) Dnjepr-Gebiet annektierte, wurde auch dieser territoriale Neuzugang als ‹Kleinrussland› bezeichnet.[7] Zu Beginn des 19. Jahrhunderts führte das Erwachen eines nationalen Bewusstseins in Kleinrussland zu einer Wiederbelebung der Begriffe ‹Ukraine› und ‹Ukrainer› – nun nicht mehr im Sinne einer regionalen und/oder ethnischen Zugehörigkeit, sondern als Bezeichnung einer «imaginierten ethnischen Nation und des von ihr bewohnten Territoriums»[8].

Eine wichtige Rolle spielte in diesem Kontext die 1844/45 im Umfeld der Kiewer Universität entstandene geheime Bruderschaft der Heiligen Kyrill und Method. Diese rief zur Gründung einer Föderation gleichberechtigter slawischer Nationen auf, deren Hauptstadt Kiew sein sollte. Gleichzeitig setzte sie sich für die Abschaffung der Leibeigenschaft und die Liberalisierung des Zarenreiches ein.[9] Ein prominentes Mitglied dieser Bruderschaft war der Schriftsteller Taras Schewtschenko (1814–1861), der mit seinem Hauptwerk ‹Kobsar›[10] (1840) zum ukrainischen Nationaldichter avancierte und auch dazu beitrug, dass sich das Ukrainische zu einer anerkannten Literatursprache entwickelte.[11] 1847 wurde die Bruderschaft jedoch verraten und die Mitglieder ins Gefängnis oder in die Verbannung geschickt.

Die Niederlage des Zarenreiches im Krimkrieg (1853–1856) und der Regierungsantritt Alexanders II. (1855–1881) führten zu einer Neubelebung der ukrainophilen Bewegung.[12] Für kurze Zeit entschärften sich die kleinrussisch-russischen Spannungen. Ein neues geistiges Zentrum der Ukrainophilie entstand in St. Petersburg in den Jahren 1855 bis 1863 um die ehemaligen, inzwischen von Alexander II. begnadigten Mitglieder der Kyrill-und-Method-Bruderschaft.[13] Nach 1861 erschien in St. Petersburg die Zeitschrift ‹Osnova› (Grundlage) in ukrainischer und russischer Sprache, die Gedichte und Schriften ukrainischer Autoren publizierte.[14] Die ukrainophile Bewegung setzte sich auch für ein Bildungsprogramm für die Landbevölkerung ein, das Ausdruck fand in einem offiziellen Antrag, in den Primarschulen des linksufrigen Teils von Kleinrussland auf Ukrainisch zu unterrichten.[15] Diesem Antrag wurde 1861 von der Zarenregierung sogar stattgegeben, und schon ein Jahr später waren in Moskau und St. Petersburg sechs verschiedene ukrainische Leselehrbücher erhältlich. Mit einer ähnlichen bildungspolitischen Intention entstanden zur gleichen Zeit in Kiew und anderen Orten Kleinrusslands die sogenannten Hromada-Gesellschaften. Diese studentischen Gruppierungen setzten sich für die Interessen der ukrainischen (orthodoxen) Bauern ein und riefen zum Beispiel ukrainischsprachige Sonntagsschulen ins Leben.[16]

Der polnische Januaraufstand (1863/64) und das sogenannte Waluew-Zirkular vom 18. Juli 1863 bedeuteten für Polen und Kleinrussen einen einschneidenden sprachpolitischen Wendepunkt.[17] Im linksufrigen Teil der Ukraine wurde mit dem Waluew-Zirkular (benannt nach dem russischen Innenminister Petr Waluew) der mündliche und schriftliche Gebrauch des Ukrainischen verboten, ebenso die Begriffe ‹Ukraine› und ‹ukrainisch›.[18] Denn für die Zarenregierung stand fest: «eine solche Sprache gibt es nicht und kann es nicht geben!»[19] Damit löste ein allrussischer Nationalismus das multinationale und polykonfessionelle Integrationskonzept des Zarenreiches aus der ersten Hälfte des 19. Jahrhunderts ab – wobei Kleinrussland hier eine Sonderrolle einnahm. Mit den slawischen und orthodoxen Kleinrussen fühlten sich die Grossrussen besonders verbunden, denn das Erbe der Kiewer Rus, des ersten ostslawischen Reiches des Mittelalters, stand für gemeinsame historische Ursprünge. In sprachlicher Hinsicht wurde das Kleinrussische von offizieller Seite nur als eine Varietät des Russischen angesehen. Eine weitere starke Verbindung bestand aus russischer Sicht auch im gemeinsamen orthodoxen Glauben. Die Beziehung von Gross- und

Das Kleine Theater von Charkow. Postkarte Anfang 20. Jahrhundert

Kleinrussen wurde mit derjenigen zweier Brüder verglichen, die untrennbar miteinander verbunden waren.[20] Hinter den Aktivitäten ukrainophiler Kreise vermutete die Zarenregierung zudem das subversive Wirken polnischer Separatisten.

Für die Hromada-Gesellschaften bot sich 1864 mit der Einführung der Reform der ländlichen Selbstverwaltung (Zemstwo-Reform) eine neue Gelegenheit, in den Dörfern der linksufrigen Ukraine und in den südlichen Gouvernements ihre Bemühungen zur Volksbildung fortzusetzen. In nun wieder geheimen Abend- und Sonntagsschulen unterrichteten sie die ländliche Bevölkerung. Zu Beginn der 1870er-Jahre war im Zarenreich auch eine gewisse Lockerung der repressiven antiukrainischen Vorschriften und Verbote zu verzeichnen. Diese hielt jedoch nur kurz an, denn bereits 1875 verschärfte sich die Lage für die ukrainophile Bewegung erneut und spitzte sich im Mai 1876 mit einem neuen Dekret des Zaren, dem sogenannten Emser Ukas, zu. Inhalt dieses Erlasses war das Verbot von Aufführungen, öffentlichen Vorträgen, Publikationen musikalischer Texte und des Gebrauchs der ukrainischen Sprache im öffentlichen Raum. Dazu gehörte auch die Schliessung von Zeitungen. Bei den Ukrainophilen hatte der Emser Ukas nicht die erwünschte abschreckende Wirkung, vielmehr wurden ihre Aktivitäten nun zu einer symbolischen Manifestation ihrer nationalen Idee.

Mit der seit den 1870er-Jahren in Kleinrussland und Südrussland, vor allem im Donbass, stark zunehmenden Industrialisierung und der wachsenden Anzahl landarmer und landloser kleinrussischer Bauern entstand eine neue Schicht bäuerlicher Lohnarbeiter und eine neue potentielle Adressatengruppe für die ukrainophile Bewegung. Da die Fabrikbesitzer meist Russen, Polen oder Ausländer waren, → Beitrag von Jorian Pawlowsky traten in Kleinrussland zunehmend sozialpolitische Fragen in den Vordergrund. Die weiterhin vorwiegend auf sprachlich-kulturelle Belange und die Volksbildung fokussierte und noch nicht politisch organisierte ukrainophile Bewegung verlor so mehr und mehr an Relevanz.

In den 1880er- und 1890er-Jahren bahnte sich dann jedoch eine Politisierung der ukrainophilen Bewegung an, die auch den zarischen Behörden nicht verborgen blieb. Dies zog weitere Verbote und zunehmende Repressionen nach sich. Nach der Ermordung Alexanders II. im Jahr 1881 wurde über die südwestlichen Gouvernements ein ‹Belagerungszustand› verhängt, der sich massgeblich gegen die national-ukrainischen Umtriebe richtete und bis 1905 nie vollständig aufgehoben wurde. Der Russifizierungsdruck und die militante Verfolgung national-ukrainischer Bestrebungen taten ihre Wirkung. In der ersten grossen Volkszählung des Russischen Reiches im Jahr 1897 zeigte sich, dass sich nur ein Viertel der ukrainischen Bevölkerung in Charkow und Kiew – den Hochburgen der in der ukrainischen Nationalbewegung aktiven Intelligenzija – als muttersprachlich ‹ukrainisch› bezeichnete und dementsprechend das Russische mit 63 Prozent in Charkow und 54 Prozent in Kiew klar überwog.[21]

Für den Aufschwung der ukrainischen Nationalbewegung spielten die Ereignisse der ersten Russischen Revolution von 1905 eine massgebliche Rolle. → Beitrag von Marcel Zimmermann Die Hauptforderungen in der Ukraine waren: die Lösung der Agrarfrage und der sozialen Frage, politische Freiheit und Autonomie sowie die Aufhebung der sprachlichen Repressionen und die Einführung des Ukrainischen als regionale Amtssprache.[22] Bereits 1900 war in Charkow die illegale Revolutionäre Ukrainische Partei (Revoljucijna Ukrajins'ka Partija, RUP) als erste nationalpolitisch ausgerichtete Partei Kleinrusslands gegründet worden. Sie schrieb sich neben sozialen Forderungen auch bereits die Autonomie und den freien Gebrauch der ukrainischen Sprache auf die Fahne.

Mit der Wahl der ersten Staatsduma (des ersten Parlaments) im März/April 1906 kam es zu einer sprach- und kulturpolitischen Liberalisierung in Kleinrussland. Es durften in Russland nun wieder ukrainischsprachige Zeitschriften und Bücher veröffentlicht und Theaterstücke aufgeführt werden. Nach der Auflösung der zweiten Duma im Juni 1907 gerieten diese Errungenschaften für die ukrainische Sprache und die ukrainische Nationalbewegung jedoch wieder ins Stocken. Es folgten erneute Einschränkungen und Verfolgung. Einen Aufschwung für die ukrainische Nationalbewegung gab es erst wieder am Vorabend des Ersten Weltkriegs.

Alfred Gysin reiste Anfang September 1906 in die Donbass-Region und kehrte Anfang August 1907 in die Schweiz zurück. Sein Aufenthalt in Kleinrussland deckt sich also gerade mit der liberalen Phase der Sprach- und Kulturpolitik, in der kleinrussische Theateraufführungen und die Verwendung der kleinrussischen Sprache im Zarenreich erlaubt waren. Der musik- und kulturinteressierte Gysin nutzte bei seinem Aufenthalt in Lissitschansk im Mai und Juni 1907 die Gelegenheit, kleinrussische Aufführungen zu besuchen und in diesem Zusammenhang die ukrainische Sprache zu hören.[23] Allerdings konnten diese Bestrebungen zur Förderung der ukrainischen Sprache und Kultur, deren Zeuge Gysin wurde, der voranschreitenden ‹Russifizierung› des Donbass im frühen 20. Jahrhundert wenig entgegensetzen. Diese wurde getragen vom Zustrom russischer Arbeiter seit den 1870er-Jahren. → **Beitrag von Oriana Fasciati und Jonas Hinck** Bis in die heutige Zeit bleibt die Sprache in dieser Gegend ein spannungsgeladenes Thema und ihr Gebrauch im Alltag mitunter ein politisches Statement.

1
Brief vom 2./15. Juni 1907.

2
Kappeler, Ukrainische Nationalbewegung, S. 176.

3
Kappeler, Russland und die Ukraine, S. 20.

4
Ursprünglich stammten die Begriffe ‹Kleinrussland› und ‹Grossrussland› aus der Zeit der Kiewer Rus im 9. Jahrhundert, wobei ‹klein› und ‹gross› die Entfernung zum Zentrum Kiew bezeichnete. Ebd., S. 19.

5
Das Hetmanat war ein autonomer, selbstverwalteter kosakischer Staat unter der Oberhoheit des Zaren auf dem linken Dnjepr-Ufer. Hillis, Children of Rus', S. 27.

6
Kappeler, Russland und die Ukraine, S. 21.

7
Hillis, Children of Rus', S. 31.

8
Kappeler, Russland und die Ukraine, S. 21.

9
Schubert / Templin, Dreizack und roter Stern, S. 31.

10
Der ‹Kobsar› ist ein Sänger, der sich selber mit einer Zupflaute (‹Kobsa›) begleitet und alte kosakische Lieder und Gedichte (‹Dumy›) vorträgt, Anm. d. Verf.

11
Schubert / Templin, Dreizack und roter Stern, S. 32.

12
Remer, Entfaltung der ukrainischen Nationalbewegung, S. 160.

13
Miller, Ukrainian Question, S. 61.

14
Remer, Entfaltung der ukrainischen Nationalbewegung, S. 161.

15
Miller, Ukrainian Question, S. 62–63.

16
Ebd., S. 105; Hillis, Children of Rus', S. 52.

17
Miller, Ukrainian Question, S. 97.

18
Schubert / Templin, Dreizack und roter Stern, S. 34.

19
Remer, Entfaltung der ukrainischen Nationalbewegung, S. 162.

20
Zum Folgenden: Miller, Ukrainian Question, S. 129–199.

21
Ebd., S. 174 (Anhang 2).

22
Ebd., S. 169, 171.

23
Briefe vom 29. April / 12. Mai 1907; 19. Mai / 1. Juni 1907; 2./15. Juni 1907.

Cristina Münch

‹Das Eigene im Bild vom Anderen›
Traditionslinien westlicher
Russlandwahrnehmung

Auf seiner Reise in den Donbass im Jahr 1906 stellte Alfred Gysin verwundert fest: «Der Boden scheint aber besser, viel besser zu sein als unser Lehm auf der Bünte. Bis Warschau ist das Gelände vollkommen eben. Bäume sieht man nur in der Nähe der Häuser, ganz selten einige Weiden, zu beiden Seiten der Bahnlinie etwa ganz kleine Stücklein Birkenhaine. Der Bahnhofplatz in Warschau setzte mich in Erstaunen: ein ziemlich kleiner Platz, ganz grob gepflästert, viel gröber als die steilen Strassen und Gässchen in Fribourg und Lausanne, dazu elend dreckig.»[1]

Gysin vergleicht in seinen Briefen die russische (und polnische) Landschaft mit der seiner Schweizer Heimat. Die Massstäbe seiner Betrachtung sind relativ und individuell, genauso wie das Bild der von ihm gezeichneten russischen ‹Andersartigkeit›. Allgemein gilt für die Erfahrung und Beschreibung des Fremden in Reiseberichten (und Briefen), dass das Andere immer nur erfahrbar in Relation zum Eigenen ist. Deshalb ist Beobachtung und Beschreibung – nolens volens – stets verbunden mit Wertung.[2] In nichtliterarischen Reiseberichten ist die Andersartigkeit des bereisten Landes beziehungsweise des Fremden ein wichtiges Grundthema. Andersartigkeit ist das zentrale Kriterium, nach welchem der Reisende seine Beobachtungen in Erzählenswertes und Nicht-Erzählenswertes unterteilt. Die «Andersartigkeit der fremden Wirklichkeit – das ist das Unbekannte, das Merk- und Sehenswürdige».[3] Das in Reisebrichten skizzierte Bild von der Andersartigkeit des Fremden lässt somit immer auch Rückschlüsse auf das zu, was der Autor als ‹normal› empfunden hat: «Der Fremde misst den Anderen am Eigenen» und das «Andere ist ein Gegenbild des Eigenen. Was für den Westeuropäer ‹anders› ist, ist für den Russen ‹eigen› – und umgekehrt.»[4]

Die Diagnose von (positiv oder negativ konnotierter) Andersartigkeit folgt immer dem (expliziten oder impliziten) Vergleich

Р. Волга.
Въ началѣ навигаціи.

Изд. К. П. Головкина, Самара

mit dem Bekannten und ‹Normalen›. Negativ konnotierte Andersartigkeit des Fremden wird häufig über die Beschreibung der Abwesenheit von als ‹normal› angesehenen Institutionen oder Verhaltensweisen ausgedrückt. Eine solche ‹Defizit-Analyse› des Fremden ist ein immer wiederkehrendes Muster in westlichen Reiseberichten über Russland seit der Frühen Neuzeit. Eine solche Betrachtungsweise zeichnet sich jedoch dadurch aus, dass nur ‹relativ› richtige, das heisst von den Normen des Betrachters geprägte Aussagen über das Fremde gemacht werden. Auch für die westliche Geschichtsschreibung über Russland galt lange Zeit, dass die historische Entwicklung des Landes immer wieder am abendländischen ‹Normalfall› gemessen wurde, was häufig zum Bild einer vorgeblich defizitären Geschichte führte. Solche Beschreibungen sind davon geprägt, was in Russland alles fehlte (von der Renaissance bis zum Stadtrecht und zum Bürgertum), und immer wieder wurde seine ‹Rückständigkeit› hervorgehoben. Solche Aussagen sind immer das Resultat eines (meist impliziten) Vergleichs, denn es gibt keine Rückständigkeit an sich, sondern sie existiert nur im Hinblick auf ein entsprechend ‹entwickelteres› Gegenbild.[5]

Anders als der Dichter klammert der Reisende in seinem Bericht das Selbstverständliche in der Regel aus. Wird es aber von ihm erwähnt, kann es nicht als neutrale Beschreibung gedeutet werden. Vielmehr muss es genauso als Stellungnahme zu einer Andersartigkeit des Fremden interpretiert werden. Denn die Be-

Der Fluss Wolga. Russische Postkarte Anfang 20. Jahrhundert

obachterin beschreibt das Fremde stets mit ihren eigenen Worten und Kategorien. Dadurch kommt es zwangsläufig zu einer Anpassung des Bildes vom Anderen an das Bekannte. Schon Herodot griff bei seiner Beschreibung des exotischen Nilpferds auf Bilder zurück, die ihm und seinen Lesern vertraut waren: Das fremde Wesen sei ein Vierfüssler, der Spalthufe habe wie ein Rind, eine platte Nase, Pferdemähne und Pferdeschweif und die vorstehenden Zähne des Wildschweins. Es wiehere wie ein Pferd und erreiche die Grösse eines ausgewachsenen Rindes.[6] In der Regel wird die Bezugnahme auf die eigenen Normen vom Reisenden weder reflektiert noch ausdrücklich erwähnt. Für die Forschung zu Reiseberichten bedeutet dies, dass diese Wahrnehmungs- und Beschreibungsmuster immer mitzudenken und kritisch zu analysieren sind.

Mit Blick auf die Tradition westlicher Reiseberichte über Russland lässt sich feststellen, dass Autoren immer wieder auf dieselben Erscheinungsformen der Andersartigkeit des Reiches im Osten hingewiesen und diese als mitteilenswert empfunden haben. Dazu zählen beispielsweise religiöse Prozessionen (Osterbräuche und Fastenregeln), die russische Gewohnheit, einen Mittagsschlaf zu halten, oder aus den Schenken torkelnde halbnackte Betrunkene. Bereits im 17. Jahrhundert wurde Russland von westlichen Reisenden in der Regel als durch und durch anders empfunden: «The Russians are a People who differ from all other Nations of the world, in most of their Actions»,[7] so der britische Autor Samuel Collins (1619–1670).

Schon damals wurde das Bild der russischen Andersartigkeit mit Details aus dem Alltagsleben ausgeschmückt und kein Zweifel daran gelassen, dass die jeweils eigenen Normen und Verhaltensmuster die richtigen waren. Dabei muss betont werden, dass es schon in der Frühen Neuzeit kein einheitliches westeuropäisches Russlandbild gab, denn der «urbane Westeuropäer urteilt nicht wie der Schwede, der adlige Höfling nicht wie der Kaufmann, der Reisende des 16. Jahrhunderts nicht wie der des 17. Jahrhunderts, ein Individuum nicht wie das andere».[8] So wie sich die Normen der Betrachter unterschieden oder änderten, änderte oder unterschied sich auch das entsprechende Russlandbild. Gleichzeitig haben sich die unterschiedlichen Russlandbilder häufig gegenseitig beeinflusst, denn Reisende brachten oftmals vorgefertigte Vorstellungen und Bilder aus Berichten früherer Reisender mit, die sie gelesen oder von welchen sie gehört hatten.

Im Zeitalter der Aufklärung, die in den meisten Ländern Europas eine deutliche historische Zäsur markiert, lässt sich eine Differenzierung des westlichen Russlandbildes beobachten. Wurde vor der Aufklärung häufig von den «Schreckensgestalten der wilden Moskowiten»[9] gesprochen, änderte sich mit der Regierungszeit von Peter I. (der Grosse, auf dem Thron 1682–1725) die westliche Russlandwahrnehmung deutlich. Zu Beginn des 18. Jahrhunderts mehrten sich die Berichte über Russland in westeuropäischen Journalen und Zeitungen. Gleichzeitig wurde hier neuerdings meist ein positives, freundliches Russlandbild gezeichnet. Mit der Zunahme von Schriftlichkeit nahm auch die Berichterstattung über Russland und das russische Kulturleben weiter zu. Immer mehr Autoren, Literaten und Wissenschaftler, Journalisten und Reisende aus verschiedenen Ständen und Berufen trugen mit ihren Schilderungen zu einem neuen und differenzierten Bild des Landes und seiner Bevölkerung bei. Das grosse Publikum bezog seine Kenntnisse über Russland dabei mehrheitlich aus Zeitungen, welche vorwiegend über die politischen und militärischen Geschehnisse berichteten. Hier wurde Russland unter Peter I. «als ein im Kräftespiel der europäischen Mächte bereits konkurrenzfähiger Staat»[10] präsentiert. Russland gelang es in der westlichen Wahrnehmung, den «alten Moscowitischen Rock abzustreifen und ein europäisches Habit anzulegen».[11] Peters gigantisches Entwicklungsprojekt, den Westen einzuholen und sich unter die europäischen Mächte einzureihen, führten im Westen zu Respekt, und Russland wurden in entsprechenden Berichten nun auch verstärkt positive Attribute zuerkannt.[12]

Dies bedeutete jedoch keinesfalls, dass negative Russlandbilder aus der westlichen Wahrnehmung verschwanden. Gegen Ende des 18. Jahrhunderts zeichnete sich die westliche Russlandwahrnehmung vielmehr durch ein Meinungsspektrum aus, das von hass- und angsterfüllten Verzerrungen bis hin zu enthusiastischen Lobpreisungen reichte.[13] Dann begann mit der Französischen Revolution ein neues Zeitalter in der Geschichte der westlichen Russlandwahrnehmung. Davon geprägt, lassen sich in der zweiten Hälfte des 19. Jahrhunderts zwei entgegengesetzte Tendenzen in der Entwicklung westeuropäischer Russlandbilder feststellen: Die eine war von einem aufrichtigen Interesse an russischer Literatur, Musik und Malerei bestimmt und von einer durchaus aufrichtigen Sympathie für das Land getragen. Die andere leitete sich von einer kritischen Beobachtung der politischen, sozialen und ökonomischen Entwicklung des Landes durch Historiker, Publizisten und Autoren von Trivialliteratur ab und war nicht selten von mehr oder weniger leidenschaftlichen Zerrbildern eines fremden und bedrohlichen Landes geprägt.

Die Briefe Alfred Gysins sind in diesem Zusammenhang eine spannende Quelle für die Untersuchung seiner Russlandwahrnehmung. Die ersten Eindrücke, die er schildert, reichen von der russischen Bartmode – «Santi-Chlausenbart, wie man sie hier viel sieht» – bis zu Beschreibungen von Bahnhöfen, die «hier dem Publikum sehr zugänglich [sind]; von einem Verbot, die Geleise zu überschreiten, bemerkt man hier gar nichts. Kinder schlüpfen unter dem zur Abfahrt bereitstehenden Zug durch […].»[14] Schon diese Beispiele machen deutlich, dass auch Gysin das Fremde mit Rückgriff auf ihm und seinen Lesern Vertrautes beschreibt. Die russische Barttracht vergleicht er mit dem Bart des Heiligen Nikolaus, die Verhaltensregeln auf russischen Bahnhöfen kontrastiert er mit Verboten an Bahnanlagen in der Schweiz. In beiden Fällen lässt sich der Rückbezug auf eine eigene, westliche Norm feststellen, anhand derer er das Fremde beschreibt, ohne den entsprechenden Vergleich explizit zu machen.

In einem anderen Brief hält Gysin fest: «Statt eines dicken Federbettes mit Leintuch und wolligen Decken hat man hier, wie in Polen, nur eine dicke wollene Decke […] Bis jetzt sah ich nur eiserne niedrige Bettgestelle.»[15] Nicht nur Sprache und Kategorien der Beschreibung hat Gysin aus seiner Heimat mitgebracht, auch der Massstab seiner Bewertungen kommt aus der eigenen Kultur. Die einfache Aussage, dass er in Russland «nur eiserne niedrige Bettgestelle» gesehen habe, weist darauf hin, dass seine westliche Vorstellung auch Bettgestelle aus anderen Materialien zuliess. Ob ein Westeuropäer (eiserne) Bettgestelle als niedrig oder hoch empfand, hing von der Tradition des Herkunftslandes und den eigenen Vorstellungen eines normalen Bettes ab.[16]

Auch negative Beschreibungen und Werturteile des Fremden sind in Alfred Gysins Briefen zu finden, dazu Momente, in denen er sich über die Russen in seiner Umgebung empört und sich nicht über negative Russland-Klischees im Westen wundert. Zum Beispiel nimmt er Anstoss daran, dass in Russland Konzerte beginnen, obwohl sich noch nicht alle Besucher auf ihren Plätzen eingefunden haben, oder er erwähnt, dass russische Poststellen «fast wie auf ein Kommando und ganz genau auf die Zeit» geschlossen werden. Aus seiner Sicht war dies «eine russische Gemeinheit […] Mit solchen Einrichtungen muss sich ja natürlich Russland im Auslande blamieren, und es wundert mich nicht, wenn man über Russland noch schlechter denkt und redet, als es in Wirklichkeit ist.»[17] Seine Entrüstung über die Verhältnisse in Russland deutet darauf hin, dass in der Schweiz die Öffnungszeiten von Postämtern womöglich etwas grosszügiger und flexibler gehandhabt wurden. An manchen Stellen macht Gysin die von ihm gezogenen Vergleiche auch deutlich: «In Liebessachen ist man eben hier in Russland ganz anders als bei uns. Einerseits ist der Verkehr der beiden Geschlechter viel ungezwungener, und ich darf mit einem Fräulein spazieren gehen, ohne dass die Leute die Hälse strecken [...]».[18] Hier misst er das Fremde einmal mehr am Bekannten, empfindet die Andersartigkeit Russlands aber als durchaus positiv im Vergleich mit den Verhaltensnormen in seiner Schweizer Heimat.

Auch an Alfred Gysins Briefen und Schilderungen des Fremden lassen sich jene Wahrnehmungsmuster beobachten, die typisch sind für Reiseberichte im Allgemeinen und die Tradition westlicher Russlandberichte im Besonderen. Ob ein Haus im fremden Land als hoch empfunden wird oder ein Mensch als barbarisch, sagt häufig weniger aus über das Objekt der Beschreibung als über den Massstab des Beschreibenden. Vor diesem Hintergrund sind Reiseberichte und Briefe über ein fremdes Land spannende Quellen. Sie sagen uns nicht nur viel über ein fremdes Land, sondern auch über entsprechende Wahrnehmungsmuster des Fremden, über das ‹das Eigene im Bild vom Anderen›.

1
Brief vom 13./26. Sept. 1906.

2
Scheidegger, Das Eigene im Bild vom Anderen, S. 342.

3
Ebd., S. 345.

4
Ebd., S. 343, 345.

5
Vgl. dazu Scheidegger, Perverses Abendland – barbarisches Russland, S. 33.

6
Scheidegger, Das Eigene im Bild vom Anderen, S. 346f.

7
Zit. nach Scheidegger, Perverses Abendland – barbarisches Russland, S. 33.

8
Scheidegger, Das Eigene im Bild vom Anderen, S. 353.

9
Kopelew, Neues Verständnis und neue Missverständnisse, S. 31.

10
Moepps, Christian Stieff, S. 60.

11
Ebd., S. 83.

12
Moser, Land der unbegrenzten Unmöglichkeiten, S. 93.

13
Vgl. dazu Kopelew, Am Vorabend des grossen Krieges, S. 94.

14
Brief vom 13./26. Sept. 1906.

15
Ebd.

16
Vgl. dazu Scheidegger, Das Eigene im Bild vom Anderen, S. 35.

17
Brief vom 9./22. Apr. 1907.

18
Brief vom 2./15. Juni 1907.

Anne Hasselmann

Objektgeschichte als Verflechtungsgeschichte
Spuren der Russlandschweizerinnen und Russlandschweizer

Auf der Suche nach Spuren von Russlandschweizerfamilien stiess ich 2016 im Schweizerischen Bundesarchiv (BAR) auf Objekte, deren Geschichten mich über den Charakter von materieller Kultur und die Bedingungen ihrer historischen Überlieferung nachdenken liessen: Ich fand Stempel, Passagierlisten, Zugtickets und eine Holzkiste mit Geldscheinen im Wert von acht Millionen Rubel. Sie erzählen von der erzwungenen Remigration jener Russlandschweizerinnen und -schweizer, die nach der Oktoberrevolution 1917 aus Russland flüchteten.[1]

Als Teil der wirtschaftlichen Elite waren die Russlandschweizer nach dem Staatsstreich der Bolschewiki in Lebensgefahr und baten das schweizerische Konsulat in Moskau um Hilfe bei der Ausreise. Schnell bildeten sich Vereinigungen, deren Bittschreiben an die Regierung die Stempel des ‹Comité des Colonies des Suisses en Russie› trugen. Das Eidgenössische Politische Departement (EPD), wie das Departement für auswärtige Angelegenheiten EDA damals hiess, gründete daraufhin ein ‹Russlandbüro›, das sogenannte Repatriierungszüge für rund sechstausend ‹Rückkehrer› organisierte. Die Zugfahrt war für viele Menschen kaum erschwinglich und die Reise durch die kriegführenden Staaten des Ersten Weltkriegs mit hohen Hürden verbunden. Die im Archiv erhaltenen Passagierlisten und Durchreisevisa illustrieren die bürokratischen Auflagen der Flucht und lassen die Erleichterung der Passagiere erahnen, wenn sie eines der begehrten Zugtickets für den ersten der insgesamt fünf Repatriierungszüge erhielten. Dieser traf nach über zehn Tagen am 21. Juli 1918 in Schaffhausen ein.[2] Auch die mittlerweile ungültigen zarischen Rubel, welche die Reisenden in kleinen Mengen mitführen durften, waren Zeichen der Hoffnung und Erwartung der Migranten, ihren ehemaligen Reichtum und Status vom untergegangenen Russischen Reich in die Schweiz überführen zu können.

Stempel, Tickets, Visa und Namenslisten, alles Objekte der staatlichen Administration, sind im Bundesarchiv überliefert,

Acht Millionen Rubel aus der Zarenzeit

weil die Behörden zu ihrer Archivierung verpflichtet waren. Die acht Millionen Rubel hingegen, die die Remigrantinnen und Remigranten nach ihrer Ankunft in Schweizer Franken wechseln konnten, gelangten zunächst in die Safes der Schweizerischen Nationalbank (SNB). Als Devisen sollten sie hier für den zukünftigen Aussenhandel zur Verfügung stehen. Offenbar glaubte man in der Schweiz, die zarische Währung könnte irgendwann wieder Gültigkeit haben. Nachdem die Bolschewiki ihre Macht in Russland jedoch endgültig gefestigt hatten, verlor das Geld seinen Wert und lagerte nutzlos in der Bank. Von dort gelangte die mit Geldsäcken gefüllte ‹Rubelkiste› gemeinsam mit anderem Archivgut ins Bundesarchiv. Hier wurde sie jedoch aus unerfindlichen Gründen nicht katalogisiert und ging am neuen Ort bald vergessen.

Nach ihrer ‹Entdeckung› wanderte die Schatzkiste 2017 als Exponat in die Sonderausstellung des Landesmuseums Zürich: ‹1917 Revolution. Russland und die Schweiz› und ist nun Bestandteil der Museumssammlung. Erst hier konnte das Objekt seine Bedeutung als materielle Quelle zur Geschichte der schweizerisch-russischen Beziehungen entfalten.[3] Die Geldscheine, vor der Revolution ein gewöhnlicher Gebrauchs- und Alltagsgegenstand, erhielten durch ihre Musealisierung einen

Objektgeschichte als Verflechtungsgeschichte

Hemd mit Stickereien: Mitbringsel von Alfred Gysin aus Russland 1906/07

singulären Charakter. Anschaulich ‹erzählen› sie vom ehemaligen Reichtum und verlorenen Status der Russlandschweizer nach der Revolution von 1917.

Die Russlandrückkehrer konnten sich nur mit grosser Mühe in der fremden Heimat integrieren. Sprachprobleme und Arbeitslosigkeit erschwerten ihren Neuanfang in der Schweiz und liessen die Betroffenen mit Nostalgie und Verbitterung auf ihr Leben im Zarenreich und ihre unfreiwillige Rückkehr zurückblicken. In der Schweiz schlossen sie sich in der Vereinigung der Russlandschweizer (VRS) zusammen.[4] Vom Bund forderten sie Schadenersatz für ihr durch den Staatsstreich der Bolschewiki verlorenes Vermögen.[5] Die Bestände im Russlandschweizer-Archiv (RSA) im Schweizerischen Sozialarchiv in Zürich dokumentieren den erfolglosen Kampf der mittellos gewordenen Flüchtlinge.[6] In einer Datenbank sind rund sechstausend Namen der VRS erfasst, deren Mitglieder in der Schweiz für ihre Ansprüche kämpften und in der Zeit des Antikommunismus hitzige Pamphlete gegen die neuen Machthaber in der Sowjetunion verfassten.[7] Zu Beginn der 1920er-Jahre lancierte Bundesrat Giuseppe Motta (1871–1940) den Verkauf von Anstecknadeln «für die notleidenden Russland-Schweizer in der Heimat», um mit dem Erlös die prekäre Situation der Rückkehrer zu lindern. Mit dieser ‹Wohltätigkeitssammlung› verstärkte der Bundesrat die öffentliche Wahrnehmung der Migranten als sozialhilfebedürftige Gruppe – eine Zuschreibung, gegen die sich die Betroffenen lautstark, jedoch vergeblich wehrten.[8]

Die hier beschriebenen Objekte tragen alle einen politischen beziehungsweise administrativen Charakter – sie sind überliefert, weil sie von Behörden oder Vereinen produziert wurden. Ihr normativer Ursprung bestimmt die Reichweite ihrer historischen Aussagekraft: Sie berichten über die Praktiken staatlicher Stellen und können dabei wenig über die individuellen Erfahrungen der Migranten und Migrantinnen erzählen. Ergänzend zu diesem staatlichen Archivgut wäre es spannend zu erfahren, welche persönlichen Objekte die Russlandschweizer 1918 in die Schweiz mitgenommen haben. Die restriktiven Verordnungen des ‹Russlandbüros› zwangen sie, eine Auswahl zu treffen und ihren Besitz auf die Grösse eines Gepäckstücks zu reduzieren. Welchen Dingen sprachen sie unersetzlichen Erinnerungswert zu? Welche Erinnerungen wollten sie aus einem Land mitnehmen, in dem viele «die besten Jahre ihres Lebens» verbracht hatten?[9] Auf was wollten sie in der Schweiz auf keinen Fall verzichten und über welche Besitztümer oder Kleidungsstücke identifizierten sie sich?

Zeitungsreportagen und Fotos von der Ankunft der Reisenden in den Schweizer Grenzbahnhöfen Basel und Schaffhausen helfen, diese Fragen zu beantworten.[10] Sie zeigen den aufwendigen Empfang, den die Bevölkerung vor Ort den Weitgereisten bereitete, und porträtieren müde Männer und Frauen, betagte Alte in Pelzmänteln und kleine Kinder, die unbewegt in die Kamera blicken. Journalisten berichten vom Erstaunen der Schweizerinnen und Schweizer, als sie bemerkten, dass die vermeintlichen Landsleute eher ihrem Bild von

Ansteckobjekte zum Verkauf zugunsten notleidender Russlandschweizer (um 1920)

‹Russen› als von ‹Schweizern› entsprachen. Auch die Reporter waren verwundert, dass die ‹Flüchtlinge›, obwohl sicher in der ‹Heimat› angekommen, von Nostalgie und Schwermut erfasst zu sein schienen.

Aber auch diese Quellen berichten nur die Aussensicht von Journalisten und können die individuellen Erlebnisse der Russlandrückkehrer nicht einfangen. Diese Lücke lässt sich mithilfe von Selbstzeugnissen der Migranten schliessen, die sich glücklicherweise in manch privatem und staatlichem Archiv erhalten haben. Tagebücher, Memoiren und Briefe eröffnen uns die Möglichkeit, nach Selbstbildern und persönlichen Erfahrungen von Russlandschweizerinnen und -schweizern zu fragen und so individuelle Lebenswelten zu rekonstruieren.

Deshalb sind auch die Briefe und das Tagebuch von Alfred Gysin, die über Jahrzehnte in einem Familienarchiv ruhten, so wertvoll. Hier waren die Bedingungen der Tradierung individuell und selbstbestimmt: Der junge Russlandauswanderer wollte seine Familie an einem ganz bestimmten Ausschnitt seiner Erlebnisse teilhaben lassen. Dafür wählte er die Briefform und das Tagebuch, Genres einer möglichst direkten und situativen Berichterstattung. Neben diesen Ego-Dokumenten

Holzschatulle: Mitbringsel von Alfred Gysin aus Russland 1906/07

haben sich auch einige Gegenstände erhalten, die Gysin 1907 als Erinnerungsstücke aus Russland mit in die Schweiz brachte: ein Samowar, zwei Hemden mit folkloristischen Stickereien, eine kleine Ikone und eine Holzschatulle, die ‹Alfred› Al'fredovic› Gisin› auf Kyrillisch signierte.

Dass diese Zeugnisse der damaligen materiellen Kultur heute noch existieren, ist alles andere als selbstverständlich. Es braucht immer Menschen, die deren Wert begreifen beziehungsweise den Objekten einen Erinnerungswert zuweisen. In der Familie Gysin konnte man lange Zeit wenig mit Alfred Gysins Hinterlassenschaften aus dem frühen 20. Jahrhundert anfangen. Seine Briefe und Tagebücher lagerten vergessen auf dem Dachboden im Haus des Sohnes, bis der Enkel sie fand. Er begann sich für die Geschichte des Grossvaters zu interessieren und suchte den Kontakt zu professionellen Historikerinnen und Historikern. In Zukunft werden die Selbstzeugnisse Alfred Gysins ihren Platz im Staatsarchiv Basel-Landschaft finden und sind damit als Teil des kulturellen Gedächtnisses der Schweiz gesichert. Mit unserer Publikation erhält nun eine breitere Öffentlichkeit einen Einblick in die Wahrnehmung des Zarenreichs zu Beginn des 20. Jahrhunderts durch einen jungen Lehrer aus dem Baselbiet.

Alfred Gysin bedauerte, nicht mehr von Russland gesehen zu haben: «Nur eines reut mich eben: Ich habe von Russland herzlich wenig, d.h. nichts gesehen, denn Charkow und Ljubimowskij-Post sind am wenigsten geeignet als russisches Charakteristikum. Ich werde also keinen Begriff von Russland, sondern

Anne Hasselmann

nur ganz lokale Eindrücke davon mitheimnehmen. […] Wenn ich heimkomme, so heisst das nicht, ich tue besser so, als in Russland zu bleiben. Russland von ferne ansehen und beurteilen aus der Nähe ist immer noch zweierlei.»[11]

Und auch wir erkennen, dass diese Überlieferung nur ein Ausschnitt aus dem vielseitigen Leben der Russlandschweizer und Russlandschweizerinnen ist, und forschen weiter nach Spuren dieser vergangenen Welt.[12]

1
BAR E2200.157-01#1967/42#58*, BAR E2015#1000/129#100*, Hasselmann, «Wir wollen keine Almosen».

2
Koller, Moskau retour.

3
Das Landesmuseum Zürich zeigte die Sonderausstellung ‹1917 Revolution. Russland und die Schweiz› vom 24. Februar bis zum 25. Juni 2017. Vgl. gleichnamiger Ausstellungskatalog und den Essayband: ‹1917 Revolution. Russland und die Folgen›. Hg. Deutsches Historisches Museum und Schweizerisches Nationalmuseum. Dresden 2017.

4
Schweizerisches Sozialarchiv, Vereinigung der Russlandschweizer (VRS), Signatur: AR 534: https://www.findmittel.ch/archive/archNeu/Ar534.html. Vgl. auch: Boller, «Russland-Schweizer».

5
Vgl. hierzu die Bestände der Schweizerischen Hilfs- und Kreditorengesellschaft Secrusse im Schweizerischen Sozialarchiv in Zürich.

6
Das Russlandschweizer-Archiv RSA (SOZARCH Ar 535, F_5119).

7
Siehe z. B. das Flugblatt der Freisinnigen Partei, Wahlen Grosser Stadtrat Zürich, 6. April 1919: «Was Lenin in Russland fertigbrachte und Platten mit der Schweiz machen würde. Was die Russland-Schweizer sagen», Archiv für Zeitgeschichte der ETH Zürich, Flugblattsammlung, Dossier 9.

8
Ansteckobjekte in RSA: F 5119-Oa-001, Hp.: «Wir wollen keine Almosen, wir wollen unser Recht» spricht der moderne Arme!, 1929, Nr. 3.

9
Collmer, Die besten Jahre.

10
Fotos der Ankunft z. B. im Staatsarchiv Basel-Stadt: StABS, AL 45, 3, 106. Presseberichterstattung u. a. die dreiteilige Reportage von Paul Willi Bierbaum: Heimkehr der Rußland-Schweizer, NZZ vom 24.–26. Juli 1918.

11
Brief vom 21. Juli / 3. Aug. 1907.

12
Die Grundlagen der Russlandschweizerforschung legte das Forschungsprojekt ‹Auswanderung aus der Schweiz in das Zarenreich› an der Universität Zürich. Für eine Bilanz vgl. Goehrke, Auswanderung aus der Schweiz nach Russland, S. 291–324. Aktuelle Forschungsprojekte zur Thematik vgl. Tosato-Rigo/Moret Petrini, L'appel de l'Est.

Hanspeter Gysin

Erinnerungen an Alfred, Opapa

Grossvater Alfred wurde in demselben Jahr pensioniert, in dem ich geboren bin, 1948. Die ganz frühen Erinnerungen sind bei mir verblasst. Immerhin hat er mich mit folgenden Worten angekündigt: «Seit heute früh sind wir entzückt von ihm, der glücklich angerückt mit Schreien und Gezeter – wir heissen ihn Hanspeter». Und es gibt aus meinem zweiten Lebensjahr ein recht spezielles Foto von mir, welches mich splitterfasernackt und nass wie einen begossenen Pudel im Garten des Grosselternhauses zeigt, daneben Grossvater mit einer Giesskanne in der Hand, die immer noch tropft.

Zu Beginn meiner Schulzeit war er es dann, der alles Erdenkliche dafür getan hat, mir insbesondere die Natur näherzubringen. Ich erinnere mich an Spaziergänge, beispielsweise zwischen Pratteln und Frenkendorf, wo wir gemeinsam Eicheln oder Kastanien sammelten, um damit zu Hause mit Zahnstochern irgendwelches Getier zu basteln. Oder wie er mich auf Eichhörnchen, Mäuse, Käfer und andere Fauna aufmerksam machte oder mir erklärte, welche Beeren man essen kann und welche nicht. Und nicht nur das: Er erklärte mir auch die Lebensweise dessen, was da kreucht und fleucht. Und natürlich besuchten wir Dutzende Male den Zoologischen Garten.

Meine Eltern waren um diese Zeit stark vom Aufbau ihres Geschäfts beansprucht, und so durfte ich zahlreiche Ferien mit Grossvater verbringen. Die Destinationen waren Adelboden, wo der Ursprung der Familie seiner Frau Hanny Oester lag, Guttannen, wo er Bekannte hatte, und etwas später Val d'Illiez, wo sein älterer Sohn Hans-Rudolf sich ein altes Bauernhaus gekauft hatte. In Adelboden gab es das Oesterhaus, in dem ich ihn noch mit Gesang und Zitherspiel erlebte. Man sang ‹Vo Luzärn gege Wäggis zue› oder ‹Luegid vo Bärge und Tal, chunt scho der Sunnestrahl› oder auch ‹Mir Senne hais luschtig› etc. Ich blieb ein eher stummer Beobachter. Guttannen war dann aber eine besondere Erlebniswelt für mich. Man konnte da den Schweinen

Alfred Gysin.
Fotografie um 1960

beim Suhlen im Schlamm zuschauen, den Schindelmacher bei der Produktion und der Montage der Dachschindeln beobachten, und vor allem konnte man ‹Strahlen› gehen. Strahlen, das war damals recht abenteuerhaft. Man kletterte in schlecht zugänglichen Felsformationen oder in Geröllhalden herum, um bei glücklichem Fund mit Hammer und einem kleinen Meissel einen der begehrten Kristalle aus dem Stein zu befreien. Natürlich war da nichts Wertvolles dabei, aber spannend war es allemal. Und das Bauernhaus, in dem wir zu übernachten pflegten, roch so speziell – nach Heu und Mist und Harz vom Holz. Ausserdem knarrten die Böden, sodass einem nachts manchmal angst und bange werden konnte. Val d'Illiez, da war ich dann schon zwischen elf und zwölf, war geprägt von ausgiebigen Wanderungen am Fusse der Dents du Midi. Erst jetzt wird mir bewusst, dass bei diesen Ausflügen Alfreds Ehefrau selten dabei gewesen war. Sie war eine eher unnahbare Dame, die wohl immer ihre Pflicht tat, aber wenig Abenteuerlust an den Tag legte.

Von Genf, wo seine Tochter Elisabeth eine Familie gegründet hatte und wo ich die Schulferien mehrmals mit Grossvater verbringen konnte, habe ich mir ein paar weitere besondere Erinnerungen bewahrt. So zum Beispiel, wie wir im Dachzimmer des alten Wohnhauses gemeinsam rohe (!) Zwiebeln assen und sich immer mal wieder eine Fledermaus in den Raum wagte, die kleine Lampe der Mansarde kurz umrundete, um danach wieder das Weite zu suchen. Das sind natürlich in Erinnerung bleibende Bilder an Opapa.

Doch das Bild, das sich mir am stärksten eingeprägt hat, zeigt ihn sitzend in seinem Arbeitszimmer in Basel, an seinem massiven, eichenen Pult, in einem imposanten Lehnstuhl und in der immer gleichen baumwollenen Jacke mit dem karierten Revers, die er trug (Bild Buchrücken). Der Raum war immer völlig verraucht von den Toscanelli- oder Brissago-Zigarren, sodass man sich förmlich durch den ‹Nebel› kämpfen musste, um ihn an seinem Arbeitsplatz zu entdecken.

Aber um ehrlich zu sein: Emotional ist mir Grossvater trotz alledem nie wirklich nahegekommen. Bei all seiner Fröhlichkeit habe ich nie ganz begriffen, was ihn eigentlich antrieb. Oft war er mit seiner Bassgeige unterwegs in der Stadt, wohin und wozu war unbekannt. Hin und wieder spielte er etwas auf seiner Zither, aber von seiner Musik ist mir sonderbarerweise nichts in Erinnerung geblieben.

Ich habe ihn oft als sehr ungeduldig und nicht besonders pädagogisch erlebt. Das steht etwas im Widerspruch zu seinen Erzählungen im Zusammenhang mit seinem Russlandabenteuer. Rechenresultate wollte er beispielsweise partout sofort haben, auf der Stelle. Irgendwie wurde er im Alter verschlossener. Die Weihnachtsfeste in der Wohnung der Grosseltern waren, aus meiner Sicht, weniger von seinem Musizieren als von seinen Asthmaanfällen geprägt, ausgelöst durch den Rauch von unachtsam ausgelöschten Kerzen. Auch als ich zu Beginn der 1960er-Jahre in der Stadt zur Schule ging und immer mal wieder in der grosselterlichen Wohnung zum Mittagessen eingeladen war, hat sich keine Bindung mehr zwischen ihm und mir entwickelt. Interessanterweise war seine Russlandgeschichte nie wirklich ein Gesprächsthema. So wie er mir manchmal ein Buch mit

Widmung schenkte, hat er mir irgendeines Tages zwei Hemden aus Russland und eine kleine Holzschatulle, die inwendig mit kyrillischen Buchstaben beschriftet war, geschenkt. Nach der Geschichte hinter diesem Geschenk habe ich mich damals nicht erkundigt. Ich war im Jahr 1964 in der Mechanikerlehre, als mich die völlig überraschende Nachricht von seinem Tod erreichte.

Mein Vater hat mir, mit Ausnahme einer einzigen Briefkopie, die er mir einmal übergab, Grossvaters Briefwechsel bis zu seinem Tod 2014 vorenthalten. Die Sammlung befand sich in einem Stapel Papier, welcher bei der Räumung seines Hauses aufgetaucht ist, und es ist dem Zufall zu verdanken, dass ich sie einmal beiläufig dem emeritierten Professor für Osteuropäische Geschichte an der Universität Basel, Heiko Haumann, mit dem ich mittlerweile freundschaftlich verbunden bin, zu lesen gegeben habe. Da beginnt die Geschichte dieser Publikation.

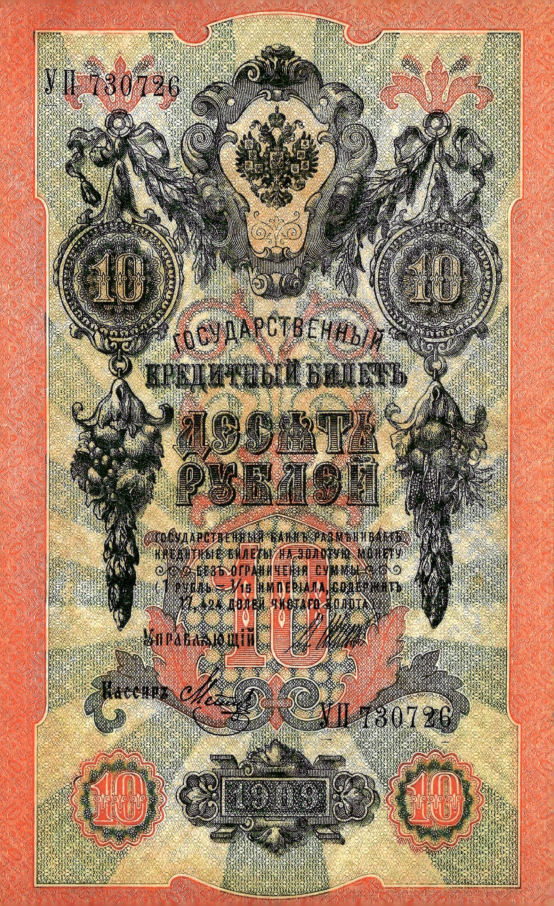

Anhang

Meret Alexa Draeyer und Melina Schellenberg

Editorische Notiz zu den Briefen von Alfred Gysin

Im Mittelpunkt des vorliegenden Bandes stehen 36 Briefe, die der junge Liestaler Alfred Gysin während seines Aufenthalts in Russland an seine Familie in die Schweiz gesandt hat.[1] Die Briefe sind zwischen dem 13./26. September 1906 und dem 9./22. August 1907 datiert. Die von Hand in (deutscher) Kurrentschrift verfassten Briefe wurden auf unlinierten, weissen (mittlerweile vergilbten) Briefbögen geschrieben, wobei ein Bogen jeweils vier Seiten umfasst. Einige Briefe bestehen aus mehreren Bögen. Fünfundzwanzig Briefe umfassen vier Seiten, fünf Briefe acht und jeweils zwei Briefe fünf bzw. sechs Seiten, jeweils ein Brief umfasst zwei, zwölf, sechzehn beziehungsweise vierundzwanzig Seiten. Dies ergibt eine Anzahl von insgesamt 214 Seiten. Fast alle Briefe weisen ein einheitliches Format von 21 auf 13,5 cm auf, lediglich fünf Briefe weichen von diesem Format ab. Die zu den Briefbögen gehörigen Couverts sind leider nicht überliefert. Die Briefe wurden zusammengefaltet aufbewahrt und sind insgesamt gut erhalten.

Da die Briefe handschriftlich verfasst wurden, variiert das Schriftbild zum Teil von Brief zu Brief und in mehreren Fällen auch innerhalb einzelner Schreiben. Dies ist wohl darauf zurückzuführen, dass einzelne Briefe über einen längeren Zeitraum von mehreren Tagen entstanden. Manche Textpassagen oder Begriffe (z.B. Ortsnamen) sind mit kyrillischen Buchstaben geschrieben. Andere Abschnitte, vor allem Passagen, in denen sich Gysin an seinen Bruder Walter (‹Walti›) wendet, verfasste er in Kurzschrift (Stenografie). Die Briefe wurden mehrheitlich mit schwarzer Tinte geschrieben, für einzelne Passagen verwendete Gysin auch rote Tinte. Teilweise wurden Unterstreichungen mit rotem oder blauem Farbstift eingefügt, es lässt sich jedoch nicht eindeutig feststellen, zu welchem Zeitpunkt oder durch wen dies erfolgte. An verschiedenen Stellen finden sich Ergänzungen oder Korrekturen mit blauem Kugelschreiber, welche eindeutig nicht von Alfred Gysin stammen.

Allerdings bleibt unklar, von wem oder wann diese eingefügt wurden. Der Text ist an wenigen Stellen mit kleinen Skizzen illustriert. Die Zeichnung eines Fabrikplans im Brief vom 1./14. Oktober 1906 → Plan der Fabrik, S. 32 erstreckt sich dabei über zwei Seiten.

Die Verfasserinnen dieses Beitrags haben sich im Rahmen einer gemeinsamen Bachelorarbeit mit Ansätzen der Editionswissenschaft bei einem Fokus auf die Edition von Briefquellen auseinandergesetzt. Am Beispiel der Briefe von Alfred Gysin wurden die theoretischen Ansätze praktisch angewendet und eine wissenschaftliche Transkription des gesamten Quellenkorpus erstellt. Diese soll zu einem späteren Zeitpunkt gemeinsam mit den hochaufgelösten Scans aller Briefe in elektronischer Form publiziert werden.

Grundlage für die Transkriptions- und Editionsarbeit bildeten zunächst Schwarz-Weiss-Scans der Briefe sowie eine erste, von Hanspeter Gysin und Marlène Soder erstellte Abschrift einiger Briefe. Später konnten hochaufgelöste Farbscans von den Originalbriefen angefertigt und mit diesen weitergearbeitet werden. Ziel unserer Arbeit war eine nach den Regeln wissenschaftlicher Editionen gestaltete Transkription aller Briefe, die sich hinsichtlich Zeilen- und Seitenumbrüchen sowie Einfügungen so nahe wie möglich am Original orientiert. Der Ansatz, die Briefe möglichst originalgetreu darzustellen, entsprang zunächst unserem persönlichen Editionsverständnis, konnte jedoch nach der Auseinandersetzung mit der Editionstheorie auch wissenschaftlich abgestützt werden.

In einem ersten Schritt haben wir sämtliche Briefe neu transkribiert und an den entsprechenden Stellen Zeilen- bzw. Seitenumbrüche eingefügt. Auffällige Textmerkmale (wie z.B. Einfügungen oder Marginalien) wurden – so gut dies in einem Microsoft-Word-Dokument möglich war – ebenfalls abgebildet. In einem nächsten Arbeitsschritt wurde das Transkript in das Programm Adobe InDesign übertragen, welches eine Darstellungsweise ermöglicht, die weitgehend jener der Originalbriefe entspricht. Als Herausforderung hat sich dabei unter anderem die Wiedergabe jener Briefe erwiesen, die vom einheitlichen Format (21 × 13,5 cm) abweichen. Bei der Transkription von Begriffen in kyrillischer Schreibweise haben wir uns dafür entschieden, diese zunächst originalgetreu und danach in Klammern in lateinischer Umschrift zu transkribieren. Einige unleserliche Textstellen und Passagen in Kurzschrift konnten nicht entziffert werden, was in der Transkription entsprechend vermerkt wird. Beibehalten wurde nach Möglichkeit der Wechsel zwischen verschiedenen Schriftfarben sowie Einfügungen grafischer Elemente wie Striche, Pfeile, Klammern, Kästchen, Unterstreichungen und Umkreisungen. Durchgestrichene Textpassagen wurden, soweit diese entschlüsselt werden konnten, ebenfalls originalgetreu übernommen. Ebenso wurden Marginalien sowie nachträglich hinzugefügte Randnotizen in der Transkription – zum Teil um 90 Grad geneigt oder auf dem Kopf stehend wie im handschriftlichen Original – wiedergegeben. Bei der Darstellung der Zeichnungen haben wir uns entschieden, diese als separate Bildelemente in die Transkription zu übernehmen.

Für den vorliegenden Band hat das Redaktionsteam entschieden, eine Auswahl und eine überarbeitete sowie gekürzte Fassung der wissenschaftlichen Transkription von Alfred Gysins Briefen zu veröffentlichen. Die vorliegende Quellenedition weicht nicht nur mit Blick auf Zeilen- und Seitenumbrüche von den Originalbriefen ab, auch auf die grafischen Elemente in den Briefen haben wir zugunsten der Lesefreundlichkeit verzichtet. Punktuell wurde auch die Schreibweise von Orts- und Personennamen vereinheitlicht. Jene Leserinnen und Leser, die sich ein Bild vom ganzen Quellenkorpus machen möchten, seien bereits an dieser Stelle auf die geplante elektronische Publikation der hochaufgelösten Scans und der seitengetreuen wissenschaftlichen Transkription der Originalbriefe verwiesen.

1
Zwei Briefe bestehen aus zwei zum gleichen Datum verfassten, jedoch an verschiedene Personen adressierten Briefen, weshalb auch eine Zählung von 38 Briefen möglich wäre.

Meret Alexa Draeyer und Melina Schellenberg

Dank

Die Geschichte dieses Buches beginnt 2017 mit einem Besuch von Hanspeter Gysin bei Heiko Haumann am Departement Geschichte der Universität Basel. Auf dem Tisch liegen Fotokopien der Russlandbriefe Alfred Gysins. Schnell entsteht die Idee, diese historische Quelle gemeinsam mit Studierenden zu erschliessen. Zahlreiche Menschen haben dazu beigetragen, dass nun dieses Buch vorliegt. An erster Stelle danke ich Hanspeter Gysin, dass er uns die Briefe seines Grossvaters anvertraut und unser Projekt tatkräftig unterstützt hat. Angela Boller und Anne Hasselmann konnte ich für die gemeinsame Leitung eines Seminars an der Universität Basel im Frühjahr 2018 gewinnen. Sechzehn Studierende liessen sich von unserer Begeisterung für das historische Material anstecken. Meret Alexa Draeyer und Melina Schellenberg übernahmen die Mammutaufgabe, alle Briefe Gysins nach wissenschaftlichen Standards zu transkribieren. Ihre Kommilitoninnen und Kommilitonen arbeiteten sich unterdessen in den historischen Kontext von Gysins Russlandabenteuer ein. Lena M. Friedrich, Jonas Hinck, Sara Jevtić, Magdalena Polivka, Jael Sigrist, Oliver Sterchi und Luca Thoma übernahmen zusätzlich Aufgaben des Lektorats und der Bildrecherche. Beim Entschlüsseln einzelner Mundartbegriffe half Christoph Landolt vom Schweizerischen Idiotikon. Für die Unterstützung bei der Suche nach Bildmaterial danken wir dem Staatsarchiv Basel-Landschaft und dessen Leiterin Regula Nebiker, Oleksandr Pagiria von der schweizerischen Botschaft in Kyiv, dem Regionalhistorischen Museum Lissitschansk, Andriy Paramonov (Char'kiv), Nicolas Coupain von der Solvay Heritage Collection (Brüssel), dem PTT-Archiv Bern sowie Anne Simon und Christine Rolland von der Universitätsbibliothek Basel. Die Karte mit Alfred Gysins Reiserouten erstellte Silke Dutzmann (Leipzig). Martin Jeske half bei der Suche nach historischen Landkarten für die Gestaltung von Vor- und Nachsatz. Dass unser Band beim Christoph Merian Verlag erscheinen darf, ist für uns eine besondere Freude und Ehre. Dafür danken wir dem Verlagsleiter Oliver Bolanz und sehr herzlich der Christoph Merian Stiftung für ihre Unterstützung. Iris Becher, Rosmarie Anzenberger und Thomas Dillier haben geholfen, aus unserer anfänglichen Idee ein professionell und ansprechend gestaltetes Buch zu machen. Ihnen gebührt ein besonderes Спасибо!

Riehen im Januar 2021, F. Benjamin Schenk

Autorinnen und Autoren

Meret Alexa Draeyer, geboren 1992, studiert Geschichte und Englisch an der Universität Basel. Ihr Fokus liegt auf der Sozial- und Mikrogeschichte, der Geschichte des Zweiten Weltkriegs und der Arbeit mit Selbstzeugnissen sowie der damit verbundenen Transkriptions- und Editionswissenschaft.

Oriana Fasciati, geboren 1996, studiert Geschichte und Germanistik an der Universität Basel.

Lena Mina Friedrich, geboren 1991, erwarb 2016 den Bachelor in Geschichte und Deutscher Philologie an der Universität Basel. Nach einem halbjährigen Auslandsaufenthalt in Bangkok schloss sie 2020 ihren Master in European Global Studies am Europainstitut der Universität Basel ab. Ihr Interesse liegt auf internationalen Verflechtungen.

Hanspeter Gysin, geboren 1948, arbeitete als Betriebsmechaniker in der Basler Chemie, als Sachbearbeiter in der Haustechnikbranche und als Gewerkschafter bei der GBI/Unia. Neben seiner Arbeit engagierte er sich politisch und gesellschaftlich, etwa in der Bewegung gegen Atomkraftwerke oder für ein multiethnisches Bosnien-Herzegowina.

Anne Hasselmann, geboren 1986, studierte Geschichte, Slawistik und Kunstgeschichte an der Universität Zürich. Mit einer Studie zur Entstehung der Kriegserinnerung in den sowjetischen Museen wurde sie 2019 an der Universität Basel promoviert.

Jonas Hinck, geboren 1995, schloss 2019 seinen Bachelor in Nahoststudien an der Universität Basel ab. Danach verbrachte er ein Gastsemester an der Birzeit-Universität in Palästina. Sein Fokus liegt auf der Neueren und Neusten Geschichte des Nahen Ostens und Osteuropas.

Sara Jevtić, geboren 1992, studiert Osteuropäische Geschichte und Slavistik an der Universität Basel. Ihr Fokus liegt auf der Geschichte Südosteuropas, Erinnerungskulturen und Geschichtspolitik in den Nachfolgestaaten Jugoslawiens und Geschichtsrevisionismus in der Sozialistischen Föderativen Republik Jugoslawien.

Cristina Münch, geboren 1989, studierte Geschichte und Hispanistik und arbeitet seit 2020 im Rahmen des Forschungsprojekts ‹Altern aus weiblicher Sicht: die Tagebücher der Anna Maria Preiswerk-Iselin (1758–1840)› an der Universität Basel. Ihre Forschungsschwerpunkte liegen in der Frauen- und Geschlechtergeschichte sowie der Geschichte Basels.

Jorian Pawlowsky, geboren 1987, studiert Geschichte und Deutsche Philologie an der Universität Basel. Er befasst sich mit der Geschichte Basels im 15. und 16. Jahrhundert, osteuropäischer und jüdischer Geschichte, dem Nahostkonflikt, multimodaler Kommunikation und Soziolinguistik.

Magdalena Polivka, geboren 1970, studiert Germanistik und Geschichte im Master an der Universität Basel. Ihr Fokus liegt auf der Osteuropäischen Geschichte mit Schwerpunkten auf Nationsbildungsprozessen im späten Zarenreich und der russischen Literaturgeschichte des 20. Jahrhunderts.

Melina Schellenberg, geboren 1996, studiert Geschichte und Deutsche Philologie an der Universität Basel. Ihr besonderes Interesse gilt der Editionswissenschaft mit Fokus auf dem praktischen Umgang mit Handschriften. Forschungsschwerpunkte: Sozialgeschichte, Alltagsgeschichte der Frühen Neuzeit und der Neueren Geschichte, Editionswissenschaft.

Frithjof Benjamin Schenk, geboren 1970, Professor für Osteuropäische Geschichte an der Universität Basel. Zu seinen Forschungsschwerpunkten zählen Migrations- und Infrastrukturgeschichte, die vergleichende Imperiengeschichte, Autobiografik und Gender History sowie Erinnerungskultur und Geschichtspolitik im östlichen Europa.

Claire Schneemann, geboren 1995, studiert nach dem abgeschlossenen Bachelor in Osteuropa-Studien an der Universität Basel im Master Slavistik und Osteuropäische Geschichte. Der Schwerpunkt ihres Studiums liegt auf dem osteuropäischen Film und der Geschichte Russlands bzw. der Sowjetunion.

Jael Sigrist, geboren 1995, studiert nach dem abgeschlossenen Bachelor in Osteuropa-Studien an der Universität Basel im Master Osteuropäische Geschichte und Politikwissenschaft. Ihre Studienschwerpunkte sind die Geschichte Russlands, Zentralasiens und Tschechiens sowie Internationale Beziehungen und die Friedensforschung.

Oliver Sterchi, geboren 1993, studierte Geschichte und Germanistik in Basel, Krakau und Heidelberg. Sein Fokus liegt auf der Geschichte Ost- und Ostmitteleuropas, insbesondere der Geschichte der Sowjetunion, Russlands und der Ukraine. Forschungsschwerpunkte: Erinnerungskultur im östlichen Europa und Geschichte der Abstinenzbewegung.

Maria Stikhina (Shtanina), geboren 1983, schloss 2010 ihr Postgraduiertenstudium mit einer Dissertation zum Thema ‹Die Historiographie der Rolle des ausländischen Kapitals in Ural in den 20er-Jahren› an der Staatlichen Gorki-Universität des Uralgebiets in Jekaterinburg ab. Im Jahr 2019 absolvierte sie an der Universität Basel einen Public-History-orientierten Zusatzstudiengang (MA Educational Sciences. Fachrichtung: Fachdidaktik Geschichte).

Luca Thoma, geboren 1993, studierte Europäische Geschichte in globaler Perspektive an der Universität Basel. 2020 begann er hier ein Doktorat in Osteuropäischer Geschichte. Sein Fokus liegt auf der Geschichte Ost- und Ostmitteleuropas, insbesondere Polens, der Ukraine und Russlands. Forschungsschwerpunkte: Geschichtspolitik und Erinnerungskultur in Polen, jüdische Geschichte, Geschichte des Zweiten Weltkriegs.

Marcel Zimmermann, geboren 1993, studiert Altertumswissenschaften und Geschichte an der Universität Basel. Seine Schwerpunkte sind die Ur- und Frühgeschichte bzw. Provinzialrömische Archäologie, die Römische Zeit, das Mittelalter und die Neuere und Neuste Geschichte mit Interessenschwerpunkt auf der Militärgeschichte.

Literatur

Bauerkämper, Arnd / Struck, Bernhard
Einleitung: Reisen als kulturelle Praxis. In: dies. (Hg.): Die Welt erfahren. Reisen als kulturelle Begegnung von 1780 bis heute. Frankfurt a. M. 2004, S. 9–30.

Bauman, Zygmunt
Moderne und Ambivalenz. Das Ende der Eindeutigkeit. Hamburg 2005.

Bertrams, Kenneth / Coupain, Nicolas / Homburg, Ernst
Solvay. History of a Multinational Family Firm. Cambridge 2013.

Biro, Alice
St. Petersburg vor 300 Jahren. Der Stadtbaumeister Trezzini als sozial gesinnter Vorgesetzter. In: Schweizerische Zeitschrift für Geschichte 53, 2003, S. 430–436.

Blum, Roger / Hemmer, Kathrin / Daniel Perrin (Hg.)
Die AktualiTäter. Nachrichtenagenturen in der Schweiz. Bern 1995.

Boller, Angela
«Russland-Schweizer». Sinnkonstruktionen und Grenzen eines Konzepts: Aushandlungsprozesse einer russlandschweizerischen Identität in den Selbstzeugnissen der Rückkehrer 1917–1961. Masterarbeit, Univ. Basel 2017.

Bühler, Roman et al. (Hg.)
Schweizer im Zarenreich. Zur Geschichte der Auswanderung nach Russland. Zürich 1985.

Campana, Sabine / Criblez, Lucien
Pädagogik an der Universität Basel. Frühe und vielversprechende Anfänge, Auslagerung und Niedergang (1870–1950). In: Hofstetter, Zur Geschichte der Erziehungswissenschaften, S. 93–112.

Collmer, Peter (Hg.)
Die besten Jahre unseres Lebens. Russlandschweizerinnen und Russlandschweizer in Selbstzeugnissen, 1821–1999. Zürich 2001.

Collmer, Peter
Die Schweiz und das Russische Reich 1848–1919. Geschichte einer europäischen Verflechtung. Zürich 2004.

Danilewski, Rostislaw Jurewitsch
Die Russisch-Schweizerischen Literaturbeziehungen im 18. Jahrhundert: In: Zimmermann, Werner (Hg.): Schweiz-Russland. Rossija-Švejcarija. Beziehungen und Begegnungen. Strauhof Zürich, Katalog. Zürich 1989, S. 89–120.

Der schweizerische akademische Abstinentenverein Libertas
Geschichte der ersten Libertas, 1893-1922, Vorkämpferin der Abstinenz. Winterthur 1957.

Figes, Orlando
Hundert Jahre Revolution. Russland und das 20. Jahrhundert. Berlin 2015.

Friedgut, Theodore H.
Iuzovka and Revolution. Bd. 1, Life and Work in Russia's Donbass, 1869–1924. Princeton 1989. Bd. 2, Politics and Revolution in Russia's Donbass, 1869–1924. Princeton 2017.

Gestwa, Klaus
Proto-Industrialisierung in Russland. Wirtschaft, Herrschaft und Kultur in Ivanovo und Pavlovo, 1741–1932. Göttingen 1999.

Goehrke, Carsten
Die Auswanderung aus der Schweiz nach Russland und die Russlandschweizer. Eine vergleichende Forschungsbilanz. In: Schweizerische Zeitschrift für Geschichte 48, 1998, S. 291–324.

Goehrke, Carsten
Auswandern – Einwandern – Rückwandern.
Schweizer in Russland und Russen in der
Schweiz vom 17. Jahrhundert bis heute. In:
Maeder / Niederhäuser, Käser, Künstler,
Kommunisten, S. 15–28.

Goehrke, Carsten
Russischer Alltag. Eine Geschichte in neun
Zeitbildern. Bd. 2, Auf dem Weg in die Moder-
ne. Zürich 2003.

Goehrke, Carsten
Russland. Eine Strukturgeschichte.
Paderborn 2010.

Goehrke, Carsten et al.
Schweizer im Zarenreich. Zur Geschichte der
Auswanderung nach Russland. Zürich 1985.

Grosse, Judith et al. (Hg.)
Biopolitik und Sittlichkeitsreform. Kampagnen gegen Alkohol, Drogen und Prostitution
1880–1950. Frankfurt a. M. 2014.

Guesnet, François
«Die beiden Bekenntnisse leben weit entfernt
voneinander, sie kennen und schätzen sich
gegenseitig nicht». Das Verhältnis von Juden
und Deutschen im Spiegel ihrer Organisationen
im Lodz des 19. Jahrhunderts. In: Hensel,
Jürgen (Hg.): Polen, Deutsche und Juden in
Lodz 1820–1939. Eine schwierige Nachbarschaft. Osnabrück 1999, S. 139–170.

Hasselmann, Anne
«Wir wollen keine Almosen, wir wollen unser
Recht». Die Emigration der Russlandschwei-
zer/innen im Kontext der Russischen Revolu-
tion von 1917. In: Schweizerische Zeitschrift für
Geschichte 67, 2017, S. 316–342.

Haumann, Heiko
Unternehmer in der Industrialisierung Russlands und Deutschlands. Ostfildern 1986.

Hildermeier, Manfred
Alter Glaube und Neue Welt. Zur Sozialgeschichte des Raskol im 18. und 19. Jahrhundert.
In: Jahrbücher für die Geschichte Osteuropas
38/4, 1990, S. 504–525.

Hillis, Faith
Children of Rus'. Right-Bank Ukraine and the
Invention of a Russian Nation. New York 2013.

Hofstetter, Rita et al.
Zur Geschichte der Erziehungswissenschaften
in der Schweiz. Vom Ende des 19. bis zur Mitte
des 20. Jahrhunderts. Bern 2011.

**Holenstein, André / Kury,
Patrick / Schulz, Kristina**
Schweizer Migrationsgeschichte, von den
Anfängen bis zur Gegenwart. Baden 2018.

Ipat'ev, Vladimir
Žizn' odnogo chimika. Vospominanija. 1867–
1952 [Leben eines Chemikers. Erinnerungen.
1867–1952]. New York 1945.

Kappeler, Andreas
Die ukrainische Nationalbewegung im Russi-
schen Reich und in Galizien. Ein Vergleich.
In: Timmermann, Heiner (Hg.): Entwicklung
der Nationalbewegungen in Europa 1850–1914.
Berlin 1998, S. 175–196.

Kappeler, Andreas
Kleine Geschichte der Ukraine, 4. Aufl.,
München 2014.

Kappeler, Andreas
Russische Geschichte. München 2016.

Kappeler, Andreas
Russland als Vielvölkerreich. München 2001.

Kappeler, Andreas
Russland und die Ukraine. Verflochtene
Biographien und Geschichten. Köln /
Weimar 2012.

**Kappeler, Andreas /
Lemmenmeier, Max**
Die Schweizer Öffentlichkeit und die russische
Revolution von 1905–1907. In: Jahrbücher für
Geschichte Osteuropas 21, 1973, S. 392–418.

Keller, Mechthild (Hg.)
West-östische Spiegelungen. Reihe A, Russen
und Russland aus deutscher Sicht. Bd. 2,
18. Jahrhundert: Aufklärung. München 1987 und
Bd. 4, 19./20. Jahrhundert, von der Bismarck-
zeit bis zum Ersten Weltkrieg. München 2000.

Koller, Christian
Moskau retour. Ankunft der Russlandschweizer und Abreise der Sowjetschweizer vor
100 Jahren. Zürich 2018. URL https://www.
sozialarchiv.ch/2018/11/08/moskau-retour/
(Zugriff: 29.08.2020).

Kopelew, Lew
Neues Verständnis und neue Missverständnisse, neue Verbindungen und neue Wider-
sprüche. Zum Russlandbild der deutschen
Aufklärer. In: Keller, West-östliche Spiegelungen, Bd. 2, S. 11–35.

Kopelew, Lew
Am Vorabend des grossen Krieges. Rückblick
auf ein Jahrhundert. In: Keller, West-östliche
Spiegelungen, Bd. 4, S. 11–111.

Kulikov, Volodymyr
Industrialisation and Transformation of the
Landscape in the Donbas from the Late Nine-
teenth Century to the Early Twentieth Century.
In: Zückert, Martin / Hein-Kircher, Heidi:
Migration and Landscape Transformation.
Changes in East Central Europe in the 19th and
20th Century. Göttingen 2016, S. 57–81.

Kusber, Jan
Der russisch-japanische Krieg 1904–1905 in
Publizistik und Historiographie. Anmerkungen
zur Literatur über den «kleinen siegreichen
Krieg». In: Jahrbücher für Geschichte Ost-
europas 42/2, 1994, S. 217–234.

Lieven, Dominic
Russia as Empire and Periphery. In: Perrie,
Maureen et al. (Hg.): The Cambridge History
of Russia. Bd. 2, Imperial Russia, 1689–1917.
Cambridge 2006, S. 7–26.

Lindner, Rainer
Unternehmer und Stadt in der Ukraine,
1860–1914. Industrialisierung und soziale
Kommunikation im südlichen Zarenreich.
Konstanz 2006.

**Maeder, Eva / Niederhäuser,
Peter (Hg.)**
Käser, Künstler, Kommunisten. Vierzig rus-
sisch-schweizerische Lebensgeschichten aus
vier Jahrhunderten. Zürich 2009.

Meschewetski, Peisach
Die Fabrikgesetzgebung in Russland.
Leipzig 1911.

Miller, Alexei
The Ukrainian Question. The Russian Empire
and Nationalism in the Nineteenth Century.
Budapest 2003.

Moepps Emmy
Christian Stieffs «Relation von dem gegenwär-
tigen Zustande des Moscowitischen Reichs»
und ihr Platz im Umfeld von Presse und Propa-
ganda. In: Keller, West-östliche Spiegelungen,
Bd. 2, S. 59–85.

Moser, Andreas
Land der unbegrenzten Unmöglichkeiten.
Das Schweizer Russland- und Russenbild vor
der Oktoberrevolution. Zürich 2006.

Mumenthaler, Rudolf
Schweizer in St. Petersburg von 1703 bis 1917.
Zürich 2003. ETH Zurich Research Collection.

Neutatz, Dietmar
Träume und Alpträume. Eine Geschichte Russlands im 20. Jahrhundert. München 2013.

Obst, Erich
Russische Skizzen. Berlin 1925. Podov,
Vladimir: Put', ravnyj veku: očerki istorii
Lisičanskogo ordena Lenina sodovogo
zavoda im. V. Lenina [Der Weg, gleich dem
Jahrhundert: Abhandlung über die Geschichte
der nach Lenin benannten Lissitschansker
Sodafabrik]. Lugansk 1992. [http://donbass.
name/3381-put-ravnyy-veku.html] (Zugriff:
06.06.2020).

Polivka, Heinz
Wider den Strom. Abstinente Verbindungen in
der Schweiz. Bern 2000.

Reimann, August / Jecklin, Heinrich
Der Schweizerische Akademische Absti-
nenzverein Libertas. Geschichte der ersten
Libertas, 1893–1922. Winterthur 1957.

Remer, Claus
Die Entfaltung der ukrainischen National-
bewegung in Russland gegenüber dem Staat
und den Russen. In: Timmermann, Heiner
(Hg.): Entwicklung der Nationalbewegungen in
Europa 1850–1914. Berlin 1998, S. 155–174.

Scheidegger, Gabriele
Das Eigene im Bild vom Anderen. Quellen-
kritische Überlegungen zur russisch-abendlän-
dischen Begegnung im 16. und 17. Jahrhundert.
In: Jahrbücher für Geschichte Osteuropas
35/3, 1987, S. 339–355.

Scheidegger, Gabriele
Perverses Abendland – barbarisches Russland. Begegnungen des 16. und 17. Jahrhunderts im Schatten kultureller Missverständnisse. Zürich 1993.

Schelbert, Leo
Einführung in die schweizerische Auswande-
rungsgeschichte der Neuzeit. Zürich 1976.

Schenk, Frithjof Benjamin
Russlands Fahrt in die Moderne. Mobilität und
sozialer Raum im Eisenbahnzeitalter.
Stuttgart 2014.

Schlögel, Karl
Entscheidung in Kiew. Ukrainische Lektionen.
München 2015.

Schmidt, Christoph
Russische Geschichte 1547–1917. München
2009.

Schnell, Felix
Räume des Schreckens. Gewalt und Gruppen-
militanz in der Ukraine 1905–1933.
Hamburg 2012.

Schnyder, Matthias
Das schweizerische Konsularwesen von 1798
bis 1895. In: Ulbert, Jörg / Prijac, Lukian (Hg.):
Consuls et services consulaires au XIXe siècle.
Hamburg 2010, S. 422–430.

**Schubert, Christiane / Templin,
Wolfgang**
Dreizack und roter Stern. Geschichtspolitik
und historisches Gedächtnis in der Ukraine.
Berlin 2015.

Segal, Boris
Russian Drinking. Use and Abuse of Alcohol
in Pre-Revolutionary Russia. New Brunswick,
NJ 1987.

Snow, George E.
Socialism, Alcoholism, and the Russian
Working Classes before 1917. In: Barrows,
Susanna / Room, Robin (Hg.): Drinking.
Behavior and Belief in Modern History.
Berkeley, CA 1991, S. 243–264.

Spöring, Francesco
«Du musst Apostel der Wahrheit werden»:
Auguste Forel und der sozialhygienische Alko-
holdiskurs, 1886–1931. In: Grosse, Judith et al.
(Hg.): Biopolitik und Sittlichkeitsreform. Kampagnen gegen Alkohol, Drogen und Prostitution
1880–1950. Frankfurt a. M. 2014, S. 111–144.

Steinberg, Mark D.
Russia's fin de siècle, 1900–1914. In: Suny,
Ronald Grigor (Hg.): The Cambridge History
of Russia. Bd. 3, The Twentieth Century.
Cambridge 2006, S. 67–93.

Surh, Gerald
Ekaterinoslav City in 1905: Workers, Jews, and
Violence. In: International Labor and Working-
Class History 64, 2003, S. 139–166.

**Tosato-Rigo, Daniele / Moret Petrini,
Sylvie**
L'appel de l'Est. Précepteurs et gouvernantes
suisses à la Cour de Russie (1760–1820).
Lausanne 2017.

**Tschurenev, Jana / Spöring,
Francesco / Grosse, Judith**
Einleitung: Sittlichkeitsreform, Biopolitik und
Globalisierung. In: dies. (Hg.): Biopolitik und
Sittlichkeitsreform. Kampagnen gegen Alkohol,
Drogen und Prostitution 1880–1950. Frankfurt
a. M. 2014, S. 7–48.

Ukraïna-Belgija
Istorija vzaemovidnosti kinec XIX- počatok XX
stolittja [Ukraine-Belgien. Geschichte der Beziehungen vom Ende des 19. bis Beginn des 20.
Jahrhunderts. URL https://www.donmining.
info/2016/08/Ukraine-Belgium.html (Zugriff:
06.06.2020).

Wcislo, Francis William
Reforming Rural Russia. State, Local Society,
and National Politics, 1855–1914.
Princeton 1990.

Wecker, Regina
Neuer Staat, neue Gesellschaft. Bundesstaat
und Industrialisierung (1848–1914). In: Kreis,
Georg (Hg.): Die Geschichte der Schweiz.
Basel 2014, S. 430–481.

White, Stephen
Russia Goes Dry. Alcohol, State, and Society.
Cambridge 1996.

Wynn, Charters
Workers, Strikes, and Pogroms. The Donbass-
Dnepr Bend in Late Imperial Russia,
1870–1905. Princeton 1992.

Zelnik, Reginald E.
Revolutionary Russia 1890–1914. In: Freeze,
Gregory L.: Russia. A History. Oxford 2009.
S. 234–268.

Zürcher, Regula
Frauen für die Volksgesundheit. Eine kompara-
tive Untersuchung der «Alkoholfrage» in der
Schweiz anhand der Leitbegriffe Geschlecht,
Gesellschaft und Gesundheit (1860–1940).
Basel 2010.

Zürcher, Regula
Kampf gegen den «Sumpf des selbstver-
schuldeten Elends». Antialkoholbewegung und
Armutsbekämpfung im 19. Jahrhundert. In:
Mooser, Josef / Wenger, Simon (Hg.): Armut
und Fürsorge in Basel. Armutspolitik vom 13.
Jahrhundert bis heute. Basel 2011, S. 123–132.

Zvonarëv, M.
Meždu fevralëm i oktjabrëm v lisičanskom
rajone [Zwischen dem Februar und dem
Oktober im Rayon Lissitschansk]. In:
Ostrovskij, M. (Hg.): Bor'ba za oktjabr' na
Artëmovščine [Kampf für den Oktober auf der
Artemovščina]. Char'kov 1929, S. 322–328.

Abbildungen

Impressum

Diese Publikation wurde ermöglicht durch
einen Beitrag der Christoph Merian Stiftung.

Bibliografische Information der Deutschen
Nationalbibliothek: Die Deutsche Nationalbibliothek verzeichnet diese Publikation in der
Deutschen Nationalbibliografie; detaillierte
bibliografische Daten sind im Internet über
http://dnb.dnb.de abrufbar.

Lektorat
Rosmarie Anzenberger, Basel
Gestaltung
Bureau Dillier, Basel
Umschlaggestaltung
Thomas Dillier/Beat Roth, Basel
Druck
DZA Druckerei zu Altenburg GmbH, Altenburg
Schriften
ITC Caslon, Bureau Groth
Papier
Munken Print Cream
Colorplan, Vellum white

ISBN 978-3-85616-945-9
www.merianverlag.ch

Auch als E-Book (PDF) erhältlich
eISBN 978-3-85616-951-0